한국고대사 계승 인식 I - 전근대 편

동북아역사재단
연구총서 89

한국고대사 계승 인식 I

전근대 편

임상선 편

동북아역사재단
NORTHEAST ASIAN HISTORY FOUNDATION

책머리에

한국고대사는 일반적으로 고조선을 시작으로 고구려, 백제, 신라의 삼국시대와 남북국시대를 대상으로 한다. 이 가운데 한반도 북부와 만주 일대에 존재한 고조선과 고구려, 발해는 그 나라가 처한 위치로 인하여 한국고대사의 공간적 범위를 설정하는 데 매우 중요한 의미를 갖고 있다. 나아가 이들 국가는 서쪽에 위치했던 다른 국가 혹은 민족과 교류하고 경쟁하여 왔기 때문에 주목하지 않을 수 없다.

중국 학계는 고조선사가 기자조선→위만조선→한사군으로 이어지는 중국사라고 주장한다. 그러나 고조선은 중원 지역과 다른 독자적인 청동기 문화를 이룩한 단군조선의 나라이고, 위만조선도 고조선을 이어서 그 땅에 있었고, 주민도 이전의 고조선 주민이었다. 고구려인들도 스스로 중국인들과 별개의 존재라 여겼다. 영토적으로 현도군 경내에서 건국된 것이 아니라, 현도군을 몰아내는 과정에서 건국하였고, 나라를 세운 이후 한 번도 중국의 영토 안에 속했던 적이 없었다. 고구려 유민이 건국한 발해의 역사는 동북공정 이전부터 한중 학계 간에 귀속 논쟁이 치열한 분야였다. 중국 학계에선 발해의 건국과 그 주민을 말갈족이 중심이었다고 하지만 이러한 주장은 관련 사료를 편협하게 해석한 결과다. 발해사의 기본 자료인 『구당서舊唐書』와 『신당서新唐書』의 발해전에는 말갈족靺鞨族보다도 고구려 주민이 주동적인 역할을 하였다고 기술하고 있기 때문이다. 일부를 제외한 다수의 말갈족이 당나라의 지배를 받거나 당의 주민이라는 사료는 찾아볼 수 없고, 오히려 말갈은 고구려 주민의 일부였다는 것이 기록이 전하는 실상이다. 게다가 발해의 왕은 당의 책봉과 관계없이 즉위·통치하였고, 심지어 '황상皇上'이라 부르고 독자적인 연호를 사용하여 황제국을 자칭한 독립적인 존재였다.

고조선, 고구려 그리고 발해의 역사에 대한 후대의 계승 인식의 측면에서도 한중 간에는 현격한 차이가 있었다. 중원 지역에 세워진 역대 중국 왕조는 이른바 장성長城을 경계로 남쪽을 화華, 바깥을 이夷로 구분하였다. 이러한 구분은 지역적 요소만 아니라, 정치·경제·문화·민족적 측면에서도 적용되었고, 한자리에 공존할 수 없을 정도의 큰 차이였다. 당나라 이후 중원 지역에 건국된 송, 원, 명, 청의 역사는 모두 중국 정사에 포함되었지만, 절대 다수 주민이었던 한족漢族은 원과 청을 이적시하였다. 이러한 상황에서 중원 지역의 역대 왕조가 7세기 고구려, 10세기 발해의 멸망 후 이들을 자신의 역사로 간주하였을 가능성은 더더욱 없었다. 발해를 중국 역사의 일부라 주장한 것은 일본이 만주를 점령한 20세기 전반에 이르러서부터다.

만주와 한반도 북부 지역은 시대순으로 고조선에 이어 고구려, 그리고 발해로 연결되었다. 고조선 주민이 고구려의 주민이 되었고, 고구려 주민이 발해의 주민이 되었다. 발해가 멸망하고, 그 유민은 거란 내에서 동화되지 않고 '발해인'이라는 자의식을 가지고 있었고, 많은 사람들이 남쪽의 고려로 이주하였다. 고려는 고구려 계승을 표방하고, 발해인도 적극적으로 받아들였다. 조선은 고조선을 우리 역사의 시작으로 인식하고 고구려와 발해의 역사를 정리하였으며, 18~19세기에는 발해를 신라와 함께 '남북국'이라며 적극적으로 인식하기에 이르렀다.

이 책은 한중 간 역사 쟁론이 되고 있는 전근대 시기 고조선, 고구려, 발해의 역사를 검토한 결과물이다. 역사에 대한 논쟁은 다양한 측면에서 접근할 수 있지만, 그중에서도 중요한 방법은 역사 계승 인식을 살펴보는 것이다. 고조선, 고구려, 발해가 존속하고 멸망한 이후, 이들 역사를 어떻게 기술하고 인식하였는지를 각 시기별 주요 저술이나 인물을 통하여 살펴보았다. 공동연구자들은 중간발표와 결과발표를 통하여 상호 연구 내용을 토론하고 조정하였다. 특히 고조선, 고구려, 발해의 역사 현장을 함께 답사하며 연구 대상 인물이나 자료의 성격과 의미를 보다 명확하게 이해할 수 있었다. 고구려의 "집안현을 한 번 봄이 김부식의 고구려사를 만 번 읽는 것보다 낫다"고 한 신채호 선생의 말을 실감할 수 있는 귀중한 기회였다. 각 연구자별 검토 결과를 소개하면 다음과 같다.

박선미 연구위원의 〈고조선의 역사지리에 대한 조선시대 사람들의 인식〉은 조선시대 사람들이 고조선의 역사지리를 어떻게 인식하고 있었는지를 알아보기 위해 관찬 사서류와 문집류의 고조선 부분을 살펴본 것이다. 강역과 관련해서는 조선시대에도 고조선의 경계지인 만번한과 패수, 도읍지인 아사달, 험독, 왕검성 등에 대한 여러 이설들이 다양하게 존재하고 있었다. 고조선과 한의 경계인 패수에 대해서 조선시대 학자들은 서요하, 압록강, 청천강, 대동강 등으로 추정했다. 특히, 당시에 존재했던 패수 관련 여러 이설들을 정리하고 그중에서 패수가 압록강이었을 것이라고 한 정약용의 주장은 오늘날 역사학의 연구방법론과도 같다. 고조선의 중심지로 등장하는 아사달, 험독, 왕검성의 위치에 대한 조선시대의 인식은 평양과 요동으로 수렴된다. 고조선과 중국 고대국가인 연 및 한과의 접경을 요동지역으로 비정하고 한때 강역이 현재의 요하유역까지 미쳤다고 보기도 했다. 그러나 조선시대 학자들은 고조선의 수도로 요동보다는 평양을 주목한 것이 특징이다. 끝으로 고조선사에 대한 우리의 인식 및 연구 방향과 관련하여 인식의 계통적 파악, 사료 주석의 이해, 고고학 자료에 근거한 연구를 통한 고조선사 복원이 중요하다는 점을 지적하였다.

김은국 연구위원의 〈고려~조선 전기 발해사 계승 인식〉은 고려시대와 조선 전기에 걸쳐 간행된 국내 사서 중 발해사에 대한 내용을 개략적으로 정리한 것이다. 고려는 태조 왕건 스스로가 발해와의 혼인관계 등을 강조하고, 〈훈요십조〉에서는 발해를 멸망시킨 거란을 극악무도한 민족으로 설정, 거란과의 국교 단절과 철저한 응징을 표시하고 있었다. 고려 초기의 발해 친연성 강조는 이후 고려시대 및 조선시대에 걸쳐 동북아시아 외교를 논할 때 그 공과功過 등에 대해 좋은 선례가 되었다. 이 시기 편찬 사료들은 발해 멸망에서 그리 멀지 않은 시기에 간행된 것이어서 발해에 대한 고려와 조선시대의 인식이 잘 반영되어 있다고 본다. 그런 의미에서 이 시기의 발해사 인식은 현재 발해의 한국사 계승 인식의 계보와 닿는 것이기도 하다.

우성민 연구위원의 〈당대唐代 문인들의 고구려, 발해 인식 검토-당시唐詩, 문집을 중심으로〉에서는 당나라 시기 문인들의 고구려와 발해에 관한 인식을 『전당시全唐詩』, 『전당문全唐文』 등을 중심으로 검토하였다. 성당盛唐 시가를 대표하는 최고의 시인 이백의 「고구려高句驪」는 '새가 해동에서 날아온 듯하다'는 시구에서 고구려를 해동으로 표현하고 있었다. 고구려가 멸망한 후 70여 년이 지난 시점에도 지속적으로 당이 주변국으로써 고구려를 인식하고 있었음을 시사한다. 또한 온정균溫庭筠의 시 「송발해왕자귀구국送渤海王子歸舊國」은 당대 문인의 발해에 대한 인식을 비교적 상세하게 묘사하고 있다. '성대한 공훈을 이루고 고국으로 돌아가지만, 아름다운 문장 중화에 남아 있네'라고 하여 발해와 당의 관계를 대비하여 묘사하고 있다. 당인들의 시와 산문을 통해 고구려, 발해, 신라를 동일하게 해동 혹은 삼한으로 인식하고 있는 흔적들을 확인할 수 있었다. 향후 연구 범위를 더 확대하여 정리하면 고구려 및 발해와 공간적으로나 시간적으로 가까운 곳에서 교류하며 인지할 수 있었던 당인들의 고구려와 발해에 대한 인식과 그들 사이의 정체성과 계승성을 밝히는 데 유의미한 자료들이 더 발굴될 것으로 기대된다.

전진국 박사의 〈조선시대 영사악부詠史樂府에 보이는 단군과 기자〉는 역사적 인물 및 사건을 시로 읊은 영사악부를 통해 조선시대 단군과 기자에 대한 전승과 역사 인식을 살펴본 것이다. 조선 건국 뒤 단군신화가 새로운 형태로 정리되자 악부 또한 그것을 소재로 하였다. 그러다가 18세기 후반 이후의 악부부터 다시 고려시대의 문헌에 정리된 단군신화를 소재로 하는 양상이 확인된다. 이는 국가에 의해 단군신화가 새롭게 정리되었다 하더라도, 기존의 단군에 대한 전승과 숭배가 여전히 이어지고 있음을 볼 수 있는 대목이다. 기자를 소재로 한 악부는 조선시대 기자 존숭의 분위기를 잘 보여준다. 단군은 자국 역사의 시작으로, 기자는 유교 문명의 기원으로 여기고 있었다. 그리고 평양에 있었던 단군과 기자의 사당이 역사성을 증명하는 실물로 인정되어, 그것을 시에서 언급하고 제목으로 삼기도 하였다. 기자에 대한 존숭과 역사 만들기는 18세기 마한정통론으로 극에 달한다. 기자조선을 소재로 악부에서도 마한정통론에 입각한 역사 인식이 강하게 나타난다. 더욱이 심광세의 악부에서는 마한정통론이 형성되기 이전에 이미 그와 똑같은 역사 인식이 이루어지고 있었음을 확인할 수 있다.

임상선 책임연구위원의 〈『발해고』를 통해 본 유득공의 발해사 인식 검토〉는 유득공柳得恭의 『발해고渤海考』 서문과 본문을 검토한 것이다. 『발해고』 서문은 작자인 유득공 이외에 박제가朴齊家와 성해응成海應의 것도 있다. 유득공은 서문에서 고려가 부진하여 약국이 된 것은 발해의 옛 땅을 얻지 못했기 때문이고, 발해의 땅을 얻지 못한 원인은 고려가 발해사를 편찬하지 않았기 때문이라 하였다. 발해의 땅에 대한 고려 측의 소유 주장이 고려가 발해를 계승했다는 데에 있지 않고 이전의 고구려를 전제로 하고 있는 점이 특징이다. 박제가는 서문에서 유득공의 『이십일도회고시』는 국내의 경관을 상세히 한 것이며, 『발해고』는 거기서 나아간 것이라 하고 있다. 유득공이 고려가 신라와 발해를 통합하였다고 주장한 것과 달리, 박제가는 고려가 삼한三韓을 통합하였다고 달리 보고 있다. 성해응은 서문에서 유득공의 『발해고』가 『신당서新唐書』 발해전에 비하여 상세하다고 평하였다. 숙신, 물길, 말갈이 변하여 발해가 되었다고 한 점에서 성해응은 유득공과 달리 발해의 주민은 고구려민이라기보다는 말갈민이라 보고 있는 듯하다. 그리고 유득공은 『발해고』 「군고君考」에서 걸걸중상을 거란과 관련시켜 언급하고 있고, 발해의 주민이 고구려인과 말갈인으로 구성되어 있다는 현재 학계의 일반적 해석과 달리, 말갈 자체도 고구려인으로 간주하고 있다.

박인호 교수의 〈『해동역사』와 『해동역사속』에 나타난 상고사 계승 인식〉은 한치윤韓致奫과 한진서韓鎭書의 한국고대사에 대한 역사 계승 인식의 이동異同을 정리한 것이다. 『해동역사海東繹史』는 한치윤의 저작으로 널리 알려져 있지만 조카인 한진서가 『해동역사』에 전반적인 수정과 교열을 가하였으며, 『해동역사속海東繹史續』 「지리고」는 한진서가 전담하여 편찬하였다. 동이문화의 포괄성을 중시한 한치윤은 한국고대사 계승 인식에서 정치적 행방과 해당 지역의 계승을 중시하는 입장을 가졌는데 상대적으로 한반도에 기반을 둔 국가의 행방에 관심을 보이고 있으며 부여나 발해 등 만주 지역의 국가에 대해서는 민족적 측면보다 지역의 계승 관계를 밝히는 데 중점을 두고 접근하고 있다. 이에 반해 역사의 전개 과정과 관련성을 중시한 한진서는 상고사 계승 인식에서 역대 각 국가의 성립시기와 같은 시간성과 국가의 분립과 계승과 같은 상고사의 연결성을 밝히는 데 중점을 두고 있었다. 이러한 차이에도 불구하고 『해동역사』와 『해동역사속』은 성립 시기에 따르는 국가의 서술이 중요시되며, 정통론이나 도덕명분론과 같은 관점은 그리 중요하게 다루어지지 않은 공통된 특징도 있다. 비록 중국 자료에 대한 신뢰도에서는 차이를 보이지만 한치윤과 한진서는 중국 자료로 조선의 역사를 정리하려고 하였으며, 이는 한치윤이 가졌던 동아시아적인 관점에서 보려는 문화의식의 산물이며 이를 계승한 한진서의 생각이기도 하였다.

이진형 박사의 〈다산 정약용의 조선 강역疆域과 고대사 인식〉은 정약용의 조선 강역관을 목민관의 실천적 경험과 학자의 이론적 지식이 종합된 인식체계로서 살펴보고, 아울러 18세기 현실적 조선 강역에 대한 인식과 여기에 나타난 발해 등의 고대사 인식을 찾아보고자 하였다. 관리로서의 실천적 경험이 당시 조선 현실의 강역관으로 드러나면서 한반도 고대국가가 차지했던 영토에 대한 주체적이고 독자적인 역사 인식이 다산의 저술 곳곳에서 확인된다. 다산은 한반도 고대사의 흐름을 지리적 차원에서 조명하면서 고대 강역에 대한 확고하고 주체적인 역사 계승 의식을 표명하였다. 다만 조선 후기 사회가 당면한 시대적 과제 앞에서 한반도 고대 강역의 의미와 중요성이 국가 개혁의 구조적인 차원에서 다루어진 것으로 생각된다.

김태훈 교수의 〈에도시대 일본의 한국고대사 인식에 대한 고찰〉은 에도시대 일본의 한국고대사 인식을 '고조선-고구려-발해'로 이어지는 국가 간 계승을 어떻게 인식하고 있었나에 초점을 맞추어 살펴본 것이다. 에도시대의 한국고대사 인식은 8세기 초반 편찬된 『일본서기日本書紀』 이래의 전통적 인식 위에 17세기 이후 조선 문헌의 유입과 조선 지식인들과의 교류를 통해 습득된 새로운 역사 지식이 더해진 것이었다. 에도시대 이전 자료에 투영된 한국고대사의 상像은 8세기 이후 진행된 일본 '천황天皇'의 실체화와 고구려의 후속 국가를 자처하며 일본에 외교적 밀착을 시도했던 발해의 대외정책 등이 그 역사적 배경이다. 에도시대에 덧칠된 한국사 지식은 17세기 이후 활성화된 한·일 간 문화교류의 일환으로 이루어진 역사 지식 유통의 산물이었다. 17~19세기 유입된 조선 서적이 『일본서기』 등 일본 전래 문헌에 더해짐으로써, 에도시대 한국고대사 인식 체계를 현재 우리의 그것과 유사하게 구축하는 데 일정한 역할을 하였다. '단군조선－삼한－삼국-신라·발해'로 구성되는 인식 체계가 그 결과물이다. 달리 표현하자면, 에도시대 일본 지식인들은 고구려를 고조선의 후속 국가로, 발해는 고구려를 계승한 국가로 인식하고 있었다고 하겠다.

이상과 같이 이 책에서는 고조선, 고구려, 발해의 역사를 전근대 시기에 어떻게 인식하고 계승하여 왔는지 검토하였다. 이 과제에 뒤이어 근대 시기 고조선, 고구려, 발해의 역사에 대해서도 연구를 진행 중이며, 그 결과도 향후 발표할 것이다.

2019년 6월
집필자를 대표하여
임상선

차 례

고조선의 역사지리에 대한 조선시대 사람들의 인식

박선미

Ⅰ. 머리말 : 연구사 개요
Ⅱ. 고조선의 경계에 대한 인식
  1. 전국시대 연과의 경계 '만번한'
  2. 한과의 경계 '패수'
Ⅲ. 도읍에 관한 인식
  1. 왕검조선의 도읍 '아사달'
  2. 위만조선의 수도 '험독'과 '왕검성'
Ⅳ. 맺음말 : 향후 과제와 전망

Ⅰ. 머리말 : 연구사 개요

조선시대 사람들은 고조선을 어떻게 인식하고 이해했을까? 이에 대해 알아보기 앞서 전통시대부터 현대까지 고조선에 대한 인식의 흐름을 이해하는 것은 매우 중요하다. 이는 고조선 전사全史에 대한 우리의 이해가 어디에 바탕을 두고 있는가와 연결되기 때문이기도 하고, 이 글에서 주로 살펴볼 조선시대 사람과 우리의 인식을 비교할 수 있기 때문이다.

2005년 고구려연구재단(현 동북아역사재단)은 국내 문헌과 중국 측 문헌 가운데 고조선·단군·부여 관련 기록을 일일이 찾아내 집대성한 바 있다.[1] 그리고 한국고전번역원이나 국사편찬위원회 등에서 주요 사료를 번역하고 역주와 해제 작업을 했다. 한문을 모르는 사람이라도 번역된 자료를 통해 전통시대의 고조선 관련 기록들을 일별해 볼 수 있게 됐다.

잘 알려져 있다시피 고조선에 관한 기록이 나오는 사료로는 『사기』 조선열전, 『한서』 조선전, 『후한서』 동이전, 『삼국지』 동이전 등 중국 측 문헌과 『삼국사기』, 『고려사』, 『조선왕조실록』 등의 관찬사서 및 『삼국유사』 『반계수록』, 『성호사설』 등 개인이 작성한 고문헌이 있다. 이 외에도 『여지도서』 등 다수의 지리지地理志가 전한다.

고려와 조선 전기에 저술·편찬된 사료들은 중국 정사류의 기록을 전제하고 여기에 약간의 이설異說을 기록해 놓거나 개인의 의견을 부기해

1 고구려연구재단 편, 2005, 『고조선·단군·부여 자료집』 上·中·下.

놓은 것이 대부분이다. 그러다가 조선 후기에 와서는 문집류에 저자의 의견이 적극적으로 피력된다. 문집 중에는 단군과 고조선의 실체에 대한 저자들의 생각이나 당대 세간에 떠도는 이야기들을 정리해 놓은 것들도 다수 있다.

그런데 관찬류의 사서나 문집류의 사료에 고조선의 수도나 경계에 대한 내용이 서로 다르게 나타난다. 당시에도 고조선의 중심지와 경계를 찾는 것이 주된 관심의 대상이었다. 아마도 지리 고증을 통해 고조선의 세력범위를 간접적으로나마 짐작할 수 있기 때문이었을 것이다. 현대 역사학자들이 역사지리 관련 논쟁을 지속하는 것도 같은 이유에서다.

개항과 일제강점기를 겪으면서 고조선의 중심지, 위치, 강역 등에 관한 논쟁이 방어적 민족주의와 결합되어 본격적으로 전개됐다. 광복 후에도 이러한 논쟁은 계속됐다. 일제관변학자들에 의해 이식된 식민사로부터의 탈피와 국가 재건이라는 목적 하에, 고대사 논쟁은 민족주의와 더욱 결합되면서 확산되는 양상을 보였다. 이 시기 대표적인 고조선 연구자는 신채호, 최남선, 안재홍, 정인보 등이다. 이들은 일제강점기 이후부터 고조선 관련 글을 다수 발표했다. 같은 시기 이병도도 실증사학이라는 역사연구방법론을 통해 고조선에 관한 글을 발표했다.[2]

이 기간에는 단군과 단군신화 관련 연구가 주를 이루었고, 신문이나 잡지 등에 게재된 글이 단행본의 형태로 간행됐다. 단군을 조상으로 하는 민족의 위대성과 한국사의 범위를 만주 일대로 넓혀 보고자 한 시각이 두드러졌다. 이러한 현상은 일본인 학자에 의한 촉발된 한국고대사 왜곡에 대한 대응의 일환이었다고 보인다. 왜냐하면 이 시기 고조선사 연구의 일면은 일본인 학자들에 의해 이루어졌고, 이들의 연구는 식민지 정책을 위한 조사 사업의 하나로 진행됐으며 문헌고증학文獻考證學이

2 박선미, 2006, 「근대사학 이후 고조선사 연구의 현황과 쟁점」, 『한국사학보』 23.

라는 이름으로 단군과 단군신화를 부정하는 연구가 대부분이었기 때문이다. 특히 평양 일대와 낙동강 하류지역에 대한 유적조사를 진행하면서 중국이 위만조선과 낙랑군을 통해 한반도의 서북부를 지배했고, 일본이 임나일본부를 통해 남부지역을 경영經營했다고 주장했다. 이러한 식민사학자들의 연구는 한국고대사에 대한 왜곡을 떠나서 한국 민족의 정체성正體性을 위협하는 것이었다.[3]

따라서 역사학자들은 한국사가 지니는 주체성과 고유성을 강조해야 했으며 민족의 위대성을 증명해야 했던 시대적 과제로부터 자유로울 수 없었다. 이 시기 민족사학자들의 연구가 단군조선을 강조함으로써 민족의 주체성을 내세운 연구로 점철되어 나타나는 것은 자연스러운 현상이었다. 그러나 시대적 제약에도 불구하고 관련 문헌을 섭렵하고 재해석하여 한국사의 공간적 범위를 만주 일대로 넓혀 봄으로써 향후 고조선사 연구의 토대를 마련했음은 분명하다.

광복 후 1950~1960년대에는 고조선의 역사지리 관련 논쟁이 뚜렷하게 드러나지 않고 앞의 다양한 견해들을 그대로 받아들이는 경향을 보였다. 이때에도 방어적 혹은 국가 재건을 위한 이데올로기로서 민족주의적 시각에서의 고조선사 연구와 실증사학을 표방하는 고조선사 연구가 병행됐다. 그러나 이 시기에는 고조선의 강역에 대한 관심은 상대적으로 적었다. 대신 한국사 연구가 신민족주의사학, 실증주의사학, 사회경제사학 등의 영향을 받으면서 고조선사 연구는 일제강점기 내내 주창되었던 식민사학을 극복하고 새로운 고조선사상古朝鮮史像을 수립하는 쪽으로 나아갔다. 방법론적인 면에서는 여전히 앞 시기와 같은 문헌 고증과 문구 해석 위주로 진행됐다.

주제면에서는 문헌에 기록된 여러 종족 및 정치체에 대한 규명과 고

3 식민사학자들의 한국사 연구 경향에 대해서는 이기백의 『한국사신론』(1978, 일조각)과 김철준의 『한국사학사연구』(1990, 서울대학교출판부)가 참고될 만하다.

조선, 단군조선, 기자조선과의 관계를 고찰하는 것에 집중됐다. 해방 후 미군정기, 6·25전쟁 등의 혼란과 정인보·백남운·손진태 등 연구 인력의 부재 등으로 인해 이 시기에 발표된 연구 목록은 많지 않다. 다행히 이병도, 김상기, 김정학, 홍이섭 등에 의해 고조선사 연구가 꾸준히 이루어졌다. 일제강점기 민족주의사학자들이 발표한 글이 단행본으로 간행되기도 했다. 연구 주제의 대부분이 단군조선의 역사성을 밝혀내고자 한 것이었다.

이 시기에 특별히 주목해야 할 연구는 이병도의 고조선사 연구다. 오늘날 이병도의 고조선사 연구가 많이 비판받고 있지만 고조선의 주체성을 밝혀내고자 노력한 것도 사실이다. 그는 중국 문헌의 '퇴결만이복魋結蠻夷服' 기록, 위만衛滿에 대한 준準 왕의 신임, 위만이 '조선'이라는 국호를 유지한 사실, 조선식朝鮮式 관직명의 사용 등을 근거로 해서 위만을 요동지방에 정착한 고조선계 사람으로 추정했다. 또한 훗날 태조 이성계가 세운 조선의 왕실 시조가식始祖假飾에서 기자동래설이 생기게 된 것으로 파악하고 기자조선을 부정하고 대신 한씨조선韓氏朝鮮으로 부를 것을 주장했다. 물론 평양 일대에 집중돼 있는 이른바 낙랑 계통의 유적과 유물을 근거로 고조선의 위치와 범위를 평양 일대로 한정한 것은 그의 고조선사 연구가 갖는 한계이기도 했다.

1970~1980년대를 거치면서 고조선의 서쪽 경계가 중국 하북성에 있는 난하灤河임을 주장하는 윤내현의 글이 발표됐다. 이때부터 고조선에 대한 사회 일반의 관심은 강역과 중심지로 집중되는 모습을 보였다. 이 시기 주목할 만한 것으로는 고조선사 연구에 고고학 및 인류학 연구 방법론과 이론이 도입됐다는 점이다. 한마디로 연구방법상에서도 변화가 나타났고 연구 목록 편수뿐만 아니라 연구 내용도 풍부해졌다.

그 결과 고조선사도 분류사가 가능하게 되어 주제별로 접근한 연구 경향이 나타났다. 고고학자들에 의한 탐색도 서서히 시작됐다. 1950~

1970년대에 진행된 북한학계의 연구 성과가 1980년대 중반에 국내에 소개되면서 비파형동검문화를 발전시킨 주인공을 고조선과 연결시켜 보기 시작했다. 인류학의 사회발전단계 이론을 적용해 고조선의 국가발전단계를 이해하고자 하는 시도도 이루어졌다. 이후 고고학 분야에서 연구가 급증한 것은 이로부터 영향 받은 바 컸다.

주제면에서는 고조선의 등장 및 국가 성립 시기와 기자조선 문제가 주요 연구 대상이었다. 이것은 1970년대부터 한국고대사학계에서 초기국가 형성 및 국가 형성 과정에 대한 연구와 토론이 활발하게 진행되면서 나타난 것이었다.[4] 1970년대 한국고대사학계가 가장 관심을 가진 분야는 고대국가의 기원과 형성에 관한 문제였다.[5] 1971년에 월간잡지 『신동아新東亞』는 5회에 걸쳐서 각 방면의 전문가들을 동원, 상고사의 쟁점을 토론 형식으로 다루었는데, 이 토론의 마지막 주제가 '국가의 형성과 도시국가'였다. 이때 토의된 내용이 1975년 『한국상고사의 쟁점』이라는 책으로 출간됐다. 이후 국가의 기원 문제는 한국고대사학계와 고고학계의 주요 관심사가 됐다.

1987년 발표된 북한학계의 『비파형단검문화에 관한 연구』[6]가 국내에 소개된 것도 이 시기 고조선사 연구의 큰 전환점이 됐다. 북한학계는 중국 동북지역과 한반도에서 발견되는 비파형동검을 고조선과 연결시켜 고찰했다. 이것이 국내에 소개되면서 학계의 관심이 본격적으로 중국 동북지역으로 확대됐다. 또한 1980년대 후반에 조직된 전문 학회들의 연구 발표회 개최 등에 힘입어 연구의 질적·양적인 면에서 진전을 보였다. 이 외에도 중·고등학교 교과서 개편 문제와 관련해 학계 내외

4 이에 대해서는 1973, 1976, 1979년, 『역사학보』 60·72·84의 「회고와 전망」이 참조됨.

5 이기동, 1984, 「회고와 전망-고대」, 『역사학보』 104, 역사학회, 167쪽.

6 박진욱·황기덕·강인숙, 1987, 『비파형단검문화에 관한 연구』, 과학백과사전출판사.

에서 고조선에 관한 큰 관심이 일어났다.[7]

1990년대 중반부터 현재까지는 고조선사 연구가 양·질 면에서 획기적인 진전을 이룬 시기다. 새로운 문헌기록의 발견과 고고학계의 성장에 힘입어 고조선에 관한 논문이 이전 시기에 비해 급격히 증가하고 연구자도 많아졌다. 특히 중국 동북지역에 분포하는 고고학 자료와 유적에 접근하는 것이 이전에 비해 수월해지면서 고고학 자료에 나타나는 다양한 문화유형과 고조선의 관계를 설명하려는 경향이 두드러졌다. 역사학과 고고학 분야에서 전문적으로 훈련을 받은 전문가의 고조선사 연구는 이때부터 본격적으로 이루어졌다. 고조선으로 석·박사 학위를 받은 연구자도 이 시기에 처음 나왔고, 최근 5년 사이에 박사 학위자가 다수 배출됐다.[8]

또한 이 시기에는 남북한 혹은 학자 간의 고조선에 대한 견해차를 좁히기 위한 노력도 시도됐다. 2002년에 남북한 역사학계는 처음으로 공식적인 교류를 시작했다. 한국고대사학회의 서영수·하문식·송호정 등의 연구자들이 북한을 방문했다. 단군학회 주최로 '남북한 공동학술회의-단군 및 고조선에 관한 역사학자들의 공동학술토론회'가 평양인민문화궁전에서 개최됐다.

2005년 9월에는 국사편찬위원회가 이른바 강단사학자와 재야사학자를 모아 '고조선사의 제문제'라는 주제로 연구발표회를 열었다.[9] 이 학술회의에서 곧바로 합의된 결론이 도출된 것은 아니지만 고조선에

7 이종욱, 1987, 「회고와 전망-고고학」, 『역사학보』 116, 204쪽.

8 1990년대 이후 배출된 대표적인 박사 학위자는 다음과 같다. 송호정, 1999, 『고조선 국가형성 과정 연구』, 서울대학교. 박선미, 2008, 『화폐유적을 통해 본 고조선의 교역』, 서울시립대학교. 박준형, 2012, 『고조선의 성립과 발전에 대한 연구』, 연세대학교. 오현수, 2014, 『고조선의 형성과 변천과정 연구』, 한국학중앙연구원. 김남중, 2014, 『위만조선의 성립과 발전 과정 연구』, 서강대학교. 이후석, 2016, 『요령식세형동검문화와 고조선의 변천』, 숭실대학교. 조원진, 2017, 『고조선의 발전과 대외관계 연구』, 세종대학교.

9 국사편찬위원회·한국고대학회, 2005, 『2005년 상고사 토론회-고조선사의 諸問題』 발표자료집.

대한 견해차를 좁히고 연구 역량을 결집하려는 노력 중 하나였다는 점에서 의미가 있었다. 2004년 결성된 고조선사연구회(현재의 고조선부여사연구회)를 중심으로 고조선사 관련 심화연구가 현재까지 진행되고 있고, 2017년 11월에는 처음으로 한국고고학회가 공식적으로 고조선 고고학을 주제로 고고학전국대회를 개최했다. 이듬해인 2018년 11월 고고학전국대회에서도 고조선 고고학을 주제로 한 자유패널이 진행됐다.

이상으로 전통시대부터 현대에 이르기까지 고조선사의 연구 흐름을 일별해 보았다. 다음 장에서 살펴볼 바와 같이 현대 역사학계의 고조선사 인식도 결국 고려나 조선시대의 인식과 맥을 같이 하고 있다.

다음 장에서는 조선시대에 저술된 사료 가운데 고조선 부분을 살펴보고, 당시 사람들이 고조선을 어떻게 이해하고 받아들였는가를 알아보자. 전통시대에 저술된 문헌 전체를 한 편의 글로 정리한다는 것은 쉽지 않은 작업이다. 따라서 여기서는 고조선사에서 가장 쟁점이 되고 있는 역사지리 부분에 대한 인식을 다루어 보도록 하겠다. 본문에서는 상대적으로 기록이 명확한 전국시대 연과의 경계 만번한滿潘汗, 한과의 경계 패수浿水, 도읍지로 기록된 아사달, 험독險瀆, 왕험王險 혹은 왕검王儉 성을 중심으로 살펴보자.

Ⅱ. 고조선의 경계에 대한 인식

사료에 고조선의 서쪽 경계지역으로 나오는 곳은 만번한과 패수다. 전자는 고조선과 연의 경계로, 후자는 한과의 경계로 명확히 적시되어 있다.

그런데 문제는 지명 자체는 비록 명확하지만 조선시대까지 그 지명이 남아 있지 않았다는 것이다. 남아 있다고 하더라도 시대가 바뀌면서 지명이 바뀌거나 사람의 이동에 따라 지명이 옮겨지기도 했다. 게다가 지명이 기록된 중국 측 사료에도 후대의 주석이 여러 번 덧붙여지면서 만번한과 패수가 실제로 어디를 가리키는지 더욱 혼동되기에 이르렀다. 지리 고증에서 철저한 사료 비판이 필요한 이유다.

1. 전국시대 연과의 경계 '만번한'

아래에 인용한 사료는 고조선의 역사지리를 살펴보는 데 기본이 된다. 조선시대 학자들은 이들 사료를 어떻게 해석했을까? 본문의 이해를 돕기 위해 해석문과 원문을 같이 제시해보면 다음과 같다.

① 기자가 조선에 거하였는데 그 후손이 연을 공격하였다.
箕子居朝鮮 其後伐燕.(『博物志』卷8)

② 대부가 말하기를 옛적에 사이가 모두 강하여 (중국에) 쳐들어와 도둑질하였는데 조선은 요를 넘어 연의 동쪽 땅을 빼앗았다.
大夫曰 往者四夷具强 竝爲寇虐 朝鮮踰徼 劫燕之東地.(『鹽鐵論』卷38, 備胡)

③ 옛 기자의 후예 조선후는 주가 약해지는 것을 보고 연이 스스로 왕이라 칭하고 동쪽지역을 공략하려고 하자 조선후도 스스로 왕이라 칭하였다. … 후에 자손이 점차 포악해지자 연은 이에 장수 진개를 보내 서쪽을 공격하고 그 땅 2천여 리를 빼앗고 만번한에 이르러 경계로 삼으니 조선이 마침내 약해졌다.
昔箕子之後朝鮮侯 見周衰燕自尊爲王欲東略地. 朝鮮侯亦自稱爲王 … 後子孫稍驕虐 燕乃遣將秦開 攻其西方取地二千餘里 至滿番汗爲界 朝鮮遂弱.(『三國志』卷30, 烏丸鮮卑東夷傳 韓傳 引用『魏略』)

앞에 인용한 사료는 고조선과 연이 상호 경쟁관계에 있었음을 보여준다. 특히 사료 ③은 고조선과 연의 전쟁 전후 경계에 관한 지리 정보를 제공해 준다. 즉 연과의 전쟁 이전에 고조선의 서쪽 경계는 만번한에서 더 서쪽으로 2천여 리 지점에 있었다는 의미다.

조선시대에 고조선과 연과의 경계로 명시된 만번한의 위치 비정을 시도한 이는 홍여하, 이익, 정약용 등이다. 이들이 저술한 문헌의 고조선 부분을 중심으로 살펴본 내용을 간략히 소개하면 다음과 같다.

홍여하는 가장 이른 시기에 만번한의 위치를 비정했다. 그는 서거정의 『동국통감』 기록을 취사·절충하여 1672년에 『동국통감제강東國通鑑提綱』이라는 가숙용家塾用 교재를 지었는데, 이 책의 「조선기朝鮮紀」에서 만번한을 중국 요령성 요양 일대로 비정했다. 즉, 현재의 요동 일대는 모두 기자조선의 영토였으나 연의 진출로 인해 상실하였다가 진과 한이 교체될 때에 다시 회복했다고 보았다.

이익은 『성호사설』 권1, 「천지문天地門」 「기자강역箕子疆域」에서 단군과 기자에 관해 논하면서 그 강역에 대해서는 알지 못한다고 하면서도 평양을 중심으로 연과 상쟁했다고 보았다. 만번한의 위치는 산해관과의 거리를 참작해 압록강 일대로 비정했다.

정약용은 1811년에 저술한 『강역고』 권1, 「조선고」에서 『한서』 「지리지」 요동군조에 문현文縣과 번한현番汗縣이 나란히 기록되어 있는 점을 주목하고 만번한을 문현과 번한현의 합성어로 파악했다. 그 위치는 박천강(현재의 평안북도 대령강) 일대로 추정했다. 그러나 전국시대 어느 시기에는 요하를 경계로 했을 것이라고 보기도 했다.

이상과 같은 조선시대의 만번한에 대한 견해는 근대사학에도 영향을 주었다. 특히 만번한을 문현과 번한현의 연칭連稱으로 본 정약용의 견해는 현대 고조선사 연구자들에게 일반적으로 받아들여지고 있다. 따라서 만번한에 대한 검토는 문현과 번한현의 위치 고증에서 출발한다.

2. 한과의 경계 '패수'

고조선과 한과의 경계인 패수浿水는 사료에 여러 차례 등장한다. 고조선사에서 이 시기는 위만조선에 해당한다. 패수에 관한 기록은 비교적 명확하다. 사료에는 한이 서쪽으로 물러나 패수를 경계로 삼았다고 되어 있고, 위만이 고조선으로 망명하는 노정에도 패수를 건넌 것으로 나온다. 패수 관련 기록은 다음과 같다.

④ 조선왕 만은 옛 연 사람이다. 처음 연의 전성기부터 일찍이 진번·조선을 침략하여 복속시키고 관리를 두어 국경에 장새를 쌓았다. 진이 연을 멸하고 요동외요에 소속시켰다. 한이 일어나서는 (요동외요가) 멀어 지키기 어려운 까닭에 다시 요동고새를 수리하고 패수에 이르는 곳을 경계로 하여 연에 소속시켰다. 연왕 노관이 (한을) 배반하고 흉노로 들어가자 만도 무리 천여 인을 모아 망명하여 상투를 틀고 오랑캐 옷을 입고 동쪽으로 달아나 새를 나와 패수를 건너 진고공지 상하장에 거하였다.
朝鮮王滿者 故燕人也. 自始全燕時嘗略屬眞番朝鮮 爲置吏築鄣塞. 秦滅燕屬遼東外徼. 漢興爲其遠難守 復修遼東故塞 至浿水爲界屬燕. 燕王盧綰反入匈奴 滿亡命聚黨千餘人 魋結蠻夷服而東走出塞渡浿水 居秦故空地上下鄣.(『史記』卷115, 朝鮮列傳)

⑤ 한에 이르러 노관을 연의 왕으로 삼으니 조선과 연은 패수를 경계로 하였다. 노관이 배반하고 흉노로 도망한 뒤 연인 위만도 망명하여 오랑캐 복장을 하고 동쪽으로 패수를 건너 준에게 항복하였다. (위만이) 서쪽 경계에 거주하도록 해주면 중국의 망명자를 거두어 조선의 번병이 되겠다고 준을 설득하였다. 준은 그를 믿고 총애하여 박사로 임명하고 규를 하사하여 백 리의 땅을 봉해주어 서쪽 변

경을 지키게 하였다.

及漢以盧綰爲燕王 朝鮮與燕界於浿水. 及綰反入匈奴 燕人衛滿亡命 爲胡服 東度浿水 詣準降. 說準求居西界 中國亡命爲朝鮮藩屛 準信寵之 拜爲博士 賜以圭 封之百里 令守西邊.(『三國志』卷30, 烏丸鮮卑東夷列傳 韓傳 所引『魏略』)

위 사료 ④『사기』의 기록이 패수의 위치 비정을 위한 1차 사료다. 기록에는 한이 요동고새를 수리하고 패수에 이르는 곳을 경계로 했다고 나와 있다. 후대의 기록인 사료 ⑤『삼국지』 동이열전에도 유사한 내용이 나온다. 지면 관계상 패수 관련 사료 전체를 제시하지는 못했으나 패수는 위만조선과 한의 군대가 긴장관계를 보여주는 지역으로, 위만조선과 한의 전쟁 시 한군漢軍의 진출 경로 등으로 나온다. 즉, 고조선의 서쪽에 새塞 - 패수浿水 - 진고공지 상하장秦故空地 上下鄣이 순서대로 위치해 있었다. 역사지리와 관련해서 요동고새, 패수, 진고공지 상하장의 의미에 대한 해석이 고조선의 서쪽 경계를 추정하는 데 주요 논점이 되는 것이다.

이 가운데 패수의 경우는 자연지리 조건이 문헌마다 약간씩 다르게 기록되어 있어 위치를 알아내는 것이 쉽지 않다. 즉『수경水經』14,『설문해자』11「수부水部」 패수조에는 '동쪽으로 흘러 바다로 들어간다'고 되어 있다. 반면에『한서』「지리지」 패수현조,『수경주』에는 '서쪽으로 흘러 바다로 들어간다'라고 되어 있다. 1차 사료가 성서된 이후 후대의 많은 주석가들이 이에 대한 자신들의 견해를 피력했다. 조선시대 학자들도 마찬가지였다. 패수에 관한 논의를 전개한 이는 한백겸, 홍여하, 안정복, 정약용이 대표적이다.

한백겸은 1615년에 지은『동국지리지東國地理誌』「이군二郡」 패수조에서 패수를 청천강으로 비정했다. 또한『구암유고久庵遺稿』 상「기전유제

설箕田遺制說」에서도 고조선이 단군조선 이래 위만조선까지 평양에 위치해 있었다고 하면서 패수를 청천강으로 보아 고조선의 북계로 추정했다.

홍여하는 『동국통감제강』「조선기」 하에서 패수를 서요하로 비정했다. 그는 대동강을 패수라고 부르게 된 것은 고조선의 세력이 후퇴함에 따라 그 지경도 같이 이동하게 된 결과로 해석했다. '종족의 이동에 따른 지명의 동반 이동'이라는 견해는 이후 많은 학자들에게 영향을 주었다.

안정복은 1778년에 편찬한 『동사강목』「지리고」에서 『수경주』와 『당서』 등의 기록을 인용하여 패수를 대동강으로 추정했다. 그러나 같은 책에 단군조선이 어느 시기에는 중국의 요동지역까지 강역을 넓혔을 것이라고도 기록해 놓았다.

정약용은 『강역고』「조선고」 및 「패수변」에서 패수를 압록강으로 보았다. 그는 당시에 존재했던 패수에 관한 여러 설들을 비교적 자세히 기록하고 상호 비교하기도 했다. 또한 고조선의 패수와 고구려의 패수가 서로 다른 강임을 밝히고, 고조선의 패수를 압록강으로 비정함으로써 고조선이 평양에 있었음을 논증했다.

이와 같이 고조선과 한의 경계 패수에 대해 조선시대 학자들은 서요하, 압록강, 청천강, 대동강 등으로 추정했다. 한 가지 부기할 점은 사학사적인 면에서 정약용의 접근 방식이다. 그는 당시에 존재했던 패수 관련 여러 이설들을 정리하고 그 중에서 패수가 압록강이었을 것이라는 자신의 주장을 내세웠다. 이는 오늘날 역사학의 연구방법론과도 같다.

Ⅲ. 도읍에 관한 인식

고조선의 도읍, 즉 오늘날의 수도로 기록된 지명은 아사달阿斯達, 무엽산無葉山, 백악白岳, 백주지白州地, 백악궁白岳宮, 험독險瀆, 왕검성王儉城, 왕험성王險城 등이다.

이 가운데 앞의 다섯 곳은 『삼국유사』 기이편 고조선(왕검조선)조에 나온다. 중국 측 사료에는 등장하지 않는 지명들이다. 다섯 곳의 지명을 다시 정리해 보면 무엽산, 백악, 백주지, 백악궁은 『삼국유사』가 저술된 당대의 아사달에 대한 비정이나 이설을 적시해 놓은 것이다. 즉 『삼국유사』가 전하는 왕검조선의 도읍은 아사달 한 곳으로 축약된다.

뒤의 세 곳, 즉 험독, 왕검성, 왕험성은 『사기』 조선전 등 중국 정사류와 『삼국유사』 위만조선조에 나온다. 왕검성과 왕험성의 경우 『삼국유사』에는 '왕검王儉'으로, 『사기』 등 중국 측 사료에는 '왕험王險'으로 서로 다르게 기록되어 있다. 이에 대해 국내 학계는 고음古音이 같은 다른 글자이며 같은 곳을 표현한 것으로 보고 『삼국유사』의 기록을 따라 왕검이라 부르고 있다.[10] 결국 위만조선의 도읍으로 나오는 지명은 험독과 왕검성 두 곳이 된다.

따라서 고조선 전사의 측면에서 보면 고조선의 도읍은 아사달, 험독, 왕검이라는 세 군데의 위치 문제로 귀결된다. 이들 지명에 대해 차례로 살펴보자.

10 왕험을 주장하는 학자도 있다. 대표적으로 조법종(2000, 「衛滿朝鮮의 崩壞時點과 王險城·樂浪郡의 位置」, 『한국사연구』 110, 한국사연구회)과 윤명철(2015, 「해양질서의 관점으로 본 王險城의 성격과 위치」, 『고조선단군학』 33, 고조선단군학회) 등이다.

1. 왕검조선의 도읍 '아사달'

앞에서도 언급했듯이 아사달이라는 지명은 『삼국유사』 고조선조에 나온다. 관련 사료는 다음과 같다.

> ① 위서에 이르되 지금으로부터 2천 년 전에 단군왕검이 있어, 도읍을 아사달[경에는 무엽산이라 하고 또한 백악이라고도 하니 백주에 있다. 혹은 개성 동쪽에 있다 하니 지금의 백악궁이 그것이다]에 정하고 나라를 개창하여 조선이라 일컬으니 고(요 임금)와 같은 시기라고 하였다.
>
> 魏書云 乃往二千載有壇君王儉 立都阿斯達[經云無葉山 亦云白岳 在白州地 或云在開城東 今白岳宮是] 開國號朝鮮 與高同時.(『三國遺事』 紀異, 古朝鮮:王儉朝鮮)

위의 기록을 보면 일연 당시 아사달은 무엽산, 백주의 백악, 개성 동쪽 백악궁 등의 제설諸說로 전하므로 고조선의 첫 수도가 아사달인 것만은 분명하다. 그렇다면 아사달은 오늘날의 어디인가? 조선시대의 상황을 살펴보기 전에 오늘날 아사달에 대한 연구부터 개관해 보면 다음과 같다.

아사달에 대해서는 근대 역사학 출범 이후 1980년대 중반까지 간헐적인 연구와 언급이 있었을 뿐 현대 역사학자들도 이렇다 할 연구 성과를 내놓지 못하고 있다. 특히 최근 역사학과 고고학계에서 고조선으로 박사 학위를 받은 연구자가 많아졌지만 아사달에 대해서만큼은 학술적 고찰을 거치지 못하고 있다. 『삼국유사』 기록을 신화로 치부해버리는 데서 기인하는 것이기도 하지만 철저한 사료 비판을 토대로 하는 역사학 연구방법론을 고려해보면 그만큼 사료가 없다는 방증이기도 하다.

여하튼 근대사학 이후에는 맨 처음 신채호가 언어학적으로 고음古音을 비교하며 아사달을 지금의 중국 하얼빈으로 추정했다.[11]

1955년과 1983년에 이병도가 아사달과 조선에 대한 글을 발표했다. 이병도는 언어학적인 해석을 통해 『삼국유사』에 나오는 아사달이 백악이나 평양과 같은 곳인데 시대에 따라 달리 불렸다고 추정했다. 나아가 아사달은 당시 고조선의 토착어이고 이를 한자로 옮긴 것이 조선朝鮮이라는 주장을 폈다. 구월산을 아사달로 비정하는 견해에 대해서는 부정했다.[12] 1983년에 발표한 글에서는 이 주장을 더욱 확장하여 아사달과 왕검성을 동일한 지명으로 보았다. 즉 아사달=왕검성=평양으로 풀이했다.[13]

이후 윤내현과 서영수가 아사달을 각각 평양과 요하 중류 일대로 추정한 바 있다.[14] 특기할 점은 윤내현의 연구에서 고조선과 위만조선은 별개의 국가라는 점이다. 위만조선이 난하 유역에 있었을 때 고조선은 아사달인 평양에 도읍하며 존재했다고 보고 있다.[15] 반면 서영수는 단군조선이 요하 중류 일대, 구체적으로는 요령성 조양 일대의 아사달이라는 곳에서 청동기문화를 바탕으로 신정국가를 이루고 있었다고 보았다

그렇다면 조선시대 학자들은 아사달에 대해 어떻게 생각했을까?

아사달에 관한 조선시대의 문헌은 『고려사』 지리지, 『국조보감』, 『동

11 신채호 저, 1972, 『조선상고사』, 『단재신채호전집(상)』, 단재신채호선생기념사업회.(원전 1931년 『조선일보』 연재), 89쪽.

12 이병도, 1955, 「아사달과 조선: 특히 그 명칭에 대하여」, 『서울대학교 논문집』 2, 1~8쪽.

13 이병도, 1983, 「단군설화의 해석과 아사달 문제」, 『한국고대사연구』, 박영사, 35~43쪽.

14 서영수, 1988, 「고조선의 위치와 강역」, 「한국사시민강좌」 2, 일조각.

15 윤내현, 1984, 「중국문헌에 나타난 고조선 인식」, 『한국사론』 14, 국사편찬위원회, 145~156쪽; 1986, 『한국고대사신론』, 일지사, 17~37쪽, 305~307쪽; 2002, 「고조선의 도읍 위치와 그 이동」, 『단군학연구』 7.

사강목』, 『삼국사절요』 외에 여러 문집에 나온다. 그러나 당시 사람들이 구월산을 아사달이라고 한다거나 아사달 구월산에 단군의 사당을 지었다는 내용이 대부분이다.[16]

개인 저술에서도 단군을 기록한 예는 많으나 아사달의 위치에 대해 고찰한 예는 많지 않다. 아사달의 의미나 위치에 대해 언급한 이는 이익, 안정복 등이다.

이익은 『성호사설』 26권 경사문經史門 삼성사三聖祠조에 "아사阿斯는 방언으로 아홉[九]이요, 달達은 달[月]이니, 이것이 곧 지금의 구월산이다"라고 기록했다.

안정복도 『동사강목』에서 같은 내용을 전하고 있다. 그는 「고이考異」에서 단군에 관한 여러 설들을 소개하고 단군이 '아사달산에 들어가 신이 되었다'는 말에 대해, 후세 사람들이 사람이 죽으면 신으로 삼아 제사지내는 예가 많으니 이것도 그런 종류일 것이라며 이를 따른다고 했다. 그리고는 「지리고地理考」에서 "방언으로 아사阿斯는 구九에 가깝고 달達은 월月에 가깝다"고 하고 구월산을 아사달로 부르는 것에 대한 견해를 적어 놓았다. 물론 궐(궁궐)이 있어서 구월산이라고도 한다는 이설도 같이 적어 놓았다.[17]

이와 유사한 내용이 조선시대에 편찬된 관찬사서의 지리지와 개인의 여러 문집에도 나온다. '고기古記'를 인용하여 아사달과 단군을 소개하거나 구월산과 연결시켜 언급한 것들이 대부분이다. 때로는 요임금과 단군의 치세 연수 등을 비교하여 단군이나 아사달의 실체를 부정하는 내용도 있다. 예를 들면 남구만은 『약천집藥泉集』 29권 잡저雜著 동사변증東史辨證 단군조에서 여러 고전에서 전하는 단군 관련 이야기를 비

16 예를 들면 『高麗史』 卷58 志12 地理3 西海道 豊州 儒州에 이와 같은 내용이 나온다.

17 『東史綱目』 附卷下 地理考 白岳考(附阿斯達).

교하고는 그 실체를 알 수 없다고 했다. 또한 서거정은 『필원잡기』 1권에서 단군신화에 관해 기록하면서 당시의 문적文籍이 전하지 않아 참과 거짓을 상고할 수 없다고 했다.

이렇듯 단군이 도읍하고 산신이 되었다는 아사달의 의미와 위치에 관한 것은 조선시대 학자들에게도 어려운 과제였다.

2. 위만조선의 수도 '험독'과 '왕검성'

위만조선의 수도로는 험독과 왕검성 두 곳이 등장한다. 관련 사료는 다음과 같다.

> ② 21년 봄 2월에 왕은 환도성이 난리를 치러서 다시 도읍할 수 없다고 하여 평양성을 쌓고 백성과 종묘사직을 옮겼다. 평양은 본래 선인 왕검의 택지다. 혹은 왕이 되어 왕험에 도읍하였다고 하였다.
> 二十一年, 春二月, 王以丸都城經亂, 不可復都, 築平壤城, 移民及廟社, 平壤者本仙人王儉之宅也, 或云王之都王險. (『三國史記』 高句麗本紀 5, 東川王 21年條)

> ③ 연인 위만이 망명하였다. … 점차 진번·조선·만이와 옛 연·제의 망명자들을 복속하여 왕이 되고 왕검에 도읍하였다.
> 燕人魏滿亡命 … 稍役屬眞番朝鮮蠻夷及故燕齊亡命者王之 都王儉. (『三國遺事』 紀異 魏滿朝鮮)

> ④ 본래 삼조선의 옛 도읍지다. 당요 무진년에 신인이 박달나무 아래에 내려오니, 나라 사람들이 그를 세워 임금을 삼아 평양에 도읍하고 이름을 단군이라 하였으니, 이것이 전조선이다. 주 무왕이 상을 이기고 기자를 이 땅에 봉하였으니, 이것이 후조선이다. 그의 41대 후손 준 때에 이르러, 연인 위만이 망명하여 무리 천여 명을 모아

가지고 와서 준의 땅을 빼앗아 왕검성(곧 평양부이다)에 도읍하니, 이것이 위만조선이다.

本三朝鮮舊都. 唐堯戊辰歲 神人降于檀木之下 國人立爲君 都平壤 號檀君 是爲前朝鮮. 周武王克商 封箕子于此地 是爲後朝鮮. 逮四十一代孫準 時有燕人衛滿亡命 聚黨千人 來奪準地, 都于王險城 [卽平壤府] 是爲衛滿朝鮮. (『世宗實錄地理志』 平安道 平壤府)

⑤ 만이 망명하였다. … 점차 진번·조선·만이 및 옛 연·제의 망명자들을 복속하여 왕이 되고 왕험에 도읍하였다. 집해에서는 서광이 창려에 험독이 있다고 하였다. 색은에서는 위소가 고읍명이라고 하였다. 서광은 창려에 험독현이 있다고 하였다. 응소주에는 지리지에 요동 험독현이 있는데 조선왕의 옛 도읍이라 하였다. 신찬은 왕험성이 낙랑 패수의 동쪽에 있다고 하였다.

滿亡命 … 稍役屬眞番朝鮮蠻夷及故燕齊亡命者王之 都王險. 集解徐廣曰 昌黎有險瀆也. 索隱韋昭云 古邑名. 徐廣曰 昌黎有險瀆縣. 應劭注 地理志遼東險瀆縣 朝鮮王舊都. 臣瓚云 王險城在樂浪浿水之東也. (『史記』 115, 朝鮮傳)

위의 네 가지 사료 가운데 ② 『삼국사기』 기록은 국내 정사류 가운데 가장 이른 시기에 보이는 위만조선의 수도 관련 기사다. 김부식은 1145년경에 고려 인종의 명을 받아 삼국시대의 역사서를 편찬하면서 고구려의 평양에 대해 설명하기를 "선인 왕검이 살던 곳"이라고 하면서 혹은 왕이 되어 '왕험에 도읍하였다'고 전하는 이설을 덧붙여 놓았다. 이를 통해 김부식은 평양을 왕검으로 비정했다고도 볼 수 있다. 그런데 여기에는 '왕검王儉'과 '왕험王險'이 동일한 지역을 가리킨다는 전제가 있어야 한다. 앞에서도 언급하였다시피 학계는 『삼국유사』의 위만조선조에 '왕검王儉'으로 기록된 점을 근거로 이 둘을 같은 지명의 이칭으로 보고 있다. 그러나 동천왕 21년인 247년은 낙랑군이 멸망하기 전이므로 동천왕이 도읍한 평양은 지금의 평양이 될 수 없고, 왕검이 살던 평양도 지금의 평양이 아니라는 주장[18]도 있다.

세종과 문종 년간(1449~1451)에 제작된 『고려사』 지리3 서경유수관조에 '평양부가 원래 삼조선의 옛 도읍'이라고 기록되어 있다. 또한 위만이 도읍한 왕험성에 관해서는 '험險은 검儉으로도 적는다'고 하면서 평양이라고 했다.

이러한 경향은 사료 ④와 같이 조선시대의 관찬사서에서도 나타난다. 『세종실록지리지』 평양부나 구월산에 관한 설명에서도 단군과 아사달 및 평양을 연결시켜 서술했다. 이와 유사한 내용이 『일성록』 정조 13년조에도 보인다. 즉 단군이 처음 도읍한 곳이 왕검성이고 이후에 아사달산으로 들어가 산신이 되었다고 나와 있다.

그러면 조선시대 학자들은 왕검성을 어디로 추정했을까?

권람은 권근의 『응제시應製詩』에 주석을 붙이는 작업을 했는데, 『응제시주應製詩註』「도경서경道經西京」에서 왕검성을 평양으로 비정했다.

한백겸은 역사지리서 『동국지리지東國地理誌』「이군二郡」 탄열조呑列條에서 왕검성을 평양에 있었던 것으로 파악했다.

홍여하는 고려사를 개관한 책 『휘찬려사彙纂麗史』「지리지」 평양부에서 단군의 도읍과 위만조선의 왕검성이 모두 평양에 있었던 것으로 파악했다.

홍만종은 단군조선~고려·조선에 이르는 역사를 사건만 간추려 1705년에 편년체로 『동국역대총목東國歷代總目』을 편찬했다. 그는 이 책의 고조선 관련 서술에서 왕검성을 평양으로 비정했다.

18 윤내현, 1986, 앞의 책, 17~37쪽.

유득공은 1748년 『발해고』 「지리고」에서 심주瀋州(현재의 요령성 심양)를 한대의 읍루, 부여, 옥저, 조선 등의 땅이라고 하여 고조선의 영역이 요동까지 이르렀다고 했다. 그러나 왕검성은 평양에 있었다고 했다.

안정복은 『동사강목』 부록 「지리고」 단군강역고에서 고조선이 평양 일대, 후에 백악에 도읍을 하였다고 했다. 평양에 단군조선과 기자조선이 있었고, 그 강역은 요동지역까지 포괄하고 있었는데, 연의 침략 후 대동강을 경계로 하게 되었다고 보았다. 험독이나 왕검성 등의 중심지에 대한 명확한 언급은 하지 않았으나 낙랑군 조선현을 평양이라고 한 점으로 보아 평양 일대로 파악한 것으로 보인다.

이종휘는 1803년 『동사東史』 「단군조선」과 「기자조선」에서 왕검성을 평양으로 비정했다.

정약용은 『강역고』 「조선고」와 「사군총고」에서 요동지역에 있는 험독이 위만조선의 수도라는 설을 비판하고 왕검성을 평양으로 비정했다.

한편 험독은 위의 사료 ⑤에서와 같이 위만의 옛 도읍명으로 나온다. 후대의 주석으로 기록된 것인데, 같은 내용이 『한서』 지리지에도 등장한다.[19]

조선시대 문집에는 왕검성에 비하여 험독 관련 내용은 비교적 적게 나온다. 험독에 대한 대표적인 기술은 다음과 같다.

한진서는 『해동역사속海東繹史續』 권2 지리고2 조선조에서 험독이 위만의 도읍이라는 기록을 취하지 않고 한반도에도 없었던 것으로 보았다.

성해응成海應은 『연경재전집研經齋全集』 외집外集 서북강역변총목西北疆域辨總目 조선조에서 험독에 대한 『사기색은』과 「지리지」 주석의 내용을 전하면서 왕험의 험(險)과 험독의 글자가 동일하였기 때문에 사람들이 왕검성과 험독을 하나로 혼동한 것이라고 했다. 그는 험독을 왕검성

19 "索隱 韋昭云 古邑名. 徐廣曰 昌黎有險瀆縣. 應劭注 地理志遼東險瀆縣 朝鮮王舊都. 應劭曰 朝鮮王滿都也 依水險 故曰險瀆." 『漢書』 地理志 第八下.

과 동일한 곳으로 볼 수 없다고 했다.

정약용도 「강역고」에서 위만조선의 수도로서 험독을 부정했다.

김정호는 『대동지지大東地志』 권29 「방여총지方輿總志」 기자조선조에서 '왕검성을 평양이자 기자의 옛 도읍지'로 기록한 여러 문헌을 비판하고 위만이 도읍한 험독이 한대의 양평, 즉 지금의 요양이라고 했다.

홍여하도 『휘찬려사』 지리지에서 험독을 요동으로 비정했다.

이상과 같이 고조선의 중심지로 등장하는 아사달, 험독, 왕검성의 위치에 대한 인식은 평양과 요동으로 수렴된다. 특기할 점은 조선시대 학자들은 고조선의 수도로 평양을 주목했다는 사실이다. 물론 고조선과 중국 고대국가인 연 및 한과의 접경을 요동지역으로 비정하고 한때의 강역이 현재의 요하유역까지 미쳤다고 보기도 했다. 그러나 도읍에 관한 한 요동보다는 평양을 주목했다.

Ⅳ. 맺음말 : 향후 과제와 전망

조선시대 사람들이 고조선의 역사지리를 어떻게 인식하고 있었는가를 알아보기 위해 관찬사서류와 문집류의 고조선 부분을 살펴보았다.

조선시대에도 고조선의 경계지인 만번한과 패수, 도읍지인 아사달, 험독, 왕검성 등에 대한 여러 이설들이 다양하게 존재하고 있었다. 여러 이설들 가운데 어느 것이 옳고 그른가에 대한 저자들의 비판이 가해졌으며, 여러 문헌기록을 비교하고 분석하여 자신의 견해를 밝히고 있었다. 고조선의 역사지리 관련 논쟁은 조선시대에도 치열했다. 그러나 이때에도 고조선은 역사의 유구성을 상징하는 국가로 여겨졌다. 그리고 그 실체를 평양에서 찾고자 했다.

끝으로 고조선사에 대한 우리의 인식과 연구에 대하여 몇 가지 언급해 두고자 한다.

첫째, 오늘날 고조선에 관해 우리가 갖게 된 인식의 계통적 파악이다. 이를 위해서는 전全시대를 대상으로 하는 계보적 검토가 필요하다. 계보적 검토는 연구의 흐름뿐 아니라 해당 시기의 역사지리 인식까지도 파악할 수 있다는 장점이 있다. 이것이 제대로 이루어지기 위해서는 1차 사료가 성서成書된 이후 계속되었던 주석에 대한 검토가 이루어져야 한다. 그래야 각 시대별로 어떠한 정치·사회·경제적 맥락에서 위치 비정이 이루어졌는가를 알 수 있다.

둘째, 고조선의 도읍과 강역에 관한 위치 논쟁은 주석이 이루어지기 시작한 때로부터 지속되어 왔다는 점이다. 이 주석들은 주문이 이루어진 시기의 주변 지리에 대한 이해를 반영한 것일 뿐이다. 게다가 전록轉錄과 집주集注 과정에서 자구의 위치 변동이나 개문改文 등이 불가피하게 이루어졌고 주석에 대한 주석이 덧붙여진 것이어서 그 내용이 사실 그대로를 반영한다고 볼 수 없다.[20] 어느 글자를 어디에 붙여서 읽느냐라는 독법 등도 복잡하여 사료를 읽는 독자에 따라 뜻이 달라지기 일쑤다. 고조선의 위치에 대한 논쟁이 계속되는 이유 중 하나는 사료의 주석에 대한 이해 부족에서 기인한다고 볼 수 있다.

셋째, 실체로서의 고조선과 전통시대를 거쳐 현대 역사학자가 복원해 놓은 고조선은 분명 차이가 난다. 사료에 추가된 각종 주석은 당대의 기억 속에 존재하는 고조선을 묘사해 놓은 것이다. 따라서 사료에 기반한 연구와 사료의 공백을 메워줄 자료, 즉 고고학 자료에 근거한 연구를 통한 고조선사 복원이 중요하다. 향후 학제적 연구가 깊어지기를 기대한다.

20 『史記』와 『漢書』에 보이는 고조선 관련 주문이 얼마나 다양한가에 대해서는 윤용구의 다음의 글이 참고 된다. 윤용구, 2017, 「『史記』·『漢書』 注文의 '古朝鮮' 관련 기사」, 『한국고대사연구』 85.

참고문헌

1. 저서

고구려연구재단 편, 2004, 『고조선·단군·부여 자료집』 上·中·下.

국사편찬위원회·한국고대학회, 2005, 『2005년 상고사 토론회—고조선사의 諸問題』 발표 자료집.

김철준, 1990, 『한국사학사연구』, 서울대학교출판부.

문정창, 1969, 『고조선사연구』, 백문당.

박선미, 2009, 『고조선과 동북아의 고대 화폐』, 학연문화사.

박준형, 2014, 『고조선사의 전개』, 서경문화사.

박진욱·황기덕·강인숙, 1987, 『비파형단검문화에 관한 연구』, 과학백과사전출판사.

이기백, 1978, 『한국사신론』, 일조각.

천관우, 1989, 『고조선사·삼한사』, 일조각.

한영우, 1989, 『조선 후기 사학사 연구』, 일지사.

2. 논문

김남중, 2001, 「衛滿朝鮮의 領域과 王儉城」, 『한국고대사연구』 22, 한국고대사학회.

______, 2014, 『위만조선의 성립과 발전 과정 연구』, 서강대학교 사학과 박사학위논문.

김정배, 1972, 「고조선의 민족구성과 문화적 복합」, 『백산학보』 12, 백산학회.

김종일, 2008, 「고고학 자료의 역사학적 해석에 대한 비판」, 『한국고대사연구』 52.

노태돈, 1990, 「고조선 중심지의 변천에 대한 연구」, 『한국사론』 23, 서울대국사학과.

______, 1991, 「한국민족 형성과정에 대한 이론적 고찰」, 『한국고대사논총』 1.

박대재, 2006, 「古朝鮮과 燕·齊의 상호관계-기원전 4세기 말~3세기 초 전쟁 기사를 중심으로」, 『史學硏究』 83.

박선미, 2001, 「요하 이동의 명도전유적과 연의 관련성 문제 검토-요하 이동의 명도전유적과 연하도유적의 비교 고찰을 중심으로」, 『전농사론』 7(송람이존희교수정년퇴임기념호), 서울시립대학교국사학과.

______, 2006, 「근대사학 이후 고조선사 연구의 현황과 쟁점」, 『한국사학보』 23.

______, 2008, 『화폐유적을 통해 본 고조선의 교역』, 서울시립대학교.

박준형, 2012, 『고조선의 성립과 발전에 대한 연구』, 연세대학교.

_____, 2012, 「기원전 3~2세기 고조선의 중심지와 서계의 변화」, 『사학연구』 108.

복기대, 2004, 「기원전 7~4세기 요서지역의 정치적 변화에 관하여 -秦開의 동정을 중심으로」, 『문화사학』 21, 한국문화사학회.

서영수, 1988, 「고조선의 위치와 강역」, 『한국사시민강좌』 2, 일조각.

_____, 1996, 「衛滿朝鮮의 形成過程과 國家的 性格」, 『韓國古代史硏究』 9, 한국고대사학회.

_____, 1999, 「고조선의 대외관계와 강역의 변동」, 『동양학』 29, 단국대학교동양학연구소.

_____, 2009, 「고조선의 발전과정과 강역의 변동」, 『고조선의 역사를 찾아서』, 학연문화사.

송호정, 1999, 『고조선 국가형성 과정 연구』, 서울대학교.

오강원, 1997, 「고조선 위치비정에 관한 연구사적 검토」, 『백산학보』 48.

_____, 1998, 「고조선의 浿水와 沛水」, 『강원사학』 13~14합집, 강원사학회.

오현수, 2013, 「『산해경』 「조선」 조문의 성서시기 연구」, 『인문과학연구』 37, 강원대학교인문과학연구소.

_____, 2014, 『고조선의 형성과 변천과정 연구』, 한국학중앙연구원 박사학위논문.

윤내현, 1986, 『한국고대사신론』, 일지사.

_____, 2004, 『고조선 연구』, 일지사(1994년 초판 발행).

윤명철, 2015, 「해양질서의 관점으로 본 王險城의 성격과 위치」, 『고조선단군학』 33.

윤용구, 2017, 「『史記』·『漢書』 注文의 '古朝鮮' 관련 기사」, 『한국고대사연구』 85.

이기동, 1984, 「회고와 전망-고대」, 『역사학보』 104, 역사학회.

이병도, 1933, 「浿水考」, 『청구학총』 13(1982, 경인문화사 재간행).

_____, 1983, 「단군설화의 해석과 아사달 문제」, 『한국고대사연구』, 박영사.

이종욱, 1987, 「회고와 전망-고고학」, 『역사학보』 116.

_____, 1997, 「고조선사의 전개와 영역」, 『백산학보』 47.

이후석, 2016, 『요령식세형동검문화와 고조선의 변천』, 숭실대학교 박사학위논문.

임병태, 1991, 「고고학상으로 본 예맥」, 『한국고대사논총』 1, 한국고대사연구소.

조법종, 2000, 「衛滿朝鮮의 崩壞時點과 王險城·樂浪郡의 位置」, 『한국사연구』 110.

조원진, 2017, 『고조선의 발전과 대외관계 연구』, 세종대학교 박사학위논문.

천관우, 1975, 「삼한의 성립과정」, 『사학연구』 26.

고려~조선 전기 발해사 계승 인식

김은국

Ⅰ. 머리말

발해는 고구려 멸망 후 고구려 유장인 대조영을 중심으로 고구려 유민들이 주축을 이루어 동모산에서 진국震(振)國을 선포하면서 고구려를 재건한 나라로, 신라와 함께 남북국을 이루었다. 이것이 발해에 대한 우리의 시각이다.

그러나 현재 발해가 영위하였던 영토는 중국, 러시아, 북한의 영역 안에 속해 이들 나라의 유적 보호 테두리 안에 놓여 있다. 이 때문에 우리가 이 지역에서 발해 유적·유물을 손때 묻히면서 직접 대하는 것은 힘든 상태다. 그나마 러시아 내 연해주 지역은 일찌감치 러시아와 한국이 공동조사를 진행하고 있어서 예외이긴 하다. 그래도 러시아 발굴 책임기관의 협조가 없이는 역시 자유로울 수 없는 상황이다. 이렇게 발해는 당당히 한국사의 구성임을 강조하면서도, 실상은 그에 걸맞은 조사가 더딘 실정이다.[1]

여기에 또 발해가 거란에 의해 왕위 계승이 단절되면서 발해 유민은 그야말로 동아시아 전역의 디아스포라가 되어 버렸다. 2백 년 이상 유민 부흥 운동을 이어갔다고 하지만 최종적으로 그 계승국을 형성하지 못한 채 사라짐으로써 발해 유민은 아직도 한국사의 잃어버린 고리가 되어 있다.

이상과 같은 발해의 존재에도 불구하고 다행히 우리 역사 인식에서 발해는 결코 가볍게 다루어지지는 않았다. 김부식은 『삼국사기』에서 발

1 김은국, 2017, 「발해 염주성 발굴의 전개와 방향」, 『발해 염주성 이야기』, 청아출판사 참조.

해를 북국北國으로 서술하였다. 790년 신라 원성왕이 북국에 사신을 보낸 것과 812년에 신라 헌덕왕이 북국에 사신을 보낸 기록이 그것이다. 중원의 기록에서는 찾아볼 수 없는 '북국'이라는 기록이 바로 한국사에서 남북국사 강조의 단초가 되었다. 그런데 중국학자 중에는 이 기록을 황당무계하다고 평가절하하면서 남북국사 자체를 부정하고 있다.[2] 이후 중국의 논저에서 발해와 신라를 남북국으로 설정한 것은 볼 수 없다.

그러나 사료를 통해서 보면, 발해사가 한국사의 일원임을 뒷받침해주는 중원의 각 사서들을 찾을 수 있다. 그에 따르면 발해의 건국 국호는 진震(振)이었다. 대조영 장군은 고구려 유민을 중심으로 당나라의 통치 확산에 저항하고, 그의 활동 기반이었던 영주營州(현재 요녕성 조양朝陽)에서 벗어났다. 이후 천문령天門嶺에서 추격해 온 당군을 격퇴하고 동쪽으로 이동, 동모산東牟山(현재 길림성 돈화敦化)을 중심으로 국가를 창건하였다. 고왕은 700년 남쪽의 신라에 사신을 보내어 진국 건국을 알리고 신라 효소왕으로부터 그에 걸맞은 품계를 받았다.

이러한 남북국 역사에 대한 부정적 인식의 근원은 앞에서 언급한 중국의 통일적다민족국가 이론이다. 이는 중국이 아닌 한국 사료에만 등장한 북국北國이 결국 허구라는 결론으로 이어졌다.

1784년(정조 8) 실학자인 유득공은 『발해고渤海考』를 저술하였다. 발해 멸망 이후 발해를 제목으로 한 저술은 이 책이 처음이다. 유득공은 책의 서문에서 발해는 신라와 함께 남북국을 이룬 한국사의 주체임을 강조하고 "지금(조선시대)"이라도 늦지 않으니 남북국사(남쪽의 신라, 북쪽의 발해)의 편찬과 용어 사용을 적극 강조하였다.

'역사'는 단순히 지난날의 모음집이 아니다. 역사의 진정한 의미는 기억과 경험을 우리가 사는 이 시점에 얼마나 유익하게 활용하는가에 따

2 王健群, 1995, 「'南北國時代論'糾謬」, 『社會科學戰線』 1995-2 참조.

라 달라질 수 있다. 발해가 진정 한국사로 자리 잡기 위해서는 남북국사 속에서 발해를 보는 것부터 시작하여야 한다. 230년 전 유득공이 남긴 "지금이라도 늦지 않았다"는 말은 지금도 유효하다.[3]

이러한 시각으로 다시금 고려~조선 전기에 걸친 국내 사료를 중심으로 발해의 고구려 계승성 추이를 살펴보고자 한다. 고려와 조선 전기의 관찬·사찬 사서 등의 발해 관련 기사를 검토하며 고려 및 조선 전기의 발해사 계승 인식의 성격을 정리해 보고자 한다. 그리고 이를 통해 발해가 한국사의 일원임을 실증적으로 강조할 수 있는 근거로 삼고자 한다.

Ⅱ. 발해 관련 국내 자료의 분석

발해사 연구에 있어서 가장 큰 한계는 역시 발해인 스스로 남겨둔 기록이 없다는 점이다. 다만 『구당서舊唐書』, 『신당서新唐書』 등의 중국 측 사서와 일본의 사료에 발해국에 대한 편린들이 남아 있고 국내 사서에도 일부 남아 있는 정도다.

발해 관련 국내 자료들은 그 내용이나 기술의 관점에서 『구당서』나 『신당서』 등 중국의 사료와 많은 차이를 보이고, 양적인 면에서나 질적인 면에서도 차이가 있다. 하지만 중·일 양국 자료에 포함되어 있지 않은 내용들도 다수 수록되어 있기 때문에 발해사 연구에 있어서 이들 자료가 지닌 의미는 매우 크다. 그동안 발해사 연구는 외국인의 입장에서 기술된 사료가 주로 이용되었으나 국내인들에게 발해가 어떻게 인식되고 있었는지를 가늠할 수 있는 시금석이라는 점에서도 매우 중요한 의

3 남북국론을 둘러싼 한국과 동아시아 학계의 논쟁에 대해서는 김은국, 2011, 「南北國時代論과 渤海 Diaspora」, 『高句麗渤海硏究』 第40輯, 고구려발해학회, 159~194쪽 참조.

미가 있다. 따라서 여기서는 발해에 관련된 사서에는 어떤 것들이 있고 어떠한 내용들이 기술되어 있는지, 그리고 발해사 연구에 어떠한 가치를 지니고 있는지에 대해서 우선 간략하게 살펴보고자 한다.

발해사에 대해 기술한 국내 사료는 지금까지 약 40여 종이 알려져 있다. 이를 간단하게 편찬 연도에 따라서 나열하면 다음과 같다. 이 중 고려시대의 관련 사료를 다음과 같이 선별하고, 이에 대한 사료 정리를 하고자 한다.

고려시대의 사료들은 다음과 같다.

『삼국사기三國史記』(1145), 『보한집補閑集』(1254), 『삼국유사三國遺事』, 『제왕운기帝王韻紀』(1287), 『익재난고益齋亂藁』(1363), 『역옹패설櫟翁稗說』(1342), 『졸고천백拙藁千百』(1354), 『목은시고牧隱詩藁』(1356), 『포은집圃隱集』(1384) 등이다.

다음 조선 전기의 사료는 1500년대 연산군 시기를 하한으로 하여 선정하였다. 그 결과 『고려사高麗史』(1451), 『고려사절요高麗史節要』(1452), 『삼국사절요三國史節要』(1476), 『동문선東文選』(1478), 『동국통감東國通鑑』(1485) 등이다.

발해 사료 국내서에 대한 분석 자료 대상은 2007년에 동북아역사재단에서 펴낸 『발해사 자료집』(상·하)에 의거하여 추출하였다. 고려~조선 전기 1500년대를 기점으로 하여 발해를 다룬 사료들을 소개하고, 고려와 조선 전기의 발해사 계승 인식을 추출하여 보고자 한다. 아울러 필요할 경우 중국 및 일본 사료와 비교하여 당시 발해에 대한 인식의 고리를 살펴보고자 한다.

다음은 선별한 사료들의 발해 관련 내용이다.

『삼국사기』[4]

김부식(1075~1151)이 주축이 되어 1145년에 편찬한 기전체紀傳體 역사서다. 이 책은 신라, 고구려, 백제 삼국의 역사에 중점을 두어 편찬한 것이기 때문에 발해는 자연히 서술 대상에서 제외되었다. 이것은 김부식이 신라계 인물이기 때문에 신라사 중심으로 역사를 서술한 데에도 원인이 있다. 그 결과 우리나라의 대표적인 고대 역사서임에도 불구하고 발해사는 신라사와 관련된 부분에서 부수적으로 등장하고, 그것도 단편적으로만 실려 있다.

발해사 내용은 신라가 발해와 대립하거나 이를 견제하였던 자료가 주축을 이룬다. 우선 732년(성덕왕 32) 가을에 발해가 당나라를 공격하자, 당나라는 신라를 끌어들여 발해 남쪽을 공격하도록 하였으며, 그 대가로 734년에 패강浿江 이남의 땅을 신라에 할양한 사건이 크게 다루어져 있다. 또 신라의 북쪽 경계에 성을 쌓거나 백성을 이주시키는 등 변경에 진출하는 조치들이 몇 건 보이는데, 이들은 단순한 북방 공한지 개척이 아니라 발해의 남진에 대한 대비책이기도 하였던 것으로 여겨진다(권8, 권9, 권10).

반면에 발해와 교류하였던 사실은 두 차례밖에 등장하지 않는데(권10), 발해를 직접 가리키지 않고 북국이라 기록한 것이 특이하다. 그러나 신라와 발해의 사신 교환은 이보다 더 많았을 것이 분명한데, 그것은 『신당서新唐書』 발해전에 발해의 주요 대외교통로로서 신라도新羅道를 지적하고 있고, 또한 신라 국경도시인 천정군泉井郡으로부터 발해 동경 책성부柵城府까지 39개의 역이 설치되어 있었으며(권37), 천정군에는 발해와의 교통을 위한 탄항관문炭項關門이 설치되어 있었던 사실(권35) 등에서 뒷받침된다. 이밖에 발해 관련 자료는 발해 말기에 지방의 장악

4 고구려연구재단, 2004, 『발해사 자료집(상)』, 13~19쪽.

력이 약화되면서 일부 세력이 중앙으로부터 이탈하는 현상을 보여주는 것들이다.

『보한집』[5]

고려시대 최자(1188~1260)가 이인로(1152~1220)의 『파한집破閑集』을 보충한 것으로서 1254년(고종 41)에 간행되었다. 여기에는 고려 태조가 후백제를 쳐서 크게 이기고, 또한 발해국 사람들이 귀순해 온 것을 계기로 하여 934년(태조 17)에 개태사開泰寺를 창건하였다는 내용이 담겨 있다.(권상) 이와 동일한 내용이 『신증동국여지승람』 권18에도 실려 있으나, 이 책에서는 936년(태조 19)으로 되어 있고 『고려사』에도 개태사의 창건 연도가 같은 해로 되어 있으므로 『보한집』의 연대가 잘못된 것이다.

『삼국유사』[6]

고려시대 승려인 일연(1206~1289)이 지었다. 이 책은 신라 역사와 불교 사적들이 중심을 이루고 있으므로 자연히 발해사에 대한 서술은 미약할 수밖에 없다. 그나마 기이편紀異篇에 말갈발해조(권1)를 설정함으로써 발해 역사가 우리 역사의 한 부분임을 인정하고 있어 주목된다. 이것은 『삼국사기』의 서술 태도와 구별되는 점이다.

말갈발해조에서는 『통전通典』, 『가탐군국지賈耽郡國志』, 『후위서後魏書』, 『지장도指掌圖』와 같은 중국 역사서와 함께 『삼국사기』를 인용하고 있으므로 새로운 사실이 밝혀져 있지는 않다. 다만 『신라고기新羅古記』를 인용한 대목에서 "대조영이 고구려의 장수였다"는 중요한 사실을 전

5 앞의 책, 20쪽.

6 앞의 책, 21~23쪽.

하고 있는데, 이것은 『제왕운기』에도 동일하게 나타나는 것으로서 대조영의 출자出自를 이해하는 데 소중한 실마리를 제공하고 있다. 아울러 말갈(물길) 및 발해 관련 사료를 함께 인용하고 있다는 점에서 양자를 특별히 구분하지 않고 말갈(물길)을 이민족시하지 않는 저자의 태도가 드러나 있다. 이에 따라 "발해는 말갈의 별종으로서 단지 개합開合이 다를 뿐"이라고 해석하였다. 이밖에 발해와 관련된 간단한 사료가 두 군데 더 등장하는데(권2, 권3), 각기 『삼국사기』 권8과 권10에 서술된 내용을 함께 참조하면 된다.

『제왕운기』[7]

이승휴(1224~1300)가 중국과 우리나라의 역사를 7언과 5언의 시로 엮은 책으로서 1287년(충렬왕 13)에 편찬되었다. 상권은 중국의 역사를 읊었고, 하권은 우리나라의 역사를 노래하였는데, 후백제 다음에 발해 역사를 언급하여 발해 역사를 한국사의 범주에 분명히 넣었다. 『삼국유사』와 동일하게 여기면서도 대조영을 고구려 구장舊將으로 설명한 것은 가장 주목할 만한 대목이다. 다만 발해 건국 연도를 685년으로 잡고 발해 멸망 연도를 925년으로 잡아 발해의 존속 기간을 242년으로 삼은 것은 사실과 다르다. 실제 건국 연도는 698년인데 여기서 왜 685년으로 잡았는지 이유를 알 수 없지만, 멸망 연도를 925년으로 잡은 것은 『고려사』 기록에 나타나듯이 발해 유민이 925년 9월부터 유입되어 들어온 것을 근거로 삼았기 때문인 듯하다.

7 앞의 책, 24쪽.

『익재난고』[8]

이제현(1288~1367)의 시문집으로서 1363년(공민왕 12)에 간행되었다. 이 책에는 이제현의 역대 왕에 대한 사찬史贊이 실려 있으니, 성종에 대한 사찬에서 최승로의 상소문을 인용하고 있다(권9 하). 그리고 그 가운데 발해를 멸망시킨 거란과 외교를 단절하고 발해 유민을 받아들인 고려 태조의 정책에 대한 평가가 포함되어 있다. 이 부분은 『고려사』 권93 최승로전에 나오는 것과 거의 일치한다.

『역옹패설』[9]

이제현이 1342년(충혜왕 3) 56세 되던 해에 지었다. 이 책은 전집前集과 후집後集으로 구성되어 있으며, 전집에서 '발해와 고려가 혼인한 사이'란 사실이 기록된 『자치통감』의 기록에 대해서 언급하고 있다. 『자치통감』 권285 개운開運 2년(945) 10월조에 실린 내용을 보면, 고려 태조가 발해와 고려는 '혼인한 관계'라고 하면서 호승胡僧 말라襪囉를 통하여 후진後晋 고조에게 함께 거란을 공격하자고 하였다. 이에 비해서 송백宋白이 지은 『속통감續通鑑』을 인용한 호삼성胡三省의 주에서는 두 나라가 '친척의 관계'에 있었다고 하였다. 이러한 기록에 대해서 의문을 제기한 것이 이 글이다. 그 이유는 다음과 같다. 첫째, 이때는 후삼국을 통일하여 전쟁보다는 내치에 힘을 쏟던 시기였다. 둘째, 고려가 발해와 혼인을 맺었다는 사실이 고려 역사책에 없다. 셋째, 고려 태조의 책략이 깊고 원대한데 어찌 혼란에 빠진 중원 세력과 일을 도모했겠는가. 넷째, 후진과 거란이 긴밀한 관계에 있어서 이간할 수 없었다는 것을 어찌 몰랐겠는가. 다섯째, 사신을 보내지 않고 이역의 승려를 보내서 이제 막 일어

8 앞의 책, 25쪽.

9 앞의 책, 26~27쪽.

난 후진과 도모하여 바야흐로 강성해지기 시작한 거란에 발해의 원수를 갚겠다고 했겠는가. 여섯째, 곽인우郭仁遇가 고려에 와서 군대의 허실과 강약을 어찌 모두 알 수 있었겠는가. 이러한 이유들을 열거한 뒤에 후진의 군신이 전에는 말라의 말에 미혹해지고, 뒤에는 곽인우의 말을 믿어 고려 태조를 잘못 평가하였다는 결론을 내리고 있다.

『졸고천백』[10]

최해(1287~1340)의 문집이다. 그의 글 가운데 1335년(충숙왕 4) 3월에 지은 「송봉사이중부환조서送奉使李中父還朝序」 권2에는 발해인의 빈공과 급제와 관련된 중요한 정보가 담겨 있는데, 『가정집稼亭集』 잡록雜錄과 『동문선』 권84에도 거의 동일한 내용이 실려 있다. 그에 따르면 당나라 말기까지 빈공과에 58명이 급제하였고, 오대五代의 후량後梁(907~923)과 후당後唐(923~936)을 거치면서 32명이 급제하였다고 한다. 그러면서 이들 90명 가운데 발해인 10여 명을 제외하면 모두 신라인이라고 하였다. 그런데 『졸고천백』이나 『동문선』의 "발해십수인"이란 구절이 『가정집』에는 "발해제번십수인渤海諸蕃十數人"이란 구절로 되어 있다. 이렇게 되면 발해인을 비롯하여 기타 외국인 10여 명이 빈공과에 급제한 것으로 해석되며, 이쪽이 사실에 더 가까운 것으로 판단된다. 여러 정황으로 보건대 대체로 발해는 10명에 가까운 급제자를 냈던 것으로 추정된다.

최해의 글에서는 발해를 우리나라 역사에 넣지 않고 있는 태도도 발견할 수 있다. 그는 급제자 가운데에서 신라인과 발해인으로 나누어 서로 양립시킨 것이 아니라, 신라인과 비신라인으로 양립시키고 있다. 이것은 우리나라[東土] 사람과 그렇지 않은 사람으로 구분한 것이다. 물론 발해인은 후자에 속하여, 최해가 발해를 우리 역사에 넣지 않은 것을 확

10 앞의 책, 28~29쪽.

인할 수 있다. 그가 최치원의 후손이어서 신라 중심의 역사관을 가지고 있었던 데에 기인하는 것이다.

『가정집』[11]

이곡(1298~1351)의 문집으로서, 이 책에도 『졸고천백』과 동일한 「송봉사이중부환조서」가 잡록에 실려 있다. 이 글이 최해가 이곡을 송별하면서 쓴 것이기 때문에 이 문집에 실리게 되었다.

『목은시고』[12]

이곡의 아들인 이색(1328~1396)의 문집으로서 1404년(태종 4)에 처음 간행되었다. 그가 1356년(공민왕 5)에 원元나라로부터 돌아오는 길에 지금의 요동을 지나면서 「해주海州」라는 제목의 시(권4)를 남겼는데, 여기에서 발해를 언급하고 있다. 『요사遼史』 지리지 권38에 따르면 해주(지금의 요령성 해성시)는 발해의 남경南京 남해부南海府였다고 하는 연혁이 적혀 있는데, 이것은 사실과 다르지만 후대에도 많은 영향을 끼쳐 이곳이 발해의 남경이었던 것으로 여겨온 데에 따른 것으로 보인다. 그는 이 시에서 "발해의 유풍이 사라져 아득하다"고 하여 발해의 자취가 사라진 것을 아쉬워하고 있다.

『포은집』[13]

정몽주(1337~1392)의 문집이다. 여기에는 1384년에 명나라로부터 돌아오는 길에 쓴 두 편의 발해 관련 시가 담겨 있으니, 「발해고성渤海古城」과 「발해회고渤海懷古」 권1이 그것이다. 여기서 말하는 발해고성이 어

11 앞의 책, 30~31쪽.

12 앞의 책, 32쪽.

13 앞의 책, 33쪽.

느 곳인지는 알 수 없지만, 개주蓋州(지금의 요령성 개주시)에 머물 때 지은 점으로 보아 그 부근의 성터를 보고 읊은 것으로 여겨진다. 이곳에는 발해 성터가 있을 수 없는데, 이색의 시와 마찬가지로 이것도 『요사』 지리지의 오류에 근원을 둔 것으로 판단된다.

다만 이 시를 통하여 정몽주가 발해를 한국사의 일원으로 인식하고 있었음을 알 수 있다. 그는 「발해고성」에서 발해 멸망을 슬퍼하는 한편으로, 발해가 거란에 멸망 당한 뒤에 그 유민들이 고려에 들어와 고려 말기까지도 그 자손들이 살고 있음을 언급하였다. 또 「발해회고」에서는 당나라 군대가 해동[고구려]을 정벌하였으나 대랑大郞(대조영)이 다시 나라를 일으켰음을 상기시키고 있다. 이러한 내용들을 통하여 막연하나마 정몽주의 발해관을 엿볼 수가 있다.

『고려사』[14]

정인지(1396~1478), 김종서(1390~1453) 등이 왕명을 받들어 1451년(문종 1)에 완성한 기전체 형식의 고려 정사다. 조선 초기에 여러 차례의 개수를 거쳐 완성되었기에 상당 부분에서 사료가 변질되기도 하였지만, 다른 역사서가 남아 있지 않은 현재의 상황에서는 가장 중요한 고려시대 연구 사료다.

여기에 전해지는 발해사 관련 사료는 거의 모두가 고려에 피난해 온 유민遺民과 관련된 것이다. 유민의 고려 망명은 925년(태조 8)에 시작되어 1117년(예종 12)까지 지속되는데, 망명 시기를 기준으로 크게 5단계로 나뉜다. 제1단계는 발해 멸망 전후의 망명으로서, 925년 9월(태조 8, 권1)부터 929년 9월(태조 12, 권1)까지 등장한다. 제2단계는 934년 7월(태조 17, 권2)에 대광현大光顯의 귀순을 시작으로 938년(태조 21, 권2) 박승朴

14 앞의 책, 35~65쪽.

昇 등의 내투來投로 끝난다. 이들은 발해 멸망 후에도 현지에 남아 세운 부흥국가(후발해국)의 세력 변동 과정에서 밀려난 인물들로 여겨진다. 제3단계는 972년(경종 4, 권2)과 1029년(현종 20, 권5)까지의 기록이다. 이 사이에 발해 유민의 내투는 두 번 보이는데, 모두 정안국定安國에서의 세력 변화와 관련된 것으로 보인다. 이 외에 942년(태조 25, 권2)에 거란이 발해를 멸망시킨 무도한 나라라고 하여 그 사신을 유배시키고 낙타를 만부교萬夫橋 아래에 묶어 굶어 죽게 한 사건이 보이는데, 태조의 발해관을 이해하는 데 중요한 실마리를 제공한다. 제4단계는 1029년 9월(현종 20, 권5)부터 1035년(정종 원년, 권6)까지로서 거란 동경東京에서 대연림大延琳이 반기를 들고 세운 발해 부흥국가인 흥요국興遼國의 흥망과 관련된 것이다. 제5단계는 1116년 3월(예종 11, 권14)부터 1117년(예종 12, 권14)까지다. 역시 거란 동경에 대발해국[大元]을 세운 고영창高永昌과 관련된 부분이다.

『고려사절요』[15]

김종서(1390~1453) 등이 1452년(문종 2)에 완성한 편년체 사서로서, 이보다 1년 앞서 완성된 『고려사』와 함께 고려시대 연구의 주요 자료가 되고 있다. 발해사 관련 내용은 『고려사』와 대동소이하지만, 925년 3월(태조 8, 권1)에 발해국이 내투할 징조를 설명한 것과 942년 10월 만부교 사건에 대한 이제현의 사찬은 이곳에만 실려 있다.

『삼국사절요』[16]

노사신(1427~1498), 서거정(1420~1488), 이파(1434~1486) 등이 왕명을

15 앞의 책, 66~76쪽.

16 앞의 책, 77~79쪽.

받들어 1476년(성종 7)에 완성한 편년체 역사서로 단군조선에서 통일신라 말기까지를 대상으로 삼고 있으며, 그 직후에 편찬된 『동국통감』의 기초가 되었다.

발해사와 관련된 내용은 9건 정도가 「신라기新羅紀」 속에 들어 있어 매우 소략하다. 925년 이후 발해인의 고려 귀순을 다룬 사실이 7건이고, 발해와 관련된 직접적인 사실은 719년(성덕왕 18) 대조영의 사망과 733년(성덕왕 32) 신라의 발해 공격을 다룬 2건에 불과하다. 719년의 기록에서는 대조영을 태조영太祚榮으로 표현하고 있고, 뒤이어 발해국을 개괄적으로 소개하고 있다. 특히 발해국 개관에서 "발해는 본래 속말말갈이니, 즉 고구려 별종이다[渤海, 本粟末靺鞨, 卽高勾麗別種]"라고 설명하고 있는데, 이것은 『구당서』 발해말갈전의 "발해말갈 대조영은 고구려 별종이다[渤海靺鞨大祚榮者, 本高麗別種也]"라는 구절과 『신당서』 발해전의 "발해는 본래 속말말갈로서 고구려에 붙은 자다[渤海, 本粟末靺鞨附高麗者]"라는 구절을 결합한 것이다. 아울러 발해 건국 집단으로서 『신당서』에 걸걸중상乞乞仲象과 함께 말갈 추장 걸사비우乞四比羽도 등장하는데 여기서는 누락시켰다. 또 발해의 첫 국호를 진단震旦이라고 하였는데, 이것은 『구당서』의 진국振國이나 『신당서』의 진국震國과 달라서 이보다는 오히려 『삼국유사』에 인용된 『통전通典』 기록을 따른 것으로 보인다. 이러한 사료의 변형은 이후 조선시대 역사서에서도 그대로 추종함으로써 발해사 이해에 영향을 끼치게 된다.

『동문선』[17]

조선 성종 때 문신인 서거정(1420~1488)이 주축이 되어 왕의 명령에 따라 우리나라의 역대 시문들을 정선하여 1478년(성종 9)에 편찬한 것

17 앞의 책, 80~87쪽.

이다. 발해사에 관한 1차 사료라 할 수 있는 최치원(857~?)의 글들이 실려 있어 아주 중요하다.

최치원의 글 가운데 발해에 관한 사실이 기록된 것으로는 「사불허북국거상표謝不許北國居上表」 권33, 「견숙위학생수령등입조상遣宿衛學生首領等入朝狀」 권47, 「신라왕여당강서고대부상상新羅王與唐江西高大夫湘狀」 권47, 「여예부배상서찬상與禮部裵尙書瓚狀」 권47이 있다. 이밖에 「상태사시중상上太師侍中狀」에도 발해 관련 사실이 등장하지만, 『동문선』에는 수록되어 있지 않고, 다만 『삼국사기』 권46 최치원전에 전문이 실려 있다.

먼저 「사불허북국거상표」는 897년 7월에 일어났던 발해와 신라 사이의 쟁장사건爭長事件을 전하고 있다. 발해의 하정왕자賀正王子 대봉예大封裔가 발해를 신라보다 윗자리에 올려주기를 당나라 조정에 요청하자, 당나라 조정에서는 국명의 선후는 강약으로 따질 것이 아니요, 조제朝制의 순서도 국가의 성쇠를 근거로 할 수는 없으니, 관례대로 신라를 위에 두라는 조치를 내렸다. 이 쟁장사건 때문에 발해에 대해서 우호적으로 서술하지는 않았지만, 발해 건국자인 대조영과 걸사비우가 원래 속말말갈족 출신으로서 고구려로 옮겨왔던 사람들임을 전하고 있다. 고구려가 멸망한 뒤에 이들은 영주營州로 옮겨갔고, 거기서 거란 및 돌궐과 연계하여 당나라와 대항하였다고 한다. 또 발해는 건국 직후에 신라의 도움을 요청하였고, 이에 따라 신라에서는 대조영에게 제5품 벼슬인 대아찬大阿湌을 주었다고도 하였다. 이러한 기록은 『삼국유사』에 대조영이 고구려 장수였다는 기록과 함께 발해 건국자의 출신을 이해하는 데에 중요한 실마리를 제공해준다.

당나라에 숙위宿衛 학생과 수령을 파견하면서 보낸 글인 「견숙위학생수령등입조상」에는 발해에서 학생 파견을 중단한 사실을 보여준다. 신라가 김영金穎을 하정사로 당나라에 파견할 때 쓴 글로서 890년대 무렵에는 신라만 국자감에 학생을 파견하였고 발해를 위시한 다른 나라들은 그러지 못했다고 한다.

다음으로 「신라왕여당강서고대부상상」은 신라 학생과 발해 학생 사이에 벌어졌던 빈공과에서의 수석 다툼을 전하고 있다. 872년에 당나라의 정공靖恭 최시랑崔侍郎이 과거시험을 주관하여 빈공과 급제자를 뽑을 때 신라의 이동(『고려사』 권92, 최언휘전에 이름이 보임) 대신에 발해의 오소도烏昭度(烏炤度)를 으뜸으로 삼았던 사실을 상기하면서 이를 한탄하고 있다. 이러한 양국 간의 경쟁 심리로 인하여 역시 이 글에서도 발해를 우호적으로 서술하지 않고 있다. 그러면서도 "과거의 고구려가 지금의 발해가 되었고, 근년에 와서 계속 과거시험에 높은 자리를 차지하기에 이르렀다"고 한 대목은, 최치원도 발해를 고구려의 계승자로 본 사실과 함께, 발해인들이 당나라 빈공과에서 좋은 성적을 계속 올렸던 사실을 전하고 있어 중요하다.

이 글과 거의 동일한 내용이 「여예부배상서찬상」에도 담겨 있다. 다만 여기에는 대중大中(847~860) 초기부터 발해가 당나라의 빈공과 시험에 신라와 동등하게 참여하였다는 사실이 더 기록되어 있다.

『삼국사기』 최치원전에 실려 있는 「상태사시중상」에는 주로 732년에 발발한 당나라와 발해 사이의 전쟁을 언급하면서 신라도 여기에 참전하였던 사실을 적시하고 있는데, 그러면서 고구려의 잔당이 모여서 발해를 세웠다고 하여 역시 발해가 고구려의 계승국가임을 천명하고 있다.

한편 『동문선』에는 최치원의 글 외에도 발해 관련 자료가 몇 가지 더 있다. 고려시대 윤언이尹彦頤가 지은 「광주사상표廣州謝上表」 권35에는 신라와 발해의 전례를 들면서 고려도 독자적인 연호를 사용하자고 주장하는 내용이 담겨 있으니, 『고려사』 권96에 실려 있는 내용과 동일하다. 또 최승로가 지은 「상시무서上時務書」 권52에는 고려 태조의 치적을 평가하면서 거란 사신을 물리친 사건과 대광현大光顯을 비롯한 발해 유민을 받아들인 사실을 상기시키고 있다. 이 내용도 『고려사』 최승로전

권93에 동일하게 나온다. 또 최해崔瀣가 지은 「송봉사이중부환조서送奉使李中父還朝序」 권84도 실려 있다.

『동국통감』[18]

단군조선에서 고려까지의 우리나라 역사를 편년체로 정리한 역사서로, 원래 1484년(성종 15)에 서거정(1420~1488) 등이 완성하였으나 사론이 제대로 되어 있지 않다고 하여 이 책에 204칙의 사론을 첨가하여 이듬해에 다시 완성하였다.

이 책은 기왕에 간행된 『고려사절요』와 『삼국사절요』를 근간으로 하였으므로 새로운 역사적 사실이 담겨 있지 않다. 더구나 675년(문무왕 15) 권9에는 '말갈'로 써야 할 것을 '말갈발해'로 잘못 써서 마치 발해가 698년 이전에 존재했던 것처럼 오해하게 만들기도 하였다. 발해사 관련 내용은 당나라가 태조영太祚榮(大祚榮)을 발해군왕으로 책봉한 713년(성덕왕 12) 권10부터 고영창이 난을 일으킨 1116년(고려 예종 11) 권20까지 나타난다.

이 책에는 특히 만부교 사건에 대한 이제현의 사론과 함께 『동국통감』 편찬자의 사론이 함께 실려 있는데, 후자에서 편찬자의 발해사 인식을 잘 보여준다. 만부교 사건에 대한 충선왕의 질문에 대해서 이제현은 고려 태조의 깊은 생각에서 비롯된 것이라 대답하였는데, 이에 대해서 편찬자는 "거란이 발해에게 신의를 잃은 것이 우리와 무슨 관계가 있기에 발해를 위해 보복한다면서 거란 사신을 거절하였는가?"라고 의문을 제기하고, 태조의 잘못된 판단으로 정종, 성종, 현종, 고종 때까지 대대로 화를 당하였다고 비판하여 이제현과 정반대의 시각을 보여주고 있다. 이처럼 발해사를 우리 역사와 무관한 것으로 보는 시각은 백제 땅

18 앞의 책, 88~95쪽.

이 이미 '아국我國'과 발해말갈이 점거한 바가 되었다고 한 686년(신문왕 6)의 기사(권9)에서도 보인다. 편찬자는 신라만을 아국으로 보면서 발해말갈은 비아국非我國으로 대비시키고 있는 것이다.

『신증동국여지승람』[19]

조선시대의 인문지리서로서 노사신(1427~1498), 강희맹(1424~1483), 양성지(1415~1482) 등이 왕명을 받아 1481년(성종 12)에 『동국여지승람』으로 완성하였는데, 중종이 다시 이행(1478~1534), 윤은보(1468~1544) 등에게 명령하여 증보하게 함으로써 1530년(중종 25)에 『신증동국여지승람』으로 완성되었다.

이 책에는 발해와 관련된 내용이 거의 들어 있지 않다. 발해 영토였던 지금의 함경도와 평안도 일대의 연혁에 대해서 고구려-여진-고려로 이어지는 흐름을 설명하고 있을 뿐 발해에 대해서는 전혀 언급하지 않고 있으니, 발해사를 우리 역사로 다루지 않으려는 『동국통감』의 역사 인식과 일맥상통하는 것이다. 다만 충청도 연산현 개태사의 설명(권18)에 발해 관련 내용이 간단히 나올 뿐이다.

『동국사략』[20]

박상(1474~1530)이 16세기 초에 저술한 편년체 역사서로, 단군조선에서 고려까지의 역사를 기호사림畿湖士林의 시각에서 서술하고 있다.

발해사에 대해서는 두 군데에서만 나타나는데, 신라 효소왕조에서 대조영이 발해군왕으로 봉해진 사실과 사망한 뒤에 아들 대무예가 즉위한 사실을 설명하고, 이어서 발해의 멸망과 유민의 고려 귀순을 언급

19 앞의 책, 96쪽.

20 앞의 책, 97~98쪽.

하였다. 그리고 그 중간에 세주細註로써 발해국을 개괄적으로 소개하였다. 이 세주에서는 '고구려 별종'이란 말을 생략하고 단순히 "발해는 본래 속말말갈이다"라고만 언급함으로써 발해사가 우리 역사와 더욱 무관한 듯이 서술되어 있다. 대조영의 책봉과 사망은 효소왕 다음의 성덕왕 때에 이루어진 것이므로, 저자는 발해의 건국 연대를 염두에 두고 효소왕대의 기사에 삽입하였던 듯하다.

다음으로 고려 태조 때의 만부교 사건을 서술하였는데 여기서도 『동국통감』의 사론을 간단히 인용함으로써 발해가 우리 역사와 무관함을 강조하였다.

『동사찬요』[21]

오운(1540~1617)이 영남사림의 입장에서 편찬한 사략형史略型 사찬사서私撰史書로서, 단군조선부터 고려까지의 역사를 대상으로 하면서 기전체 형식을 취하여 군왕기君王紀, 지리지, 열전, 별록으로 구성하였다. 이 책은 1606년(선조 39)에 7권본으로 처음 간행되었으나, 한백겸(1552~1615)의 비판에 자극을 받아 지리지 1권을 추가하여 8권본으로 1614년(광해군 6)에 개찬본을 냈는데 이것이 현재 전해지고 있다.

발해사 부분은 다섯 군데가 확인되는데, 719년(성덕왕 18)과 733년(성덕왕 32) 기사는 발해 국호를 진단震旦이라 한 점으로 보아 『삼국사절요』를 참고하였고, 926년(경애왕 3) 이후의 기사는 『동국통감』을 참고한 것으로 보인다. '사씨왈史氏曰'로 시작되는 942년(태조 25) 만부교 사건에 대한 사론도 『동국통감』 사론을 따온 것이다. 반면에 태조에 대한 평가를 담고 있는 '사신왈史臣曰'로 시작되는 사론은 정도전의 『삼봉집』 권12에 실려 있는 내용과 거의 같다. 그런데 두 사론을 검토해 보면, 뒤의 사

21 앞의 책, 99~101쪽.

론에서는 거란에 대한 강경정책을 칭찬하고 있는 데 비해서 앞의 사론에서는 이를 비판하고 있어 상반된 입장을 드러내고 있다. 이것은 고려 초기의 북방정책에 대한 조선 건국 초기의 우호적 입장과 『동국통감』부터 새롭게 등장하는 비판적 시각이 함께 실린 데에 기인한다.

이상과 같이 고려시대 이후 조선 전기에 걸쳐 간행된 국내 사서 중 발해에 대한 언급을 살펴보았다. 이 시기는 발해 멸망에서 그리 멀지 않은 시기여서 발해에 대한 고려와 조선시대의 인식이 잘 반영되어 있다고 본다. 이 시기의 발해사 인식은 현재 발해의 한국사 계승 인식의 계보와 닿는 것이기도 하다. 그러면 다음 두 장에 걸쳐 고려시대와 조선 전기의 발해사 인식을 살펴보겠다.

Ⅲ. 고려시대의 발해 계승 인식

고려시대부터 조선 전기인 1500년대에 편찬된 사료를 중심으로 발해 계승의식을 분석하면 효시를 이루는 것은 『삼국사기』와 『삼국유사』이며, 정점을 이루는 것은 『동국통감』이다. 이 시기의 주요한 특징은 역사 기술이 신라·고구려·백제를 중심으로 기술되었다는 것으로, 단편적인 기술을 통해서 발해국을 주변국으로 인식하고 있다는 점이다.

엄밀히 보면 고려시대와 조선 전기의 발해 인식에는 큰 차이를 보이지 않는다. 이는 고려시대의 정치적·역사적 기반이 조선 전기까지 연속적으로 이어지고 있음을 의미한다. 이것은 또 이 시기 발해에 대한 인식이 거의 전무하였음을 의미하는 것이기도 하다. 그러나 앞서 언급했듯이 발해인 스스로 남겨둔 기록이 없는 한계에서 오는 것일 뿐이다. 기록이 없는 한계에서도 줄곧 발해사에 대한 재평가를 이어가며 발해사 인식의 기틀을 다지는 시기로 볼 수 있다. 이 시기는 기록된 사료의 양만큼 그 역사적 인식에서도 많은 차이를 보이고 있다.

『삼국사기』는 김부식이 편찬한 기전체 사서인데, 이 책은 유교적 입장에서 신라·고구려·백제 삼국의 역사를 중점으로 편찬하였으므로 동시대에 존속했던 발해에 대해서는 약간의 편린만 담았을 뿐이다. 『삼국사기』의 이러한 편찬 태도는 발해사를 한국사의 주체적인 흐름에서 배제시키는 결과를 낳았다. 또 한국 최초의 역사서임에도 불구하고 발해에 대한 서술은 신라사의 일부로 기록되는 현상을 불러왔다. 그러나 『삼국사기』에는 발해의 주요 교통로 중 하나인 신라도와 천정군泉井郡(현재 함경남도 덕원)에서 동경東京[22]까지 39개 역의 존재를 기록하여 발해의 역참제도와 신라와의 교통을 위한 관문이 설치되어 있었다는 중요한 사실을 알려주고 있다.

일연이 지은 『삼국유사』는 신라의 역사와 불교 사적이 중심을 이루고 있기 때문에 자연히 발해사에 대한 서술이 미약하지만, 「기이편紀異編」에서 발해를 우리 역사의 한 부분으로 기술하고 있는 점은 획기적이라 할만하다. 또한 『신라고기新羅古記』를 인용한 대목에서는 대조영이 고구려 장수였다는 사실을 전하고 있고, 『제왕운기』에도 동일하게 기록되어 있어서, 대조영의 출신 성분과 발해의 성격을 이해하는 데 중요한 실마리를 제공한다. 그러나 발해와 말갈 관련 사료들을 함께 인용한 부분에서는 말갈을 이민족시하는 저자의 편찬 태도가 보이는데, 이것은 곧 발해국의 성격에 대해 혼란을 겪고 있음을 보여주는 것이라고 하겠다. 이들 사서에는 발해 건국자 대조영을 말갈계로 인식한 『신당서』의 인식을 그대로 답습하고 있는 특징이 있다.

22 발해 5경의 하나이며 현재 길림성 훈춘시 팔련성으로 비정됨.

Ⅳ. 조선 전기의 발해 계승 인식

조선 전기는 1500년대 연산군 시기를 하한으로 사료를 선정하여 보았다. 『고려사』(1451), 『고려사절요』(1452), 『삼국사절요』(1476), 『동문선』(1478), 『동국통감』(1485) 등이다.

앞서 들었듯이 조선 전기의 사료들에서는 고려시대 인식의 틀이 이어지면서도 새로운 해석도 엿볼 수 있다. 이러한 기조의 저술에는 『동국통감』과 『동사강목』도 포함된다. 이는 조선 전기의 발해사 인식의 근간이라고 할만하다. 또 『동국사략』·『동사찬요』·『동사보유』·『동국통감제강』·『동국역대총목』 등이 있다. 우리나라 최초의 세계사 책인 『동문광고同文廣考』에서는 발해의 건국과 멸망 및 영토 범위를 간략하게 언급하고 있다. 그런데 주목할만한 것은 발해의 역사를 우리나라의 역사가 수록된 책이 아닌 제4책 북방 역사에서 기술하고 있다는 점이다. 이것은 곧 발해를 우리 역사로 인정하지 않고 동호東胡의 나라로 인식한 때문이다.

한편 서거정이 완성한 『동국통감』은 단군조선에서 고려까지를 기술하고 있는 책으로, 기본적으로 『삼국사절요』·『고려사절요』를 근간으로 하였으므로 새로운 역사적 사실이 담겨 있지는 않다. 하지만 발해사에 대한 전통적인 인식의 틀을 형성하고 있었다는 점에서 역사적 의미가 있다. 특히 이 책에서는 발해사를 우리의 역사와 무관한 것으로 보는 시각이 팽배해 있으며, 그 결과 신라와 발해말갈을 아국과 비아국으로 대비시켜 놓았다.

우선 『고려사』에는 발해, 발해 유민, 발해 유민 후예와 관련된 기사가 각기 나름대로 의미를 지니고 수록되어 있다. 이를 종합하여 정리하면 다음과 같다.

『고려사』 세가世家의 발해 관계 기사는 발해가 거란에 망한 이래 거의 200년에 걸쳐 나타나고 있는 발해 유민의 고려 내투 기사가 대다수를 차지하고 있다. 그 외에 발해의 부흥국이었던 흥료국·대발해국과 고려 관계, 더 나아가서는 이들을 둘러싼 당시 동아시아의 국제관계를 파악할 수 있는 내용들이 있다.[23] 그리고 고려에 내투한 발해 유민 후예의 활동에 대한 기사도 제법 남아 있다. 열전에 나오는 발해 관계 기사도 다양하다. 그렇지만 가장 많은 내용은 발해 유민의 후예들이 고려사회에서 활동하는 모습에 관한 것이다. 이는 발해 유민들이 고려사회 내에 들어와 그 후예들이 어떠한 역할을 하면서 흘러갔는지 그 모습을 추정할 수 있는 중요한 단서를 제공하므로 주목할 필요가 있다.

지志·표表에도 발해 관계 기사가 있다. 매우 단편적이지만 발해 유민과의 교류 과정에서 존재했던 고려시대 '발해통사渤海通事'의 확인처럼 의미를 지니고 있다.[24]

V. 맺음말

이상과 같이 고려시대와 조선 전기에 걸쳐 간행된 국내 사서들에 나타난 발해에 대한 계승 인식의 분석을 시도해 보았다. 우선 고려는 태조 왕건 스스로가 발해와의 혼인관계 등을 강조하면서 〈훈요십조〉에서는 발해를 멸망시킨 거란을 극악무도한 민족으로 설정, 거란과의 국교 단

23 고려시대 발해 유민의 내투에 대해서는 다음의 글이 참조된다. 이효형, 2007, 『발해 유민사 연구』, 혜안.

24 고려시대 '渤海通事'에 대한 분석은 다음의 글이 참조된다. 이효형, 2002, 「『高麗史』 소재 渤海關係 기사의 검토」, 『지역과 역사』 11, 부경역사연구소.

절과 철저한 응징을 표방하고 있다. 이를 통해 926년 발해 멸망을 전후한 시기 공존한 발해와 고려는 당시 변화하는 동북아 정세 대응에 교감을 하고 있었음을 짐작할 수 있다. 이러한 고려 초기의 발해 친연성 강조는 이후 고려시대 및 조선시대에 걸쳐 동북아시아 외교를 논할 때 그 공과에 대해 좋은 선례가 되었다.

특히 이 시기 편찬 사료들에서는 발해 멸망에서 그리 멀지 않은 시기여서 발해에 대한 고려와 조선시대의 인식이 잘 반영되어 있다고 본다. 그런 의미에서 이 시기의 발해사 인식은 현재 발해의 한국사 계승 인식의 계보와 닿는 것이기도 하다. 본문에서의 분석을 통해 진행하여 보았지만 역시 자료의 한계는 크다. 그것은 발해인 스스로 남겨둔 기록이 없는 상황에서, 고려와 조선시대 정세가 반영된 서술이라는 점이다. 그런 까닭에 최종적인 문제는 발해가 그 전의 고구려를 어떻게 계승하였으며, 발해 나름의 동아시아에 대한 인식은 어떻게 유지하여 왔는가 하는 점이다. 그러나 이러한 점들은 발해인의 직접 기록이 발견되기만을 기다릴 뿐이다.

참고문헌

1. 저서

고구려연구재단, 2004, 『발해사 자료집』 上.

김종복, 2009, 『발해정치외교사』, 일지사.

박인호, 2001, 『한국사학사대요』, 이회문화사.

송기호, 2011, 『발해 사회문화사 연구』, 서울대학교출판문화원.

_____, 1995, 『渤海의 政治史硏究』, 一潮閣.

이효형, 2007, 『발해 유민사 연구』, 혜안.

임상선, 2008, 『발해사 바로읽기-발해사 쟁점과 연구』, 도서출판 동재.

_____, 1999, 『발해의 지배세력 연구』, 신서원.

정구복, 1999, 『韓國中世史學史1』, 集文堂.

_____, 2002, 『韓國中世史學史2』, 景仁文化社.

한규철 외, 2005, 『고구려와 발해의 계승관계』, 고구려연구재단.

2. 논문

金光錫, 1983, 「高麗太祖의 歷史認識(Ⅰ)」, 『白山學報』 27, 백산학회.

김은국, 2007, 「발해유민과 고려 태조 왕건」, 『문학·사학·철학』 8호, 한국불교사연구소.

_____, 2011, 「南北國時代論과 渤海 Diaspora」, 『高句麗渤海硏究』 40輯, 高句麗渤海學會.

박인호, 2004, 「전통시대의 고구려·발해인식」, 『한국독립운동사연구』 23.

송기호, 1991, 「조선시대 사서에 나타난 발해관」, 『한국사연구』 72, 한국사연구회.

이효형, 2002, 「『高麗史』 소재 渤海關係 기사의 검토」, 『지역과 역사』 11, 부경역사연구소.

임상선, 1993, 「高麗와 渤海의 關係 - 高麗 太祖의 渤海認識을 中心으로」, 『素軒南都泳博士古稀紀念歷史學論叢』, 민족문화사.

_____, 2007, 「『삼국유사』 말갈발해조의 '指掌圖'」, 『동북아역사논총』 18호, 동북아역사재단.

한규철, 2007, 「그구려·발해에 대한 인식의 변천」, 『大東漢文學』 26, 대동한문학회.

당대唐代 문인들의 고구려, 발해 인식 검토*

- 당시唐詩, 문집을 중심으로

우성민

* 이 논문은 『중국사연구』 제120집(2019. 06. 30)에 게재한 논문임을 밝힌다.

Ⅰ. 머리말

최근 동아시아의 역사 인식 차이로 인해 국내외 학계는 전통시대부터 근현대에 이르기까지 주변국 간 상호 인식에 대한 연구 범위를 확대하여 지속적으로 성과를 발표하고 있다. 중국 학계에서는 조선 연행사신의 시선으로 본 명과 청의 실상, 혹은 조선통신사의 눈에 비친 일본 형상 등[1] 이른바 '이역'의 관점에서 정체성을 모색하는 시도가 이어지고 있다.

국내 학계에서도 고구려, 발해 인식에 대해 전통시대, 개화기, 일제강점기, 현대 등 사학사적인 관점에서 접근하여 고구려 이전부터 고대국가의 정통성 계보를 파악하고 정리한 연구가 활발하다.[2] 현재 남아 있는 고구려, 발해사 관련 사료를 한국, 중국, 일본으로 나누어 상당한 자료를 망라하여 정리한 자료집도 출간했다. 다만 기존의 고구려, 발해 관련 중국 측 사료는 『구당서舊唐書』, 『신당서新唐書』, 『구오대사舊五代史』, 『신오대사新五代史』, 『송사宋史』, 『요사遼史』, 『금사金史』, 『책부원구冊府元龜』, 『자치통감資治通鑑』, 『통전通典』, 『당회요唐會要』, 『고려도경高麗圖經』, 『오대회요五代會要』, 『문원영화文苑英華』, 『거란국지契丹國志』, 『문헌통고文獻通考』, 『옥해玉海』, 『송회요집고宋會要輯稿』, 『전당시全唐詩』, 『전당문全唐文』 등에서 자료를 모아 자료집으로 일부 출간된 적이 있으나,[3] 많은 내

1 王廣義·張寬, 2018, 「朝鲜朝燕行使者视野下的清代中国東北地區民衆生活習俗」, 『東疆學刊』 2018-1, 27~33쪽; 徐東日·金禹彤, 2018, 『朝鮮通信使眼中的日本形象一以《海行總載》爲中心』, 5쪽; 刁書仁, 2017, 「朝鮮使臣所見晚明遼東社會的民生與情勢」, 『社會科學戰線』, 122~131쪽.

2 최석영, 2004, 「일제 식민사학자들의 고구려·발해인식」, 『한국독립운동사연구』 23; 한국독립운동사연구소, 2005, 『한국근대사와 고구려 발해인식』, 예림피엔디; 김진광, 2016, 「이승휴 『제왕운기』의 고구려·발해 인식」, 『민족문화논총』 64.

용이 누락되고 소략된 채 수록되어 정리와 해제 작업 등이 진행되지 못한 실정이다.

특히 『전당시』, 『전당문』은 시기적으로 고구려 멸망 전후에 해당하며 발해 존속 시기와 근접한 당인唐人이 편찬하였다는 점에서 이른바 당대의 사회적 인식을 유추해볼 수 있음에도 그동안 학계에서 전문적으로 다룬 연구는 상대적으로 부족하다.

중국문학사적인 연구 대상으로서 『전당시』, 『전당문』의 시를 분석한 연구서가 출간되기도 하였고[4] 사학사적인 연구 대상으로서의 접근도 적지 않았지만 국내 학계에 아직 소개되지 않는 내용들에 주목할 필요가 있다.

『전당시』는 강희 44년(1705)에 착수하여 45년에 완성되었지만 편집하기 이전 청초 저명한 장서가 계진의季振宜(1630~1674)에 의해 이미 당나라 때 시인 1,895명의 4만 2,931수를 정리하여 『당시唐詩』를 엮은 상태였고, 『전당시』의 저본底本이 되었다. 계진의는 해내海內 최고 장서가였다고 알려져 있는데, 송대 판본 당시唐詩 총집總集, 별집別集이 150여 종에 달했다고 한다. 또 초당과 성당 시기 부분은 명대 만력 5년(1577) 급사중給事中을 역임한 오관吳琯의 『당시기唐詩紀』를 참조하여 『전당시』의 사료적 가치를 더하였다.

『전당시』의 또 다른 참고 자료는 명대 만 권의 책을 소장했다는 장서가 호진형胡震亨(1569~1645)이 평생의 정력을 다해 만든 『당음통첨唐音統籤』이다. 『당음통첨』은 시대별로 당과 오대 시기의 시와 사곡, 가요 등을 수록하여 당인들의 사라진 문장들까지 모아 주석을 달았고, 당시에 대한 평론까지 남겼다.

3 고구려연구재단, 2004, 『발해사 자료집』 상·하.

4 이충양, 2010, 『고대 한 · 중 교유시』, 고려대학교출판부.

이러한 명과 청초의 저명한 장서가를 통해 편집된 『전당시』에는 2,529명정도 시인의 4만 8,900여 수의 시가 수록되어 있는데, 이백李白, 두보杜甫, 백거이白居易, 맹호연孟浩然, 왕유王維, 고적高適, 한유韓愈, 맹교孟郊, 유종원柳宗元, 유우석劉禹錫 등 당대뿐 아니라 중국문학사를 대표하는 시인들의 작품이 포함된 것이다.[5]

당인들의 생몰 연대가 고구려의 멸망 및 발해 존속 연대와 병행한다는 의미는 당인들의 일상생활 가운데 고구려인 및 발해인과 직접 교류를 하거나 간접적으로 접할 기회가 자연스럽게 주어지는 환경을 구비하고 있었다는 뜻이기에 당인들의 인식에 주목할 필요가 있을 것이다.

『전당시』를 본받아 청대 가경제嘉慶帝의 칙명으로 편수시랑을 역임한 동고董誥 등이 편찬한 『전당문』은 1814년에 완성하였지만 청대 근 백여 명의 당대 최고 학자들이 편찬하여 당대, 오대십국의 작가 3,042명의 1만 8,488편의 방대한 산문을 수록하고 있어 『전당시』보다 학문적 가치가 높은 것으로 평가받고 있다.

『전당문』의 저본이 되는 『당문唐文』은 청대 황궁에서 소장하고 있던 고본稿本을 청나라 인종이 명령하여 재편집하게 한 것이다. 『문원영화』, 『당문수唐文粹』 등의 총집과 『영락대전永樂大典』에 수록된 단편의 당문唐文 잔권들과 금석 자료들을 채용하였기에 당대의 문학·사상·역사를 연구하는 데 귀중한 자료가 된다.[6]

이 책에서는 『전당시』, 『전당문』 등을 중심으로 당시唐詩 및 문집에 집중하여 당나라 때 문인들의 인식 속 고구려와 발해 관련 기사를 검토해 볼 것이다.[7] 이를 통해 고구려와 발해를 동시에 해동海東으로 인식한

5 張忱石, 1983, 『全唐詩作者索引』, 中華書局.

6 和陶敏·李一飛, 2001, 『隋唐五代文學史料學』, 中華書局.

7 먼저 문학작품에 묘사된 사실들을 중심으로 당대唐代 고구려와 발해에 대한 이해를 파악해 보고, 향후 당대唐代 사관을 역임하면서 사서를 찬수한 유지기劉知幾의 사학이론서 『사통史通』 및 당대 재상

당인의 인식을 파악하고자 하며 고구려, 발해의 계승성과 정체성을 다양한 관점에서 확인해 보고자 한다.

Ⅱ. 당시 속의 고구려 관련 기사 검토

당대 문화의 결정체로서 당시가 가장 발전한 시기는 당 현종 개원 천보 시기였다. 당 현종은 문치를 중시하고 문학과 잠箴, 표表, 명銘, 부賦와 같은 잡문을 강조하였다. 과거제도의 시험과목이 시와 부를 짓는 방식으로 바뀌게 되었고, 점차적으로 진사 채용의 주요한 기준이 되었는데, 이는 당시를 번영시킨 원인 중 하나였다.[8]

성당盛唐 시가를 대표하는 중국 최고의 시인인 이백도 현종과 빈번하게 교류하였는데, 현종이 자신의 주위에 많은 문인 학사와 저명한 시인을 두고 집현원集賢院이나 한림원翰林院에서 조서 기초를 담당케 했기 때문이다.

현종은 천보 원년(742)에 당시 고관이던 하지장賀知章의 추천으로 대시인 이백을 금란전金鑾殿에서 만난다. 현종은 수레에서 내려와서 그를 맞이하여 아름다운 칠보상에 음식을 대접하고 황제의 손으로 직접 국의 간을 맞추고 숟가락을 들고 음식을 먹여주었을 정도로 환대하고 한림공봉翰林供奉이라는 관직을 하사한다. 한림공봉은 문건의 초안을 작성하거나 연회 등에서 시를 지어 흥을 돋우는 등의 일을 하는 직책이다.

을 역임한 두우杜佑의 『통전通典』 속의 고구려와 발해 관련 서술을 비교 분석하고자 한다.

8 閻守誠·吳宗國 共著, 임대희·우성민 옮김, 2012, 『당현종』, 서경문화사, 251~252쪽.

현존하는 이백의 1,100여 편의 작품 중 악부시樂府詩가 156수 이상으로 가장 많으며 성당 시인 중에서도 가장 많은 악부시를 창작한 것으로 알려져 있는데, 한림공봉으로서 연회 등에서 시를 짓는 그의 직책과 연결된 것으로 볼 수 있다.[9]

악부樂府는 진대秦代 이래 조정의 음악을 관리하는 기구로 각 지역의 노래 가사를 수집하고 음악을 곁들여 조정의 연회나 제사에서 연주하기 편하게 만들었다.[10] 이러한 악부에서 연주용으로 수집한 시가를 악부시라고 하는 것이다.

특히 기·승·전·결 4수로 이루어져 함축력을 요구하는 오언절구絕句라고 하는 시체로 이백은 25부의 악부시를 지었고, 그중 「고구려」라고 하는 작품이 있다. 「왕소군王昭君」, 「상봉행相逢行」, 「결말자結襪子」, 「옥계원玉階怨」, 「양양곡사수襄陽曲四首」, 「청평조사삼수清平調詞三首」, 「낙양맥洛陽陌」, 「정야사靜夜思」, 「녹수곡淥水曲」, 「고객행估客行」, 「횡강사오수橫江詞五首」, 「사리불舍利弗」, 「마다루자摩多樓子」, 「일출동남우행日出東南隅行」, 「양춘곡陽春曲』 등 다른 작품들에 비해 국내외에 많이 알려지지 않았으며 당시 300수 중 '고구려'를 제목으로 한 시는 이백의 「고구려」가 유일하다.

9 王立增, 2003, 『李白樂府詩研究綜述』, 雲南藝術學院學报.

10 [北宋]郭茂編(傅增湘藏宋本), 2010, 『樂府詩集』, 人民文學出版社.

고구려(고구리)[11]
– 이백[12]

金花折風帽 금화절풍모	금꽃 달린 절풍모를 쓰고
白馬小遲回 백마소지회	백마는 천천히 배회하네
翩翩舞廣袖 편편무광수	펄렁펄렁 춤추는 넓은 소매
似鳥海東來 사조해동래	새가 해동에서 날아온 듯하네

제1구에서 절풍은 바람을 가른다는 뜻으로, 절풍모는 활동하면서 벗겨질 우려가 없도록 만든 모자의 일종이다. 『북사北史』 동이전 고구려조를 보면 고구려인들은 모두 절풍을 썼는데 그 형태는 고깔 같고 사인士人은 새의 깃 2개를 꽂았고 귀자貴者의 관은 소골蘇骨이라 하였으며 붉은 비단으로 하고 금은으로 장식하였다고 기록하고 있다.[13] 평범한 사람은 단순히 머리에 절풍을 썼지만, 벼슬을 하는 이는 절풍에 새깃을 꽂아 이를 나타냈다는 것이다.[14]

11 高句驪 국호 관련 『前漢書(二十五史)』 卷28下 「地理志」, 上海古籍出版社, 1992, 520쪽 참조. 『漢書』와 『後漢書』·『三國志』에는 句麗(句驪)와 高句麗(高句驪)가 混用되는 양상을 띠는데 그 후의 南北朝期에도 유사한 상황으로 나타나고 있다. 하지만 후자의 경우 句麗(句驪)의 빈도가 크게 줄어들고 高句麗(高句驪)가 상대적으로 많이 쓰이는 변화의 양상을 볼 수가 있거니와 동시에 새로이 高麗만이 사용되고 있는 것이다. 박용운, 2004, 「국호 高句麗 · 高麗에 대한 일고찰」, 『동북아역사논총』, 29~49쪽; 서길수, 2014, 「고구려高句麗 · 고려高麗의 나라이름(國名)에 관한 연구(1) : 서녘(西方)에서 부르는 '계귀鷄貴'를 중심으로」, 『고구려발해연구』, 125~126쪽.

12 [清]彭定求, 1960, 『全唐詩』 卷165, 李白5, 中華書局, 1709쪽.

13 『三國志(二十五史)』 魏志 권30, 東夷列傳, 高句麗, 上海古籍出版社, 1992, 1166 쪽; 『後漢書(二十五史)』 권115, 東夷傳, 高句驪, 上海古籍出版社, 1992, 1048쪽; 『梁書(二十五史)』 卷54, 諸夷傳, 高句驪, 上海古籍出版社, 1992, 2107쪽 등에는 고구려 관인이 절풍건을 썼다고 서술하고 있다.

14 전호태, 2006, 「[고구려 고분벽화] 모자의 사회학, 고구려의 남자」, 한국역사연구회, 『함께하는 역사 기획연재 간행물』 9월호.

『한원翰苑』에서 인용한 양원제梁元帝 시기 소역蕭繹이 그린 『직공도職貢圖』에서 이르길 고구려 여인들이 흰색 옷을 입고 남자들은 비단으로 수놓고 금은으로 장식하였으며, 신분이 높은 자들은 모자를 쓰는데 뒷부분에 금은으로 사슴 귀와 같은 장식을 달았고, 그 위에 갓을 썼으며 신분이 낮은 자들은 절풍을 썼다고 하는데, 시대에 따라 절풍은 신분이 높은 자에서 낮은 자들에게까지 유행한 것으로 보인다.[15]

제2구에 대해서는 고구려 고분벽화 등에 보이는 백희기악도白戲技樂圖의 흰 말 한 마리를 통해 넓은 소매에 백마의 장식을 하고 춤을 추는 모습을 상정해볼 수 있다.[16]

제3구의 춤추는 넓은 소매를 근거로 고구려 무용총 벽화에 등장하는 광수무廣袖舞를 떠올릴 수 있는데, 수나라와 당나라 때 궁정 연회 음악인 칠부악七部樂, 구부악九部樂, 십부악十部樂 속에 포함된 '고려기高麗伎'의 일부를 묘사한 것으로 이해된다. 칠부악, 구부악, 십부악은 수나라와 당나라 때 주변국의 고유 음악을 그대로 받아들여 황실 연회에서 순서대로 공연되었다. 수나라, 당나라 때 연회 음악인 연악燕樂이 최전성기를 이루었고, 고구려의 악무樂舞인 '고려기'가 하나의 기로 선정되어 있었는데, 시대가 바뀌어도 '고려기'는 변함없이 포함되어 있었다. 특히 『신당서』 권21 「예악지」에 의하면 고려기의 호선무胡旋舞는 춤추는 자가 공 위에 서고 바람과 같이 회전한다고 했다.[17] 당시 강국康國에서 사용하는 호선무의 경우는 양탄자 위에서 추는 춤이지만 고구려의 호선

15 동북아역사재단 한국고중세사연구소 편, 2018, 『譯註 翰苑』, 동북아역사재단, 234~236쪽.

16 고구려 덕흥리벽화분 묘주도에서도 백마가 확인된다. 고구려 장천1호묘 야외연회도 관련 선행 연구에 의하면 백희잡기의 전파와 함께 중국에 유입된 幻人 중 이집트 및 로마, 페르시아인들이 섞여 들어 왔음을 확인할 수 있다고 한다. 박아림, 2018, 「4~5세기 고구려와 중국 고분벽화의 묘주 표현에 보이는 문화적 포용성에 대하여」, 『고구려발해연구』, 262~264쪽; 장천1호분 앞방 북벽 백희기악도의 말 다루기 부분과 함께 백희잡기 중 백마에 대해서는 전호태, 2013, 「고구려의 음악과 놀이문화」, 『역사와 경계』 88(2013. 9), 13~23쪽 참조.

17 裵允曝, 2014, 「隋唐時代 '高麗伎' 考察」, 『중국고중세사연구』 31, 263~298쪽.

무는 공 위[毬上]에서 추는 춤이라고 한 것으로 보아 좀 더 역동적이었을 것으로 보인다.

제4구의 '새가 해동에서 날아온 듯하다'는 시구에서 고구려를 해동으로 표현하고 있음을 알 수 있다.[18] 『통전通典』 변방문邊防門 동이신라조東夷新羅條, 『삼국사기』 내물니사금 26년조, 고구려본기 제8조 등 다양한 문헌에서 동일한 사례가 확인된다.

이백의 생몰 연대는 아직도 학계의 쟁론이 되고 있지만 당나라 측천무후 장안 원년(701)에서 당 대종代宗 보응寶應 원년(762) 사이에 살았던 것으로 보는 견해가 일반적이다. 고구려 멸망 30여 년 뒤에 출생해서 고구려 멸망 100년 후에 해당하는 기간까지 살았던 이백이 고구려인이 춤추는 모습을 보고 시를 쓸 수 있었던 이유는 상술한 바와 같이 고구려의 음악이 당대에 유행했던 배경과 관련이 있을 것이다.

이백이 출생했던 측천무후 집권 당시 고위 관리인 사례소경司禮少卿 양동楊同이 베푼 귀족들의 연회에서 재상까지 지낸 인물인 양재사楊再思에게 고구려인을 닮았다고 하자 고구려무를 즉흥적으로 추었다는 기록이 나온다. 양재사가 어사대부가 되었을 때, 장역지張易之의 형 사례소경 장동휴가 공경대신들을 청하여 사례시司禮寺에서 연회를 베풀었고, 그 연회에 참가한 자들이 모두 취하여 즐거움이 지극하였다. 동휴가 놀리며 말하기를 "양 내사內史의 얼굴은 고구려인 같습니다" 하자, 양재사는 기뻐하며 전지剪紙를 청하여 스스로 건에 붙이고, 자주색 도포를 거꾸로 입고 고구려무를 추니, 머리를 돌리고 손을 펴 거동이 박자에 맞으니 좌중에서 웃음이 나왔다고 기록하고 있다.[19]

18 고산동10호분 벽화에 등장하는 무용수 세 사람의 춤을 설명하면서 긴 소매가 너풀거리도록 팔을 움직이고 있는 모습이 '새가 해동에서 날아온 듯하다'는 시구의 묘사와 유사하다고 해석하고 있다. 전호태, 2013, 「고구려의 음악과 놀이문화」, 『역사와 경계』 88, 21~22쪽.

19 "再思爲禦史大夫時, 張易之兄司禮少卿同休嘗奏請公卿大臣宴於司禮寺, 預其會者皆盡醉極歡. 同休曰, 楊內史面似高麗, 再思欣然, 請剪紙自帖於巾, 披紫袍, 爲高麗舞, 頭舒手, 擧動合節, 滿座

측천무후 집권 시기는 고구려가 멸망한 30년 뒤였지만 '고려기'는 구부악, 십부악 속에서 여전히 공연되었으며, 이를 통해 고구려인의 모습과 춤까지 인식할 수 있었던 것이다.

이러한 배경은 이백의 성장 과정에 영향을 주었을 것이며 현종 시기에도 이어져 이백이 오언절구를 남기게 되었는데, 고구려인이 직접 음악 공연을 했다는 것에 주목할 필요가 있다.

고구려 멸망 후 이백이 고구려인을 직접 만날 수 있었던 배경에는 당이 고구려와 신라의 강한 반당운동으로 말미암아 안동도호부를 신성新城으로 옮긴 뒤 당唐 고종 의봉儀鳳 2년(677) 고장高臧을 요동도독부로 세워, 조선왕에 봉하고 중원지역에 흩어졌던 고구려인들을 요동에 이주시켰던 사건과 관련이 있다.[20] 고구려 마지막 보장왕인 고장은 고구려 부흥 운동에 실패하여 유배당하고 682년경 처형당했으며 다시 고구려 유민은 하남河南, 롱우隴右 지역에 거주하게 되었다. 따라서 고구려 멸망 후에도 당 조정에서 고구려인의 고구려무 공연이 계속될 수 있었던 것이다. 이백의 「고구려」는 25자의 오언절구지만 고구려가 멸망한 후 70여 년이 지난 시점에서 당대 최고의 시인 이백에 의해 창작되었다는 점에서 매우 중요한 사료적 가치가 있다. 이는 고구려 멸망 후에도 지속적으로 당대 문인들에 의해 고구려 음악 및 춤과 함께 고구려가 인식되고 있었음을 시사한다.

이백의 「고구려」 시를 언급한 글로 중국 학계의 장푸여우[張福有]의 글이 확인되는데, 고구려를 중국의 소수민족 지방정권, 백두산(장백산) 지역 소수민족이라고 묘사하고, 해동에 대해서는 발해 동쪽의 고구려 속지를 의미한다고[21] 주장하고 있는 실정이기에 국내 학계에서 민감하게

嗤笑." 『舊唐書』 卷90 「楊再思列傳」, 上海古籍出版社, 1992, 3827쪽.

20 『資治通鑑』 卷202, 唐 高宗 儀鳳 2년(677)條, 中華書局,1976, 6383쪽.

21 張福有, 2002, 「李白到過長白山吗?」, 『學問』, 8쪽.

주목할 필요가 있다.

사실 고구려를 소재로 한 당시는 이백의 작품이 유일하지만, 당대 이전 남북조 시기 왕포王褒가 쓴 「고구려」 시가 한 편 더 전해져 온다. 이는 후술할 두보의 시와 연결되기 때문에 상세히 소개하기로 한다.

왕포(513~576)는 낭야琅邪 임기臨沂, 지금의 산동 지역 출신이며 동진 시기 재상 왕도王導의 후손으로 남조 시기 명문이었다. 『주서周書』에 이르길 그는 지식이 박학하고, 사서와 경전을 두루 섭렵했으며 문장력이 뛰어났다고 기술하고 있다.[22]

현존하는 40여 수의 시는 왕포가 북방으로 온 뒤의 작품으로 시풍에 많은 변화가 있었고, 변새시와 전쟁 관련 악부시를 많이 남겼다.[23] 특히 중국 역사상 맨 처음으로 고구려의 풍속을 시가 형식으로 읊은 시인이라고 할 수 있다.[24]

고구려[25]
– 왕포

肖肖易水生波 초초역수생파	고요히 흐르는 역수易水에 파도가 일렁이네
燕趙佳人自多 연조가인자다	조연趙燕의 땅에 아름다운 자 참으로 많네
傾杯覆盌漼摧 경배복악준최	기울어진 잔 되풀이하여 꺾이네
垂手奮袖婆娑 수수분수파요	팔을 늘어뜨리고 소매를 흔들어 춤추며 허리를 감네

22 張敏, 2015, 「南北交流中的王褒」, 『上海師范大學碩士學学位論文』, 6~14쪽.

23 『舊唐書』 권47 經籍志에 의하면 30卷, 『新唐書』 권60 藝文志에 의하면 20卷이 있는데 송대에 이미 산실됐다. [北周]王褒撰 [明]張燮編纂, 1997, 『王司空集』, 中州古籍出版社에서 이 시를 수록했다.

24 張福有의 앞의 글.

25 [北周]王褒撰 [明]張燮編纂, 1997, 『王司空集』, 中州古籍出版社.

不惜黃金散盡 황금이 흩어 없어짐을 아쉬워하지 않고
불석황금산진
只畏白日蹉跎 단지 세월 허송을 두려워할 뿐이네
지외백일차타

제1구의 역수易水는 현재 하북성 보정시保定市에 속한 역현易縣에서 발원하여 남과 북, 가운데로 흐르는 강으로, 연나라 태자 단丹이 형가荊軻를 진에 보낼 때 역수에서 이별했던 장소이기도 한다. 형가가 진나라로 떠나기 전에 역수 강가에서 술을 마신 뒤 지은 『역수가』의 '가을 바람이 쓸쓸하고 역수는 찬데, 장사는 한번 떠나면 다시 오지 못하네'[26]의 앞 구절을 인용하여, 의를 위해 목숨을 버린 용맹한 정신, 고대 선인들의 가치관을 암시적으로 반영한 것이라고 해석되기도 한다.

제2구에서는 아름다운 자의 가무를 연상하도록 묘사했는데 연조燕趙에는 아름다운 자가 많다고 하는 전해지는 소문을 강조하고 있다. 연燕은 허베이성 북부와 랴오닝성 서남부에, 조趙는 허베이성 남부에 위치해 있었기에 제1구의 역수와 연결이 된다. 연조가 모두 진에 멸망당하지만 형가와 같은 영웅이 많았음을 표현한 것 같다.

제3구에서는 제1구와 짝을 이루어 형가가 장렬한 죽음을 각오하고 길을 떠나기 전 결별의 술을 마시며 눈물을 흘리는 모습을 표현했고, 팔을 늘어뜨리고 소매를 흔들어 춤추는 묘사는 제2구의 연조의 아름다운 자의 가무와 연결되고 있다. 이는 나라를 구하기 위해 죽음을 무릅쓴 인생과 술과 춤, 노래로 쾌락을 추구하는 인생의 대비와 함께 양자 모두의 한계를 묘사한 것으로 해석되기도 한다.

마지막 제4구에서 어떤 가치관을 추구하는 인생이든 세월을 아끼지 않으면 안 된다는 교훈을 남기고 있다.

26 "風蕭蕭兮易水寒, 壯士一去兮不復還." 『史記』 권86, 刺客傳, 上海古籍出版社, 1992, 284쪽.

중국 학계에서는 이 시를 음주와 가무를 즐기는 고구려인의 풍습과 역수와 연조를 통해 상호 교류를 표현한 것으로 해석하기도 하고,[27] 왕포가 고구려의 악부를 직접 듣고 지은 시라고 평가하기도 한다.

왕포의 시에서 함축적인 의미를 지닌 역수의 경우 고구려 대무신왕이 후한 광무제光武帝에 사신을 보내어 조공을 바칠 때 역수를 건넜다는 기록과 고구려와 북주의 전쟁 기록을 미루어볼 때 한왕조부터 중원과 고구려의 왕래와 전쟁을 암시할 수도 있다. 제2구의 연조도 고구려 전성기 때 미친 영역을 상정해볼 수 있는데, 전체적으로 연조 지역의 고구려와의 교류 역사를 반영한 것일 수 있다. 제3구는 이백의 시에도 동일하게 묘사한 고구려 무용총 벽화에 등장하는 광수무廣袖舞를 표현하고 있다. 제4구는 고구려인의 물질보다 세월을 아끼고 성실한 태도를 읊었는데, 남조 명문 한족 문인의 고구려에 대한 인식을 반영하는 내용으로 문학사적인 검토와 함께 사학사적인 접근이 필요하다.

왕포는 양梁 원제元帝 때 이부상서와 좌복야左僕射를 역임했고, 양 원제가 서위西魏의 침입을 받았을 때 승성承聖 3년(554) 양원제를 따라 서위에 항복하고, 거기대장군車騎大將軍과 의동삼사儀同三司를 지냈다. 서위가 후에 북주北周로 이어졌을 때에도 명제明帝가 문학을 좋아해 왕포를 각별히 친근하게 우대했다는 기록이 있다.

왕포가 서위로 가기 전 고구려 문자명왕文咨明王 시기부터 양에 사신을 파견하였고, 북주도 고구려와 우호관계를 유지하고 있었으며 동시에 사신을 파견하였기에 왕포의 생애 가운데 고구려인을 직접 만날 기회가 있었을 것이다. 왕포가 고구려라고 하는 시를 짓게 된 배경과 이유에 대해서는 추후 별고에서 다루고자 한다.

이백과 동시대에 생존한 중국 최고의 시성詩聖이라 불렸던 두보는 당

27 張福有, 앞의 글.

현종 즉위년인 712년에 출생하여 당 대종代宗 대력 5년(770) 병사하기까지 1,500여 편의 시를 남겼다.

개원開元 24년(735) 낙양에서 진사 고시에 낙방했지만 각지를 주유하면서 나라와 백성의 미래를 걱정하는 내용의 시를 많이 남기고 주로 사회성을 발휘하였으므로 시사詩史라고 불리기도 했다. 시를 통해 역사를 보완할 수 있을 만큼 사료적 가치가 있다는 의미일 것이다.

두보의 시에는 고구려를 주제로 다룬 내용은 없지만 「별당십오계別唐十五誡, 인기예부가시랑因寄禮部賈侍郎」[28]이라는 시에 왕포의 고구려 악부시 내용을 인용하고 있다. 이 시는 당 대종代宗 엄덕廣德 2년(764) 두보와 교유한 가지賈至가 상서우승에서 예부시랑으로 옮기는 과정에서 당시 동경인 낙양에 가서 예부가 주관하는 시험에 응시하는 상황을 배경 삼아 시를 지어 보낸 것이다. 시의 제목은 '15년 만에 반드시 시험에 응해야 하는 교령으로 말미암아 가지를 예부로 보내는 시'로 해석할 수 있겠다. 제10구에서 '육룡홀차타六龍忽蹉跎(다스리는 자가 세월을 소홀히 하였네)'라고 하여 상술한 왕포의 시 「고구려」에서 '차타蹉跎'란 표현을 인용하고 있다.

두보의 시를 애송한 송대 문인 왕주王洙, 송기宋祁, 왕안석王安石, 황정견黃庭堅, 설몽부薛夢符, 두전杜田, 포표鮑彪, 사윤師尹, 조언재趙彦材의 주注를 모은 송나라 곽지달郭知達의 『구가집주두시九家集注杜詩』[29]에서 조언재는 왕포의 악부시 「고구려」에 나오는 '차타'의 내용을 설명하고 있다.

두보가 비록 왕포의 악부시 「고구려」에서 인용한 표현을 동일하게 사용하고 있는 것은 사실이지만 고구려인에 대한 이미지는 좋지 않았던 것 같다. 그의 또 다른 시에는 고구려인을 비하하는 표현이 드러나기도 한다.

28 [唐]杜甫著, (清)仇兆熬注, 1997, 『杜詩詳注』, 中華書局.

29 [唐]杜甫, [宋]郭知達, 『九家集注杜诗』, 清文淵閣 『四庫全書』 電子版(網上版).

「천육표기가天育驃騎歌(천자의 마구간인 천육天育에서 기르는 준마를 그린 그림을 노래한 시)」[30]라고 하는 시에 '노비 두목 대노大奴로 하여금 천자의 말을 기르게 했다'라는 시구가 나온다.[31] 당 현종 시기 천자의 말을 담당하는 태복太僕인 장경순張景順이 감목관이 되어 준마가 될 망아지들을 기르고, 곧 대노로 하여금 별도로 어린 천리마들을 선별해서 기르게 하여 40만 필의 말이 되었는데, 말들의 품질이 형편없음을 한탄하면서 춘추시대에 말을 잘 다루었던 조나라 왕량王良과 진나라 백악伯樂 같은 인물이 없음을 안타까워한 내용이다. 여기서 대노는 청나라 전겸익錢謙益의 『전주두시錢注杜詩』 권1[32]에 의하면 고려인(고구려인을 고려인이라 표기)이라고 설명하고 있다. 두보의 시에 이름도 올리지 못한 고구려인 왕모중은 왜 대노라고 표현되어야 했을까? 당나라 사람 정처해鄭處誨의 필기문집 『명황잡록明皇雜錄』에 당 현종 시기의 여러 종류의 글을 모은 잡록편에 「왕모중王毛仲이 교만 방자하여 황제로부터 총애를 잃어버리다」라는 제목으로 글이 수록되어 있는 것을 보면 두보의 모습에 비친 왕모중의 모습을 짐작할 수 있다.[33]

『구당서』 권106 열전 제56 왕모중열전에 의하면 그는 고구려가 당에 멸망당한 뒤 왕족이나 지배층의 고구려인들을 노예로 삼아 강제 이주시킬 때 끌려가 관노가 된 왕구루王求婁의 아들이었다. 당 현종 이융기가 황제가 되기 전 임치왕臨淄王으로 있을 때 좌우에서 노비로 수행을 하였으며, 고구려인답게 말을 잘 타고 무예가 출중하고 총명하여 이융기의 의도를 아주 잘 파악하였다. 중앙 금군 중에서 최정예 확기부대인 만

30 『全唐詩』 卷216, 杜甫一, 「天育驃騎歌」, 中華書局, 1960, 2255쪽.

31 졸고, 2018, 「당 현종 시기의 고구려 유민 왕모중(王毛仲)」, 『동북아역사재단 뉴스레터』 2월호, 14~15쪽.

32 [唐]杜甫著, [清]錢益箋注, 2009, 『錢注杜詩』 卷1, 上海古籍出版社.

33 [五代]王仁裕等 撰, 丁如明 輯校, 1985, 『開元天寶遺事十種』, [唐]鄭處海撰, 『明皇雜錄』 卷上, 上海古籍出版社, 21쪽.

기萬騎의 장군과 주요 인물들을 모아서 그들을 이융기에게 소개시켜주면서 장수들과 중견 인물들의 호감과 신임을 얻게 하였고 몰래 역량을 축적하게 도왔다.

위후韋後 집단을 주멸한 후에 이융기는 난을 평정한 공로로 평왕平王에 봉해진 뒤 곧 황위에 올랐으나, 또다시 고모인 태평공주가 군대의 반란을 일으켜 현종을 폐위시키고자 밀모하는 위기에 봉착했을 때 현종은 왕모중에게 명하여 말과 병사 300명을 데리고, 무덕전武德殿에서 건화문虔化門으로 들어가게 하고, 재상 소지충蕭至忠 등 태평공주의 당파들을 죽였다. 왕모중은 그때의 공으로 말미암아 보국대장군輔國大將軍·좌무위대장군左武衛大將軍·검교내외한구 겸 지감목사檢校內外閑廏兼知監牧使를 맡았으며, 곽국공霍國公에 봉해졌다. 당 제국 최고의 태평성세인 '개원開元의 치治'를 이루도록 했던 공신들 중 왕모중이 고구려 유민 출신이었다는 사실은 우리에게 시사하는 바가 매우 크다. 특히 왕모중은 양마養馬 사업에 뛰어났는데, 그의 사람됨은 공무를 소중히 여기고 정직하여 공신 가운데에서도 위엄과 명망이 높았으며, 세력도 아주 컸고, 당대의 무장 갈복순葛福順의 집에 딸을 시집보낼 정도였다. 현종은 계속하여 왕모중에게 더 큰 은총을 내렸으며, 그에게 내리는 하사품도 특별히 두터웠다.[34]

최근 발표된 연구 결과에 따르면 현재까지 장안성에서 확인되는 고구려 유민과 후손이 보유했던 사제私第는 모두 가동街東의 간선도로 상의 방坊에 위치하고 있어 출입이 편리하고 지가가 높은 곳이었다고 한다. 성 안 최고의 고급 저택가는 대명궁의 바로 남쪽, 궁성과 황성의 동쪽에 해당하는 가동의 북부 1~4열의 제방諸坊이고, 이 중 흥녕방興寧坊에 왕모중의 사제가 있었다고 한다. 흥녕방의 북쪽은 현종의 아들

34 唐閻守誠·吳宗國 共著, 임대희·우성민 옮김, 2012, 『당현종』, 서경문화사, 86쪽.

16명이 나누어 거주하였고 남쪽은 현종의 형제들 저택이 서로 이어져 있었는데 고구려 유민들의 사저 앞뒤로 친왕들의 거주지가 있었다는 점을 지적하고 있다.[35] 이는 『구당서』 왕모중열전에서 왕모중이 국공國公의 작위와 함께 장안의 저택과 식읍 500호를 받았는데, 황족을 제외하면 진압에 공을 세운 인물 중 최고의 포상이었다는 내용과 부합하는 것이다.

왕모중은 현종에게 이러한 호화 저택을 하사받았음에도 '병마 양성'을 위해 변방의 처소에서 사병과 함께 생활했으며, 사심 없이 공정하게 일을 처리했다고 했다. 게다가 경영 능력도 또한 뛰어나 현종의 신임이 한층 두터워졌는데, 새로운 관리 방법으로 24만 마리이던 병마의 수를 43만 마리로 늘렸으며, 죽은 짐승도 버리지 않고 가죽을 팔아 비단 8만 필을 구입했다고 한다. 현종은 말의 중요성에 대해 잘 알고 있었고 힘을 다해 마정을 부흥시키고 양마 사업을 발전시키고자 했기에 왕모중을 전적으로 신뢰하였고, 당시 문단의 영수였던 장열張說이 개원 13년(725) 「롱우감목송덕비隴右監牧頌德碑」에서 말을 번식시키는 데 큰 공을 세운 왕모중을 칭송하고 있었던 것이다. 『명황잡록』에 의하면 왕모중은 현종이 아끼는 신하인 비서감 강교薑皎와 같은 걸상에 앉아 황제를 마주 대했다고 한다.

개원 18년(730) 왕모중은 당의 군사력 전체를 총괄하는 요직인 병부상서의 자리까지 요구하였으나 왕모중이 반란을 노리고 무기를 모으고 있다고 비밀보고를 받은 현종은 왕모중을 제거할 계획을 세우고 있었고, 현종은 그들이 모반을 일으킬까 걱정하여 왕모중을 양주자사로 폄적시켰고 후에 호남성 남부에 있는 영주에 이르러 교살시켰다. 왕모중은 고구려 유민 노비의 신분에서 당 현종의 황위를 안정시키는 데 보좌

35 김수진, 2017, 「唐京 高句麗 遺民의 私第와 葬地」, 『사학연구』 제127호, 261~311쪽.

하는 최고 무관의 신분까지 오른 실로 입지전적인 인물이었지만 두보의 시에 왕모중의 양마에 대한 공적은 열외되고 있는 것이다. 왕모중의 역할에 비해 과소평가된 것은 그가 고구려인이라는 출신, 그리고 모반 사건에 연루된 배경과 관계가 있을 가능성도 있다.

그렇다고 두보가 모든 고구려인을 폄훼한 것은 아니었다. 두보의 작품 중 8인에 대한 애도시를 '팔애시八哀詩'라고 하는데, 왕사례王思禮, 이광필李光弼, 엄무嚴武, 여양왕리진汝陽王李璡, 이옹李邕, 소원명蘇源明, 정건鄭虔, 장구령張九齡 등 8인 중 고구려인 왕사례가 가장 처음 보인다. 두보가 사공 왕사례에게 증여한 시 「팔애시八哀詩 · 증사공왕공사례贈司空王公思禮」[36]의 제1구에 '사공출동이司空出東夷'라고 하여 왕사례의 출신을 '동이'로 밝히고 있다. 두보가 고구려인을 동이로 표현한 사례로 볼 수 있다. 이어 왕사례가 안사의 난에서 많은 반당세력을 격퇴하고 낙양과 장안을 수복한 다음 사공이라는 자리까지 오르게 되었기에 이를 강조한 듯하다. 『구당서』, 『신당서』, 『자치통감』에 의하면 당 고조 이래 사공 신분으로서 재상에 오르지 않은 사람은 왕사례가 유일하다고 기록하고 있다. 안사의 난을 평정한 공으로 당 숙종이 왕사례에게 사공이라고 하는 명예직을 하사한 것에 대한 예우로 보인다. 시의 중간에 '구곡비외번九曲非外蕃'이라 하여 왕사례가 753년 하서절도사인 왕충사王忠嗣의 막하 무장 가서한이 구곡을 정벌했을 때 늦게 도착하여 참수당할 위기에 처하였던 사건을 묘사하면서 '외번' 아닌가라는 지적도 하지만, 마지막까지 왕사례의 공적을 높이 평가하면서 그의 죽음을 탄식하고 있다. 왕사례의 경우 당을 배반한 왕모중과는 상반되게 당을 안사의 난이라는 국가 존폐의 위기에서 구한 은인으로서의 인상이 강했을 것이다.

두보는 왕사례 이전 당 현종 천보 6재(747)년 토번과 사라센 제국이

36 [唐]杜甫 撰, [宋]蔡夢弼箋注, 2017, 『杜工部草堂詩箋』 卷24, 華東師範大學出版社.

동진하는 과정에서 소발률국小勃律國(Gilghit)을 평정한 고선지에 대해서도 「고도호총마행高都護驄馬行」[37]이라는 칠언고시를 통해 간접적으로 그의 용맹스런 자세와 전쟁의 공로를 드러내고 있다. 제목의 '고도호'는 고선지로 당 현종 시기 변강 지역을 총괄하는 직책인 안서부도호를 역임했기에 고도호로 칭한 것이고, '총마'는 고선지가 탄 서역 지역의 푸르고 흰색이 섞인 준마를 의미한다. 제1구와 제2구에서 안서도호의 준마가 명성이 자자하여 그 주인 고선지를 따라 장안으로 들어오면서 주인을 도와 세운 공으로 칭찬과 영예를 얻는 모습을 묘사하고 있다. 두보의 『두시천杜詩闡』 권2에[38] 실린 이 시에 대해 청나라 노원창盧元昌의 주注에서 고선지는 고려인(고구려인을 고려인이라 표기)이라고 설명하고 있다.

이상의 두보 시에 등장한 고구려인 외에 「봉증태상장경기이십운奉贈太常張卿 二十韻」[39]이라는 시의 제1구에 고대 한국을 묘사한 '삼한三韓'이 등장한다.[40] 태상경 장기에게 삼가 올리는 20운의 오언율시인데 장기는 당 중종, 예종, 현종 3대에 걸쳐 재상을 역임한 장열의 차자이자 당 현종의 딸 영친공주의 사위로서 천보 13재(754)에 태상경에 오른 인물로 두보가 장안에서 조우하여 알게 되는데, 이 시를 바쳐 주목을 받고자 했던 것으로 보인다. 제1구의 '방장삼한외方丈三韓外, 곤륜만국서昆侖萬國西'는 '방장은 중국 한대 동방삭의 저작이라 일컬어지는 『십주기十洲記』에 고대 신선이 살았다고 하는 데서 유래하는데 동해 중앙에 있다고 전하고 있다. 진시황이 불로장생약을 구하기 위해 찾았던 바다에 있는 삼신산을 의미한다'고 하는데 이에 대해 두보는 '삼한三韓' 밖이라고 하고

37 [清]彭定求, 1960, 『全唐詩』 卷216, 杜甫一 「高都護驄馬行」, 中華書局, 2255쪽.

38 杜甫, 『杜詩闡』 卷2(清文淵閣淵四庫全書電子版).

39 [清]徐倬, 『全唐詩録』 卷31(清文淵閣淵四庫全書電子版).

40 당대 묘지에도 고구려, 백제, 신라를 모두 삼한이라 일컬었다. 권덕영, 2014, 「唐 墓誌의 고대 한반도 삼국 명칭에 대한 검토」, 『한국고대사연구』 제75호, 105~138쪽.

있고, 두보의 시를 역주한 송대 조언재趙彦材는 삼한은 오늘날의 고려라고 하고 있다.[41] 중국 측 사료의 삼한의 경우도 역사지리적인 위치와 삼국에 대한 역사 인식과 중첩되어 동이, 해동과 같은 고대 한국을 지칭하는 것으로 보인다.

이백의 고구려인에 대한 묘사는 고구려의 악무樂舞인 '고려기'를 감상하면서 이해한 일반적인 인식이며 두보의 고구려 유민 왕모중, 왕사례, 고선지에 대한 인식은 역사적 사건과 시대적 배경을 담고 있기에 구별할 필요가 있겠지만 주목할 점은 이백, 두보 모두 고구려가 멸망한 뒤 70년에서 100여 년의 세월이 지난 뒤에도 고구려인에 대한 인식을 묘사한 것이기에 더 큰 의미를 지닌다고 볼 수 있다.

특히 당대 중국의 문인들이 고구려와 후술할 발해, 신라를 모두 해동이나 삼한이라 칭하였다는 점은 시사하는 바가 크다고 할 수 있다.[42] 예를 들어 당대에 매사냥이 성행하여 주변국들도 매를 조공품으로 바치기도 했는데, 『신당서』에 의하면 신라와 발해에서 매를 보낸 기록이 보인다. 당나라 말기 중국 영남에 온 아라비아 상인들도 신라에 흰매가 많다는 소문을 퍼뜨리기도 하였다

당나라 헌종 원화 2년(807) 문인 두공竇鞏의 시에 「신라의 흰매[新羅進白鷹]를 진상하며」라는 제목의 시가 『전당시』[43]에 수록돼 있다.

禦馬新騎禁苑秋 어 마 신 기 금 원 추	황제가 말을 타고 궁궐 안의 가을을 감상하는데
白鷹來自海東頭 백 응 래 자 해 동 두	흰매가 해동 지역에서 날아와 있네

41 [唐]杜甫著, [清]錢益箋注, 『錢注杜詩』, 卷9, 上海古籍出版社, 2009에서는 三韓에 대해 『後漢書』, 「東夷列傳」을 인용하여 馬韓, 辰韓, 弁辰으로 해석하기도 한다.

42 이에 대한 중요한 논평을 해주신 단국대 차광호 교수님께 지면을 빌어 감사드린다.

43 『全唐詩』, 卷271, 竇鞏, 中華書局, 1960, 3051쪽.

漢皇無事須遊獵 한나라 황제는 태평할 때 반드시 사냥을 하는데
한황무사수유렵

雪亂爭飛錦臂韝 눈같이 하얀 흰매가 비단 활팔찌를 향해 다투어
설란쟁비금비구 날개짓 하네

여기서 해동은 신라를 칭하는 것으로 당시 김헌충 애장왕 7년(806) 왕자를 견당사로 파견한 사례와 시기적으로 부합되고 있다.[44] 두공의 경우 원화 2년(807) 진사에 급제하여 검교비서소감에 제수되는데 이 시기에 신라에서 보낸 흰매를 직접 볼 기회가 있었을 것이다.

당대 헌종 원화 9년(814) 진사에 급제한 은요번殷堯藩이 신라에 외교사절로 간 원중승源中丞을 보내며 지은 시에도 신라를 해동 만리의 부상으로 표현하고 있다.[45]

送源中丞使新羅 신라 사절로 가는 원중승을 배웅하며
송원중승사신라

赤墀奉命使殊方 조정의 명을 받들어 다른 나라의 사신으로
적지 봉명사수방 파견되었으니

官重霜臺紫綬光 관직 높은 어사대의 직분으로 가니 고급관원의
관중상대자수광 복식이 빛나네.

玉節在船淸海怪 사신이 황제에게 받는 증표를 들고 배에 오르는데,
옥절재선청해괴 푸른 바다 의심스럽네

金函開詔撫夷王 기상을 예측한다고 전해지는 금함을 열어
금함개소무이왕 이왕夷王을 달래보기도 하지만

雲晴漸覺山川異 구름이 개었다가도 점점 산천을 넘어 달라지네.
운청점각산천이

風便寧知道路長 문득 바람이 부는데 가는 길이 멀다는 것을
풍편영지도로장 어찌 알며

44 『舊唐書』 卷199 上 「東夷」, 中華書局, 1975, 5338쪽; 申瀅植, 1990, 『統一新羅史硏究』, 三知院, 299쪽.

45 『文苑英華』 卷278, 中華書局, 1966, 1408쪽. 『全唐詩』 卷492, 李白17, 中華書局, 1960, 1806쪽.

誰得似君將雨露　장차 비오는 날 군君이 떠날지 누가 알았겠는가
수득사군장우로

海東萬裏灑扶桑　해동海東 만리 부상扶桑에서 바람이 끊임없이
해동만리쇄부상　불고 있는 것을

황제의 명을 받아 출발하는 날 비가 온 것 같다. '기상을 예측한다고 전해지는 금함金函을 열어 이왕夷王을 달래보기도 하지만 구름도 산천을 넘어 점점 변하고, 문득 바람이 부는데 가는 길이 멀다는 것을 어찌 알며'라고 하여 우려하는 심경을 묘사하고 있다. 마지막 시구에서 '장차 비오는 날 군君이 떠날지 누가 알았겠는가. 해동海東 만리 부상에서 바람이 끊임없이 불고 있는 것을'이라고 하며 신라를 부상扶桑[46]으로 표현하고 있다.

Ⅲ. 당대 문집 속의 발해 관련 기사 검토

발해는 고구려가 멸망한 뒤 30년, 당이 건국된 지 70년이 지난 시점인 당대 측천무호 성력聖歷 원년(698)에 건국된다. 멸망도 당이 멸망한 경종 천우 3년(907)에서 19년 지난 비슷한 시점으로, 당과 발해가 시기적으로 같은 시대에 병존했기에 문인들의 삶 가운데 발해인과 교류하고 왕래할 수 있었던 기회는 적지 않았을 것이다.

앞장에서 다룬 이백과 두보가 고구려를 묘사하면서 동시에 발해에 대해서도 묘사하는 경우 고구려와 발해의 역사 인식을 논할 수 있는 전제가 되기에 상관된 분석은 뒷장에서 다루기로 하고, 당인들의 문집 가운데 발해와 관련된 기사가 지명인 경우부터 소개하고자 한다. 명대, 청

46 扶桑이 고대 일본을 의미하기도 하지만 신라를 가르키는 사례도 확인되고 있어 주목할 필요가 있다. "昔在法興大王垂拱紫極之殿俯察扶桑之域以謂, 昔漢明感夢佛法東流." 『삼국유사』 권3, 興法第三.

대 문인들의 역주를 통해 이백의 시에 나오는 인물들의 출신을 설명할 때 발해 출신을 밝힌 사례가 대부분이다.

예를 들어 당 숙종 지덕至德 2재二載(757) 당시 숙종의 아우 영왕永王 린璘이 반란을 일으켰을 때 이백을 끌어들였다가 후에 고적高適에게 패하여 결국 이백이 유배를 가게 되는데, 감옥에서 감찰어사였던 고적에게 도움을 요청하기 위해 쓴 시인 「송장수재알고중승送張秀才謁高中丞」[47]에 고적(704~765)을 발해인이라고 칭하고 있다. 서한의 개국공신인 장량張良의 공을 찬양하며 영왕의 난과 안사의 난을 진압하는 데 공을 세운 고적을 높이 평가하면서 이백 자신을 수재秀才에 비유한 것이다.

「송장수재알고중승送張秀才謁高中丞」은 장량을 보내 어사중승 고적을 알현하고자 한다는 의미로 볼 수 있겠다. 『구당서』에서 고적은 발해수渤海蓨(하북 창주) 사람이라고 기록돼 있고, 당 대종 엄덕 2년(764)에는 발해현후渤海縣候에 봉해졌다고 서술하고 있다.[48]

이백의 시뿐 아니라 이백과 교유했던 진자앙陳子昂의 『진백옥집陳伯玉集』에 수록된 「당고순주사마신국공고군묘지唐故循州司馬申國公高君墓志」에서 북제의 황실로서 신국공申國公에 봉해진 고사렴高士廉을 발해수인으로 소개하고 있다.

당 대종 시기 좌습유를 역임했던 문인으로 후대 한유韓柳의 고문운동의 선구자 가운데 한 사람이 된 독고급獨孤及의 문집 『비릉집毘陵集』에 독고급의 제자인 양숙梁肅이 스승을 위한 행장 「대조산대부사지절상주제군사수상주자사사자금어 대독고공행장大朝散大夫使持節常州諸軍事守常州刺史賜紫金魚 袋獨孤公行狀(독고급이 제수받은 품계와 수행했던 관직 및 직함을 나열하였고 독고급을 높여 獨孤公이라고 표현함)」에서 독고급이 살아 생전 성당을 대표하

47 『全唐诗』 卷177, 殷尧藩, 中華書局, 1960, 5572~5573쪽.

48 [唐]長孫無忌, 『唐律疏議』 卷1, 中華書局, 1983, 27쪽에도 북제 고환을 발해수인蓨人으로 기록하고 있다.

는 고적과 교유한 내용을 기록하면서 고적을 역시 발해수인으로 소개하고 있다.

진자앙陳子昂의 경우 발해 건국 2년 뒤에 사망했고, 양숙이 독고급을 위한 행장을 기록한 시기도 777년 이후로 발해국 대흠무大欽茂가 외적으로 팽창한 문왕 대흥大興 40년이었다.

당도 762년부터 문왕을 발해국왕으로 불렀기에 당대 문인들에 의해 발해인이 언급될 수 있으며, 발해가 국명으로 사용될 수 있겠지만 발해수인과 같이 지명으로 사용된 사례가 더 일반적이었다.

두보의 시도 고적에게 이별의 정을 시로 표현했는데, 남송학자 채몽필蔡夢弼의 각주에서 고적을 발해인이라고 기록하고 있다. 당대 문집 중에서는 발해군에 대한 기록도 많이 확인되는데 『한서지리지漢書地理志』 등에 의하면 서한 고조 5년(기원전 202) 설치되었고, 유주幽州에 속하였다가[49] 동한 시기 기주의 관할을 거쳐 북위 등국 원년(386)에 발해군勃海郡을 발해군渤海郡으로 고쳤다고 한다.

오늘날 허베이[河北]성 동남부의 도시에 해당하는 창주가 바로 옛 발해의 땅으로 알려져 있다.[50] 후에 창수군滄水郡으로 명명했다가 수 양제 대업 2년(606)에 다시 발해군이라 칭하였기에 당대 문집에 발해가 국가명이 아닌 지명, 바다 명으로 인용된 사례가 상당히 많아 사료를 정밀하게 선별해야 한다.[51]

이백과 두보를 이은 백거이는 당 대종 대력 7년(772)에 태어났는데, 얼마 뒤 고구려 유민 출신 이정기李正己가 당에 할거하여 전란기를 거치

49 『前漢書(二十五史)』 卷28上 「地理志」, 上海古籍出版社, 1992, 516쪽; 『後漢書(二十五史)』 卷4 「和殤帝紀」, 上海古籍出版社, 1992, 779쪽.

50 『後漢書(二十五史)』 卷53 「竇融傳」, 上海古籍出版社, 1992, 875쪽.

51 임상선, 2000, 「'渤海人' 李光玄과 그의 道敎書 檢討」, 『한국고대사연구』 제20권·12, 644~645쪽에서 발해가 국가명이면서 지역 명칭으로 사용된 사례에 대해 주의를 요할 것을 밝히고 있다.

게 되었다. 가난한 관리 집안에 태어났지만 놀라운 시재를 보였으며 29세로 진사에 급제한 뒤 807년 한림학사를 역임했는데, 이는 후에 「발해왕자가관제渤海王子加官制」와 같은 황제의 조서를 담당하는 배경이 되었다. 발해 왕자에게 관직을 더하라는 제서制書로 당 목종穆宗 장경長慶 연간에 발해 왕자가 당 조정을 예방하였을 때, 발해 왕자에게 준 국서다. 발해 왕자가 국내에서 천거된 사신들과 함께 조정에 왔으니, 오직 법과 예절을 받들어 지키고 어기지 않으면 잘 갖추어진 공물을 받으며, 작위를 더하고, 과거의 규정대로 행하라고 명하고 있다.[52]

이는 당 문종 대화 연간(827~835) 유주종사를 역임한 장건장張建章의 『발해국기渤海國記』[53]의 내용과 부합하고 백거이의 작품집인 『백씨장경집白氏長慶集』에 수록돼 있다.[54] 『구당서』 북적열전 발해 기사에 의하면 백거이가 「발해왕자가관제」 제서를 기록한 시기는 장경 연간(821~824)으로 곧 발해 선왕 4~7년에 해당하며, 발해에서 821년에 대공칙大公則, 신능지愼能至를, 823년에 대다영大多英, 대정순大定順을, 824년에 대총예大聰叡 등 50인을 당에 보내어 입조한 것으로 알려져 있다.[55]

발해 선왕 시기는 당으로부터 해동성국海東盛國이라 불리는 전성기를 이루었던 시기로 이백과 두보에 비해 백거이는 발해 왕자와 여러 사신 등을 통해 보다 정확한 발해의 정보를 습득했을 것으로 보인다.

백거이에 이어 당 덕종 정원 7년(792) 진사에 급제하여 사관史館에서 역사 편찬을 담당하기도 했던 한유의 『한창려문집韓昌黎文集』에 수록된

52 "勅. 渤海王子, 擧國內屬, 遣子來朝, 祗命奉章, 禮無違者. 夫入修職貢, 出錫爵秩, 玆惟舊典, 擧而行之." [清]董誥 等 編, 『全唐文』 卷658 中華書局, 1983, 6698쪽.

53 [張延厚 署]; 黃申甫 甫輯, 1968(民國57), 『渤海國記』, 臺北:廣文書局.

54 [唐]白居易編, 1997, 『白氏長慶集』 卷35, 「中書制誥」5, (文淵閣)四庫全書補遺: 據文津閣四庫全書補. 第1册: 集部, 北京圖書館出版社.

55 『舊唐書』 卷17上, 「敬宗紀」, 上海古籍出版社, 1986, 3545쪽. (長慶四年(824) 二月) 壬午, 渤海送備宿衛大聰叡等五十人入朝.

「오씨묘비명烏氏廟碑銘」[56]에 오씨(烏承玼를 의미)가 무공에 능한 유명한 장군의 집안이었음을 설명하면서 거란과 발해와 전쟁했었던 기록과 함께 발해왕 대무예를 가한可汗으로 소개하고 있다. 또 대문예와 대무예가 서로 전쟁하다가 문예가 도망가고 무예가 군사를 이끌고 마도산馬都山에 도착한 내용 등을 상세히 소개하였다.

발해가 거란의 가돌우[可突於]를 후원하여 당군을 하북성 천안현 북쪽에서 멸망시킨 전투 등을 묘사하고 있다. 국내 학계에서는 발해와 당, 거란·돌궐·해가 개입된 국제적인 전투였고 발해가 최종적으로 승리한 전쟁으로 평가하고 있다. 따라서 당대 문인 한유의 입장에서 발해는 적으로 인식된 것이라고 볼 수 있다. 『상주창려선생문집詳注昌黎先生文集』의 경우 송대 문인의 주석으로 당과 송대 문인의 발해에 대한 인식을 반영한다고 볼 수 있다.[57]

발해국이 건립된 지 80년이 지난 당 덕종 시기 이후로 당인들의 문집에 발해를 국명으로 사용하는 사례들이 늘어난다. 당 문종 대화 2년(828) 진사에 급제해 홍문관 교서랑이 된 두목杜牧의 경우 두보와 구별하기 위해 '소두小杜'라고 알려져 있다. 그의 칠언율시 「봉화백상공성덕화평치자휴운세종공취합영성奉和白相公聖德和平致茲休運歲終功就合詠盛(白相은 백거이의 사촌동생으로 白敏中을 가리킨다. 당 선종 즉위 후 재상 직위에 오르게 되어 白相이라 부른 것인데 851년 탕구트[黨項]가 변경을 침략하였을 때 공을 세웠기에 두목이 당 선종 시기 위부魏扶와 최현崔鉉 등 다른 재상과 함께 공로의 높음을 칭송하기 위해 나란히 시를 바친 것이다)」[58]에서 오늘날의 키르기스스탄에 해당하는 힐알사黠戛斯가 당에 조공을 행한 사건을 기록하면서 각주에서 '발해 사자의 차례가 되어서 그가 멀리서 조공하러 오는 것을 알고 황제가 태

56 [唐]韓愈, 『韓昌黎文集』 제6권, 「烏氏庙碑銘」, 上海古籍出版社, 1984, 395~399쪽.

57 [唐]韓愈(宋刻本), 『詳注昌黎先生文集』 卷26 碑誌, 『四庫全書』 電子版(網上版), 445쪽.

58 『全唐詩』, 卷5211 杜牧2, 中華書局, 1960, 5954쪽.

복경 조번趙蕃을 명하여 그 나라에 가서 위로하게 하고'라고 설명하고 있다.

이 칠언율시가 수록된 『번천시집주樊川詩集注』[59]는 청대 건륭황제 시기 편수를 담당한 풍집오馮集梧가 주석을 달았는데, 풍집오는 또한 장서가로서 당대 사료를 많이 인용한 것으로 알려져, 발해에 대한 당나라와 청나라 사람들의 인식으로 이해할 수 있을 것이다. 일반적으로 외국 사신이 경사京師에 도착하여 황제를 알현할 때 외국이 복수일 경우 우선순위의 문제가 발생하는데 각주의 '반발해사자班渤海使者'를 통해 발해가 키르기스스탄 사신보다 앞선 순위였음을 시사한다.

이어서 당 초 재상 온언박溫彦博의 후예인 온정균溫庭筠의 시 「송발해왕자귀본국送渤海王子歸本國」[60]은 최근 새로 출간된 개정판 『중국역사』(하권, 7학년, 인민교육출판사) 교과서에도 인용되고 있듯이[61] 당대 문인이 발해를 읊은 대표적인 작품이라 할 수 있다.

送渤海王子歸本國 송발해왕자귀본국	발해 왕자를 본국으로 보내며
疆理雖重海 강리수중해	강역은 비록 바다를 사이에 두고 떨어져 있지만
車書本一家 차서본일가	수레와 책 등 문물은 한 집안과 같다네
盛勳歸舊國 성훈귀구국	성대한 공훈을 이루고 본국으로 돌아가지만

59 [唐]杜牧撰, 吴在慶校注, 杜牧集系年校注, 『樊川文集』 권제2, 奉和白相公聖德和平致茲休運歲終功就合咏盛, 中華書局, 2008, 218~220쪽. 馮集梧의 『樊川詩集注』를 참조하고 있다.

60 『全唐詩』, 卷583, 温庭筠9, 中華書局, 1960, 6756쪽.

61 教育部組織編纂, 齐世荣 · 總主編, 2018, 『義務教育教科書 中國歷史 七學年 下册』, 北京: 人民教育出版社, 14쪽.

佳句在中華　아름다운 문장 중화에 남아 있네
가구재중화
定界分秋漲　국경에 이르니 가을 물결이 이별을 알리네
정계분추창
開帆到曙霞　돛을 펴니 다음날 새벽빛이 아득하네
개범도서하
九門風月好　궁중의 풍월이 아름답지만
구문풍월호
回首是天涯　머리 돌리면 아득한 타향이네
회수시천애

다른 시에 비해 비교적 당대 문인의 발해에 대한 인식을 상세하게 반영하고 있다.

특히 '성대한 공훈을 이루고 조국으로 돌아가지만, 아름다운 문장 중화에 남아 있네'라는 제2구에서 구국舊國과 중화中華가 대구對句를 이루고 있다. 앞에서는 '수레와 책 등 문물은 한 집안과 같다'고 하여 발해가 당의 영향을 받았음을 강조하고 있어 중화주의의 표현으로 해석되기도 하지만 당이 발해를 다른 나라로 인식하고 있음을 드러내는 묘사가 이어지고 있음을 알 수 있다. 발해가 당에게 '해동의 왕성한 나라'라는 영예의 칭호를 얻은 것은 당시 발해의 발전과 영향력을 목도하고 있었기 때문일 것이다.

『구당서』 북적열전 발해 기사에 의하면 당 문종 대화 6년(832)에 발해 왕자 대명준大明俊 등을 파견하여 내조來朝한 사례를 근거로 온정균과 왕래한 왕자를 대명준으로 보는 견해도 있는데, 온정균과 발해 왕자의 교유와 관련된 사료 발굴을 통해 온정균의 발해에 대한 인식을 보완할 필요가 있다.

온정균보다 앞선 시기이며 백거이와 비슷한 시기인 당 대종 대력 8년(773)에 진사가 된 육지陸贄(754~805)는 당 덕종 즉위 후 한림학사로 제수받아 「이납검교사공제李納檢校司空制」[62]를 기초하게 된다.

당 덕종이 이납을 검교사공의 관으로 임명하는 조서인데, 이납은 상술한 산둥성 전역을 지배하는 평로치청절도관찰사겸해운압신라발해양번사平盧淄青節度觀察使兼海運押新羅渤海兩蕃使가 되었던 고구려 유민 이정기李正己의 아들이다. 이정기가 번진藩鎮인 치주治州를 청주青州에서 운주鄆州로 옮김에 따라 청주자사青州刺史로 임명되었고, 뒤에 조주자사曹州刺史로 전임되었다가 이정기를 이어 절도사 자리를 계승하였다. 절도사가 된 직후 조정의 번진 제압 정책에 대항하기도 하고 신라·발해와의 활발한 교역을 통해서 꾸준히 경제력을 강화해 갔다.

육지陸贄는 본 제서의 시작 부분에서 춘추시대의 정무공鄭武公 부자를 이정기와 이납의 관계에 비유하면서 '내거고굉內居股肱, 외작번한外作藩翰'이라 하여 안으로는 오른팔과 같이 크게 힘이 되는 신하이며, 밖으로는 조정을 지키는 외국 중신이라고 표현하고 있다.

또한 이납에 대해 '오늘날 내가 현명하고 능력있게 보좌하는 신하를 얻었다'고 하면서 안사의 난 이후 발호한 절도사들을 수습하기 위해 명분상의 관직으로 재상과 같다는 개부의동삼사開府儀同三司, 검교상서우복야檢校尚書右僕射, 동중서문하평장사同中書門下平章事의 직분을 하사하고, 이정기보다 '탁지사度支使(회계 담당)·영전사營田使(토지 담당)·관찰사觀察使(절도사 역할) 및 육운·해운陸運·海運'을 관할하는 관직을 추가한 평로치청절도관내도지영전관찰처치륙운해운압신라발해양번등사平盧淄青節度管內度支營田觀察處置陸運海運押新羅渤海兩蕃等使를 제수한다.[63]

절도사가 된 직후 조정의 번진 제압 정책에 대항하기도 하고 신라·발해와의 활발한 교역을 통해서 꾸준히 경제력을 강화해갔던 이납에게 재상과 같은 관직을 수여하여 이이제이의 방식으로 동쪽 국가의 반란

62 [唐]陸贄撰, 三素 點校, 2006, 『陸贄集』 卷9, 制誥 除授, 中華書局, 288~290쪽.

63 『全唐文』 卷463, 陆贽, 中華書局, 1983, 4723~4724쪽.

을 진압하고자 했던 것이다.

「이납검교사공제」의 '압신라발해양번사' 관직명을 통해, 신라와 발해를 양번兩蕃 곧 두 외국으로 묘사하였음을 보여준다. 또 고구려 후예인 이납에 대해서도 외국 중신임을 밝히고 있는데, 육지와 당 덕종의 고구려와 발해에 대한 인식을 동시에 살펴볼 수 있는 내용이다.

신라와 발해에 대한 관리를 담당했던 압신라발해양번사押新羅渤海兩蕃使라는 관직은 당대 화음현위華陰縣尉 요여능姚汝能이 찬술한 당대의 일종의 별사인 『안록산사적安祿山事跡』에서도 확인되며 당대 문인들의 인식 가운데 당과 신라와 발해의 대외관계를 밝히는 관직명이라 할 수 있다.[64]

다음은 당 희종 건부 원년(874)에 출생하여 발해 멸망 후인 진출제晉出帝 개운 원년(944)까지 생존했던 것으로 추정되는 고언휴高彦休의 필기소설집 『당궐사唐闕史』 권하에 수록된 「발해승통조수언渤海僧通鳥獸言」의 기사를 주목할 필요가 있다.

고언휴는 중국 근현대의 저명한 고문학자 여가석餘嘉錫의 『사고제요변증四庫提要辨證』에 의하면 당 희종 중화 4년(884)에 황소토벌군의 최고 지휘관이 된 회남절도사淮南節度使 고병高駢의 종사관從事官을 역임했고, 섭염철순관攝鹽鐵巡官, 수경조부함양현위守京兆府鹹陽縣尉 등의 관직에 올랐던 인물이다. 최치원도 헌강왕 11년(885) 초 귀국할 때까지 4년 넘게 고병의 막하에서 문필文筆을 담당했던 기록을 미루어 볼 때 고언휴와 최치원의 교유가 있었을 것으로 보인다. 당시 강남불교가 크게 번창하고 유석교유儒釋交遊도 빈번하던 시기였고 최치원도 불법을 깊이 이해하여 고승대덕·불사에 관한 많은 글을 남기고 있는데, 고언휴도 동일한 문화적 영향 아래 승려들과 교유가 있었을 것이고 경우에 따라서는 그

64 [宋]王溥撰,『唐會要』卷78, 節度使, 中華書局, 1955, 1433쪽.

들을 통해 발해 승려에 대한 정보도 많이 입수했을 것이다.

발해의 승려로는 석인정釋仁貞·석정소釋貞素·살다라薩多羅·재웅載雄 등이 알려져 있는데 그중 조수鳥獸의 언어에 능통하여 당나라에까지 알려졌다는 함통鹹通(860·873) 연간의 살다라가 대건황大虔晃 초기에 당나라 장안에 가서 머물렀다.[65]

살다라는 당 고종 때(658) 장안에 세워진 사찰로 문헌 기재상으로 가장 규모가 크다고 하는 서명정사西明精舍에 기거했다. 당시 장안은 각국 불교도들의 교류 장소로 인도에서 온 고승들, 신라 유학승 신방神昉 원측圓測 등, 일본의 공해空海 등 모두 서명사西明寺에 거했던 것을 볼 때 세월은 흘렀지만 발해승의 경우도 동일했을 것이다.

살다라가 장안에 873년까지 머물렀다고 상정하고 고언휴의 『당궐사唐闕史』의 「자서自序」를 통해 밝혀진 문집의 작성 연대인 희종僖宗 중화中和 4년(884)을 계산해보면 11년의 시차를 확인할 수 있다. 상술한 바와 같이 고언휴가 고병의 종사관을 역임한 시기에 당시 교유한 승려들을 통해 살다라에 대한 소문을 들었을 것으로 보인다.

『당궐사』에서 새의 언어를 알아들을 수 있었다고 전해지는 춘추시대 공자孔子의 학생 공야장公冶長을 비유로 들면서 살다라를 소개하고 있다.

『渤海僧通鳥獸言(발해승통조수언)』[66]

공야장은 새들의 언어를 이해할 수 있었고, 춘추시대의 개介라고 하는 나라의 군주인 갈로는 소 울음소리로 판별할 수 있었다는 말이 격언에 있으니 진실로 망령된 것은 아니다. 함통 초에 살다라라고 하는 발해의 승려가 있어 서명정사에 기거했는데, 날짐승과 길짐승의 말을

65 송기호, 1996, 「발해인의 생활 복식을 중심으로」, 『복식』 28, 13쪽.

66 明萬曆十六年談長公鈔本, 『唐闕史』 卷下(清文淵閣渊四庫全書電子版).

알아들을 수 있었다고 한다. 종종 새와 까치와 제비와 참새가 지저귀는 소리를 듣고서 길하고 흉한 일이나 거리에서 일어난 사건을 말하는데, 직접 눈으로 목격한 것과 같았다. 불도징이 종소리를 듣고 그것이 의미하는 바를 알아들었다고 하는데 과장된 것이 아니었다.

하루는 가을 더위가 바야흐로 무더워지므로 약간의 조정 관리들 몇 사람과 함께 말을 타고 성 서쪽의 별장에 가서 피서를 하려고 했다. 길을 가다가 암돼지가 꽥꽥거리면서 새끼돼지들을 이끌고 가는 것을 보았다. 조정의 관리가 장난스럽게 "이 돼지가 무슨 말을 하고 있지 않나?"라고 물었다. 그러자 대답하길 "말하고 있지. 사람들이 이해하지 못할 뿐이지." 또 "뭐라고 하는데?"라고 묻자 "큰 돼지가 새끼돼지들을 돌아보면서 '가자, 가자, 가자. 앞에 있는 나무 그늘 아래로 가서 젖 먹자'라고 말하는 것이네. 아마도 멀지않은 곳에 있는 관청의 홰나무 아래에 도착하면 멈추어 새끼들에게 먹이를 줄 것으로 예상되네"라고 하였다. 조정의 관리들이 대단히 신기하게 여겨 고삐를 늦추고 살펴보니 도랑에 들어가 놀지도 않고 그냥 지나치고, 돼지 울타리에도 들어가지 않고 그냥 지나가더니, 곧바로 나무그늘에 이르러 쭈그리고 앉아 새끼들에게 젖을 물리었다. (이 일이 소문이 퍼지자) 후에 높은 대신의 저택에서 서로 (그를) 맞이하고 물었는데 조금의 오차도 없었다. 후에 조정의 관리 중에 여행 금지를 주관하는 자가 군의 사원에 이름을 등록하려고 하자 (이) 외국의 승려는 이를 기뻐하지 않아 지팡이를 의지하여 수도를 떠났는데 어디로 갔는지 알 수 없었다."[67]

67 公冶長通鳥語, 介葛盧辨牛鳴, 著在格言, 固非妄矣. 鹹通初, 有渤海僧薩多羅者, 寓於西明精舍, 雲能通鳥獸之言, 往往聞鳥鵲燕雀啅噪, 則說休咎及閭 巷間事如目擊者, 佛圖澄之聽鈴語, 不是過也. 一日, 秋暑方炎, 與小朝客數人 聯騎, 將納涼於城西別墅. 路遇牝豕引諸豚而行, 喀喀有聲. 一朝士戲曰："此 豬有語否？" 對曰："有之. 人自不能諭也." 又問曰："所語何？" 對曰："巨㲯顧諸雛雲："行行行, 向前樹陰下吃奶." 料其不遠當遇官槐而止. 且飼 郡子矣. "諸朝士頗奇之, 因緩轡以偵, 果逾溝不沒, 過圈不奔, 直抵木蔭, 踞 乳諸子爾. 後貴臣宅互迎問之, 無少差忒. 後中官主禁旅者, 將籍名於軍寺, 蕃 僧不樂, 杖錫出京, 不知所往.

당 무종 시기 회창會昌 연간 폐불정책의 영향으로 많은 승려들이 환속하고 국가가 수천만 경에 이르는 양전을 국고로 몰수했는데, 당시 번진들이 승려 분장을 하고 장안에 숨어 있다는 소문에서 기인한다. 살다라는 당 무종 이후 장안의 외국인들과 승려들이 조정의 강한 단속을 받던 상황을 은유적으로 묘사한 것 같다. 넓게는 발해 승려의 해학적이며 시사적인 표현을 빗대어 고언휴의 입장을 전달한 것으로 볼 수 있다. 특히 당나라 문인의 관점에서 발해라고 하는 주변국 승려의 특기는 매우 흥미로운 관심의 대상이었을 것이다.

정리해 보면, 당대 시인들의 발해 관련 기사 가운데 이백과 두보의 지명을 의미하는 발해인 외에 백거이, 한유, 온정균, 육지, 고언휴 등 만당 시기 당대 문인들에 의해 묘사된 발해는 신라와 등치되는 지위에 있으며, 당 조정의 입장에서 중화와 대구를 이루는 해동성국의 모습을 갖추고 있었다고 본다. 혹은 '동하'라고 하여 동쪽의 또 다른 중국으로 보기도 했다. 경우에 따라서는 당과 전쟁을 하여 '적'으로 표현되기도 하였다. 또 이름부터 이국적인 살다라의 경우처럼 까치, 제비, 참새, 돼지 소리까지 능통했던 신비하고 인상적인 외국인의 모습이었을 것이다.

Ⅳ. 당대 문인들의 고구려, 발해에 대한 인식

전술한 바와 같이 당대 최고의 시인 이백의 「고구려」에서 고구려를 해동으로 표현한 부분에 대해 명륭경각본明隆慶刻本 『이시선주李詩選注』 권4[68]에서는 상세히 소개하고 있다.

'고구려는 『수서隋書』에 의하면 부여왕의 아들 주몽이 세운 나라이며,

국호는 고구려, 고高를 씨氏로 하며, 도읍은 평양, 한의 낙랑군을 의미한다. 고려악이라고 있었는데, 곡명이 고구려였다'라고 서술한 뒤 이백의 「고구려」 악부시를 기록하고 이어서 해동에 대해 설명하고 있다.

백마를 수놓아 장식한 넓은 소매를 의미하는 것이지 진짜 말이 아니라는 설명과 함께 '해동청'이라고 하는 새가 있는데, 마치 매를 의미하는 '요鷂'와 같다고 하는 것이다. 신속하고 힘이 있어 겨룰 맞수가 없고 청색을 띠고 있으며 해동국에서 난다고 하여 '해동청'이라고 한다는 것이다.

악부에 소리를 남긴 번호蕃胡 4곡 중 '고구려'라고 하는 곡이 있는데 고구려는 바로 지금의 고구려국을 의미한다고 밝히고 있다. 당대 『예악지禮樂志』에 의하면 고구려국의 악인이 새 깃털 모양의 모자를 쓰고, 큰 소매, 통이 큰 바지, 금으로 된 꽃무늬 장식의 모자, 붉은 가죽의 신을 신고 춤을 추는데 춤추는 자가 4명이라고 하고 있다. 백마가 천천히 도는 춤은 천천히 재갈을 사용하는 모습을 표현하고 있고, 넓은 소매로 춤을 추는 모습이 마치 해동청의 빠르고 강함을 표현하는 듯하여 마치 새가 해동에서 날아온 듯하다고 한 것이라고 설명하였다.

명륭경각본 『이시선주』는 명 효종 홍치년(1496)에 진사에 급제한 주간朱諫이 편찬하였기에 명나라 사람들의 역사 인식도 함께 반영한다고 볼 수 있지만, 시대와 지역에 따라 판본의 차이가 있다 해도 당 이백의 시문을 저본으로 하고 있기에 당인이 고구려를 해동으로 인식한다고 보기에 무리가 없을 것이다. 좀 더 명확한 표현은 고구려국과 해동국을 동일시한 것이라고 볼 수 있다.

이백의 또 다른 오언고시인 『이태백시집주李太白詩集注』 권24의 「이웃 여인 동쪽 창에 핀 해석류를 노래하며[詠隣女東窗海石榴]」라는 제목 아래 '해석류'에 대해 『태평광기太平廣記』를 근거로 '신라에는 동백나무과에

68 [唐]李白, [明]隆慶刻本, 『李詩選注』 卷4 高句驪, 126쪽, 『四庫全書』電子版(網上版).

속하는 해홍海紅과 해석류海石榴가 많이 난다'고 하면서 당대 이덕유李德裕가 이르길 '꽃 이름 중 해海 자가 들어간 것은 모두 해동海東에서 온 것이다'라고 설명하고 있다. 이어서 『태평광기』의 각주에서 신라를 오늘날의 조선이라고 표현하고 있어 『태평광기』의 현존하는 가장 오래된 판본인 명 가정 45년(1566) 기준으로 당시의 '오늘'이 조선에 해당하는 시기임을 보여준다.[69] 고구려를 해동으로 인식한 이백이 동시에 신라를 해동으로 인식하고 있다는 사실은 고구려, 신라가 해동이라는 하나의 정체성을 지니고 있음을 의미한다.

백거이가 『백씨장경집白氏長慶集』에서 「발해왕자가관제」 제서를 기록한 연대는 '해동성국'으로 알려진 발해 선왕 4~7년에 해당한다. 한편 「유대림사서遊大林寺序」라고 하는 다른 시에서 백거이가 그가 교유한 문인들과 동림사東林寺의 출가한 사람들 17명이 함께 향로봉香爐峰에 있는 대림사大林寺에 놀러간 뒤 매우 멀고 편벽하여 사람이 드문 곳에 맑고 깨끗한 물이 흐르고, 청색의 기이한 암석들과 많은 대나무와 소나무가 있어 아름다운 풍경을 감탄한 내용을 읊었다. 주목할 점은 대림사에 오로지 집안에 나무로 된 널빤지와 목기들이 있을 뿐인데 거기에 있는 승려들은 '해동인海東人'이라고 설명하고 있다. 여기서 해동인은 바로 신라의 도의국사道義國師를 가리키는 것이다. 당의 저명한 마조도일馬祖道一 선사禪師의 문하생이었던 지장선사智藏禪師는 당 헌종(805~820)으로 부터 대선교선사大宣教禪師라는 시호를 받았다. 이에 신라의 승려 도의가 당나라에 와 지장智藏의 문하에서 심법心法을 배우면서 37년 동안 당나라에 머무르다 821년(헌덕왕 13) 귀국하여 선법禪法을 펴고자 하였다.

발해를 해동성국으로 불렀던 당시 「발해왕자가관제」 제서를 기록한 백거이가 신라를 '해동인'으로 표현한 것은 당인의 발해와 신라에 대한

69 "新罗多海紅并海石榴。唐贊皇李德裕言:花名中帶"海"者, 悉从海東来." [宋]李昉 民國景明嘉靖談愷刻本, 『太平廣記』 卷409, 草木, 1844쪽, 『四庫全書』 電子版(網上版).

인식을 보여준다고 할 수 있다. 이는 『신당서』 권219 열전 제144 발해조의 "발해왕이 수차례 학생들을 당시 동도東都 낙양에 위치한 태학太學에 보내 고금의 제도를 학습하게 하여 오늘에 이르니 마침내 '해동성국'이라고 하였다"고 기록한 사실과 부합된다.[70]

다음은 이백과 백거이에 비해 '해동'을 인용한 다양한 사례들이 더 많이 확인되는 두보의 시를 살펴보고자 한다.

앞서 소개한 바와 같이 두보의 「봉증태상장경기이십운奉贈太常張卿二十韻」[71]의 제1구에서 고대 한국을 묘사한 '삼한'은 당시 두보를 포함한 송대 조언재趙彦材의 고대 한국에 대한 인식을 반영한다고 볼 수 있다. 송대 조언재는 삼한에 대해 오늘날의 고려라고 하고 있지만 두보가 「봉증태상장경기이십운」을 작성한 당 현종 천보 13재(754)의 기준에서 신라를 지칭한다. 천보 연간보다 앞선 개원 19년(731) 신라 성덕왕이 그 신하 김지량金志良을 신년하례사新年賀禮使로 당에 보낸 기록이 있는데, 김지량이 귀국할 때 당 현종이 보내는 조서에서 신라를 '삼한'으로 표현하고 선한 이웃 나라, 즉 '선린'이라고 칭찬하고 있다.[72]

그렇다고 당인의 입장에서 '삼한'이 이른바 남북국시대의 통일신라만을 칭하는 것은 아니었다. 『당회요唐會要』 권73 안동도호부조[73]에 의하면 성력 2년(699), 란대시랑鸞臺侍郎 적인걸狄仁傑이 측천무후에게 설인귀가 도호로 있는 안동도호부를 폐지할 것을 요청하면서 삼한의 군장

70 "其王數遣諸生詣京師太學, 習識古今制度, 至是遂爲海東盛國." 『新唐書』 卷219, 列傳 第144, 北狄渤海條, 中華書局, 1975, 6182쪽.

71 『全唐詩錄』 卷31(清文淵閣淵四庫全書電子版), 『全唐詩』 卷224, 杜甫九 「奉贈太常張卿 二十韻」 中華書局, 1960. 2389쪽.

72 [宋]王欽若編, 『册府元龜』 卷995, 外臣部 20褒異條, 中華書局, 1989, 3875~3881쪽.

73 "臣請罷薛仁貴, 廢安東鎭, 陛下允臣所請, 卽天啓其謀, 非人力也. 三韓君長, 高氏誠爲其主, 願陛下, 以存亡繼絕之義, 復其故地, 此之美名, 高於堯舜, 遠矣." [宋]王溥撰, 『唐會要』 卷73, 安東都護府條, 中華書局, 1955, 1319쪽.

을 고씨로 하여 그 고토를 회복시키고, 존망의 위기에서 국가를 계승하게 할 것을 권유하고 있다.

주지하다시피 성력 2년(699)은 고구려 멸망 후 이미 발해가 건립된 시기로 당인들은 고구려에 이어 발해로 넘어가는 순간에도 고대 한국을 '삼한'으로 이해하고 있었음을 알 수 있다.

두보의 다른 시 『구가집주두시九家集注杜詩』 권13 고시古詩에 수록된 「호아행虎牙行」은 당 대종 대력 2년(767)에 두보가 현재 중경시 기주夔州에 속한 호아虎牙산에 이르러 안록산의 난 후 전쟁의 참담함을 읊은 칠언고시로, 제7구의 '어양돌기렵청구漁陽突騎獵青丘'라고 하여 안록산의 호인胡人 기병대가 청구青丘를 휩쓸었다고 묘사하고 있다. 여기서 청구라는 지명을 설명하면서 현재 해동에서 300리 정도 떨어진 오늘날 산동에 속한 제나라라고 하면서 간접적으로 해동을 기준으로 표시하고 있다.

당말 황소의 난을 겪으면서 만당 시기의 혼란하고 암울한 사회를 시로 읊었던 두순학杜荀鶴의 「송빈공등제후귀해동送貧貢登第後歸海東」에서는 제목과 본문에서 동시에 해동을 묘사하고 있다. 당나라 때 외국인을 위해 실시한 과거시험인 '빈공으로 와 과거에 급제한 후 해동으로 귀국하는 (君을) 보내며'라는 제목에서 두순학과 교유가 깊었던 최치원을 떠올릴 수 있다.

送貧貢登第后歸海東 송빈공등제후귀해동	빈공으로 와 과거에 급제한 후 해동으로 귀국하는 (君을) 보내며
歸捷中華第 귀첩중화제	중국에서 빨리 과거에 급제하여 귀국하니
登船鬢未絲 등선빈미사	머리털 아직 줄어들기 전에 배에 오르네
直應天上桂 직응천상계	곧장 왕이 내리신 벼슬을 향해 가는데

別有海東枝 해동의 버팀목이 따로 있었네
별유해동지
國界波窮處 파도 끝에 있는 나라와 이웃하니
국계파궁처
鄉心日出時 고향을 향한 마음 해 뜰 때마다 가득하네
향심일출시
西風送君去 서풍 속에 가는 그대 전송하니
서풍송군거
莫慮到家遲 고향 집에 늦게 도착할지 걱정하지 않는다네
막려도가지

시구의 중화와 해동이 대구를 이루고 있고, 이어 '파도 끝에 있는 나라와 이웃하니'라고 하여 당과 신라가 바다를 두고 이웃하고 있음을 암시하고 있다. 이는 온정균溫庭筠의 시 「송발해왕자귀본국」의 '성훈귀구국盛勳歸舊國, 가구재중화佳句在中華'와 같은 맥락에서 이해할 수 있다.

이상으로 당인들의 시와 산문을 통해 고구려, 발해, 신라를 동일하게 해동 혹은 삼한으로 인식하고 있는 다양한 사례들을 살펴보았다. 이후 더 확대하여 정리하면 고구려 및 발해와 공간적으로나 시간적으로 가장 가까운 곳에서 교류하며 인지할 수 있었던 당인들의 고구려와 발해, 더 나아가 그들을 하나로 인식하고 있었던 정체성과 계승성을 밝히는데 유익할 것이다.

V. 맺음말

당대는 경제가 발전하고 사회가 안정됨에 따라 고대 중국의 역사상 문화가 가장 번영하고 찬란했던 시기로 평가된다. 당대 문화의 번영을 촉진한 것은 남북南北 문화의 융합과 중외中外 문화의 교류, 사상의 자유와 통치자의 제창, 역대 문학 전통의 계승 등 여러 가지 요인이 있겠지만 그 중에서 통치자가 문화를 중시하고 창도하였다는 것이 중요한 요인으로 꼽힌다.[74]

당 현종은 당 태종, 당 고종, 무측천과 마찬가지로 시가를 애호하였을 뿐 아니라 문치를 주장하고 문학과 잡문을 제창하여 점차 과거를 시詩와 부賦를 짓는 방식으로 바꾸어 나갔다. 문학을 하는 선비가 전체 관료 중에서 차지하는 비중과 진사에 급제하는 경우가 증가하였고, 개원, 천보 연간에 이르러 잡문은 시부詩賦를 전적으로 사용하기 시작하였으며 점차적으로 진사 채용의 주요한 기준이 되었다. 시가를 짓는 것이 지식인들의 출세와 연결되기 시작하였으며 그들이 벼슬길에 들어설 수 있는 조건이 된 것이다. 이는 필연적으로 사람들에게 시가의 창작을 중시하도록 고무시켰고, 문학을 중시하는 사회적 풍조를 만들게 되었다.

이러한 배경 아래 당대 시문은 당대에 고도로 발달한 문화의 결정체가 되었고, 이른바 성당의 기상을 이루었으며[75] 『전당시』에 2,529명 정도 시인의 4만 8,900여 수의 시가 수록될 수 있었다.

상술한 바와 같이 『전당문全唐文』의 저본이 되는 『당문唐文』은 청대 황궁에 소장하고 있었던 고본稿本을 청 인종仁宗이 명령하여 재편집하게 한 것이기에 당대의 문학뿐 아니라 역사를 연구하는 데 귀중한 자료가 되며 특히 당과 주변국과의 관계와 역사 인식을 이해하는 데도 유익하다.

『전당시全唐詩』와 『전당문全唐文』의 저자인 당대唐代 문인들의 경우 생몰 연대가 시기적으로 고구려 멸망 전후에 해당하며 발해 존속 시기와 병행한다는 점과 그들의 다채로운 작품 속에서 당대當代의 사회적 인식을 유추해 볼 수 있다는 전제가 성립한다.

74 김은아·김경동, 2013, 「국내 초성당시 연구의 현황과 성과 —2001~2010년 기간을 중심으로」, 『중국학보』 68집, 26쪽.

75 閻守誠·吳宗國 共著, 임대희, 우성민 옮김, 2012, 『당현종』, 서경문화사, 273~278쪽

이에 이 글에서는 이백의 악부시 오언절구 「고구려」를 비롯하여 두보의 「별당십오계別唐十五诫, 인기예부가시랑因寄礼部贾侍郎」, 「천육표기가天育驃騎歌」, 「고도호총마행高都护骢马行」, 「봉증태상장경기이십운奉赠太常张卿垍二十韵奉赠太常张卿垍二十韵」, 두공竇鞏의 「신라의 흰 매(新羅進白鷹)를 진상하며」 백거이의 「발해왕자가관제渤海王子加官制」, 「송빈공등제후귀해동送貧貢登第后歸海東」, 한유의 「오씨묘비명烏氏廟碑銘」, 두목杜牧의 칠언고시 「봉 화백상공성덕화평치자휴운세종공취합영성奉和白相公聖德和平致茲休運歲終功就合咏盛」, 육지陆贽의 「이납검교사공제李納檢校司空制」, 온정균温庭筠의 「송발해왕자귀본국送渤海王子归本国」, 고언휴高彦休의 「발해승통조수언渤海僧通鳥獸言」 등 당시 및 문집에 집중하여 당대唐代 문인들의 인식 속 고구려와 발해 관련 기사를 초보적으로 검토해 보았다.

이백은 고구려 악무를 추는 고구려인의 이미지를 그리기도 했고, 두보는 고구려인 왕모중을 노비 두목인 '대노大奴'라고 하여 비하하는 표현을 하기도 했으며, 온정균温庭筠도 아름다운 문장 중화에 남아 있다고 칭찬하기도 했다.

아울러 이백은 고구려와 신라를 동시에 해동으로 인식하고 있었고, 두보는 신라를 삼한으로 발해를 해동으로 표현하였다. 백거이와 두공竇鞏은 신라를 해동으로 인식하였고, 육지는 발해를 동하로 묘사하기도 하였다. 당 현종의 경우 신라에 보내는 조서에서 신라를 '삼한三韓'으로 표현하고 선한 이웃나라, '선린善隣'이라고 평가하고 있다.

살펴본 사례들은 제한적이지만 당인들의 시와 산문을 통해 고구려, 발해, 신라를 동일하게 해동 혹은 삼한으로 인식하고 있는 흔적들을 확인할 수 있었다. 향후 연구 범위를 더 확대하여 정리하면 고구려 및 발해와 공간적으로나 시간적으로 가까운 곳에서 교류하며 인지할 수 있었던 당인들의 고구려와 발해에 대한 인식과 그들 사이의 정체성과 계승성을 밝히는 데 유의미한 자료들이 더 발굴될 것으로 기대된다.

참고문헌

1. 사료

『史記』, 上海古籍出版社, 1992.

『前漢書』, 上海古籍出版社, 1992.

『後漢書』, 上海古籍出版社, 1992.

『三國志』, 上海古籍出版社, 1992.

『梁書』, 上海古籍出版社, 1992.

『開元天寶遺事十種 중 明皇雜錄』, 上海古籍出版社, 1985.

『韓昌黎文集』, 上海古籍出版社,1984.

『錢注杜詩』, 上海古籍出版社, 2009.

『新唐書』, 中華書局,1975.

『唐會要』, 中華書局, 1955.

『資治通鑑』, 中華書局, 1956.

『全唐詩』, 中華書局, 1960.

『唐律疏議』, 中華書局, 1983.

『全唐文』, 中華書局, 1983.

『全唐詩作者索引』, 中華書局, 1983.

『册府元龜』, 中華書局, 1989; 鳳凰出版社, 2006.

『文苑英華』, 中華書局,1966.

『唐六典』, 中華書局, 1992.

『白氏长庆集』, 北京圖書館出版社, 1997.

『王司空集』, 中州古籍出版社,1997.

『杜詩詳注』, 中華書局, 1997.

『陆贽集』, 中華書局, 2006.

『杜牧集系年校注』, 中華書局, 2008.

『樂府詩集』, 人民文學出版社, 2010.

『杜工部草堂詩箋』, 華東師範大學出版社, 2017.

『渤海國記』, 臺北 :廣文書局, 1968(民國57).

『譯註 翰苑』

『九家集注杜诗』, 清文淵閣『四庫全書』電子版(網上版), 2007.

『唐闕史』, 清文淵閣『四庫全書』電子版(網上版), 2007.

『李詩選注』, 清文淵閣『四庫全書』電子版(網上版), 2007.

『太平廣記』, 清文淵閣『四庫全書』電子版(網上版), 2007.

2. 저서

고구려연구재단, 2004, 『발해사 자료집』 상·하, 고구려연구재단.

동북아역사재단 한국고중세사연구소, 2018, 『譯註 翰苑』, 동북아역사재단.

申瀅植, 1990, 『統一新羅史硏究』, 三知院.

閻守誠·吳宗國 共著, 임대희·우성민 옮김, 2012, 『당현종』, 서경문화사.

이충양, 2010, 『고대 한·중 교유시』, 고려대학교출판부.

최석영, 2004, 『일제 식민사학자들의 고구려 · 발해인식』, 『한국독립운동사연구』 23.

한국독립운동사연구소, 2005, 『한국근대사와 고구려 발해인식』, 예림피엔디.

和陶敏 ·李一飛, 2001, 『隋唐五代文學史料學』, 中華書局.

3. 논문

권덕영, 2014, 「唐 墓誌의 고대 한반도 삼국 명칭에 대한 검토」, 『한국고대사연구』 75.

김수진, 2017, 「唐京 高句麗 遺民의 私第와 葬地」, 『사학연구』 127.

김은아·김경동, 2013, 「국내 초성당시 연구의 현황과 성과 —2001~2010년 기간을 중심으로」, 『중국학보』 68집.

김진광, 2016, 「이승휴 『제왕운기』의 고구려 · 발해 인식」, 『민족문화논총』 64.

武玉環, 2005, 「渤海與高句麗族屬, 族俗的比較研究」, 『社會科學輯刊』.

武玉環, 2004, 「渤海與高句麗族屬及歸屬問題探析」, 『史學集刊』.

박아림, 2018, 「4-5세기 고구려와 중국 고분벽화의 묘주 표현에 보이는 문화적 포용성에 대하여」, 『고구려발해연구』.

박용운, 2004, 「국호 高句麗·高麗에 대한 일고찰」, 『동북아역사논총』 12.

裵允暻, 2014, 「隋唐時代 '高麗伎' 考察」, 『중국고중세사연구』 31.

徐東日·金禹彤, 2018, 「朝鮮通信使眼中的日本形象 —以《海行總載》为中心」, 『社會科學戰線』.

송기호, 1996, 「발해인의 생활 복식을 중심으로」, 『복식』 28.

王立增, 2003, 『李白樂府詩研究綜述』, 雲南藝術學院學報.

王廣義·張寬, 2018, 「朝鮮朝燕行使者視野下的淸代中國東北地區民衆生活習俗」 『東疆学刊』.

임상선, 2000, 「'渤海人' 李光玄과 그의 道教書 檢討」, 『한국고대사연구』 20.

張福有, 2002, 「李白到過長白山嗎?」, 『學問』.
전호태, 2013, 「고구려의 음악과 놀이문화」, 『역사와 경계』, 88.
刁書仁, 2017, 「朝鮮使臣所見晚明遼東社會的民生與情勢」, 『社會科學戰線』.
조범환, 2019, 「新羅 中代의 동아시아 政策과 對應」, 『신라사학보』 제45호.

조선시대 영사악부詠史樂府에 보이는 단군과 기자

전진국

Ⅰ. 머리말

악부樂府란 가사 위주의 노랫말 또는 노래 시가로 한시漢詩의 한 부류다. 그 명칭은 한대漢代 음악을 관장하는 관원과 관부에서 비롯되었다. 한나라 초기부터 '악부'라는 관원이 확인되고, 한 무제 때(기원전 141~기원전 87)에는 '악부'라는 관부를 설치하였다. 악부의 업무는 민간의 노래를 수집·정리하고 국가의 교제郊祭와 묘제廟祭에 사용하는 음악을 관장하는 것이었다.[1]

그 뒤 악부는 음악을 담당하던 관청보다 그 관청에서 만든 악곡집이나 연주했던 노래를 의미하게 되었다. 관청이 없어진 뒤에도 노래가 전승되고, 그 노래 및 시를 모방하여 만든 작품도 더욱 많아졌다. 그에 따라 형식과 주제가 다양화되어, 마땅히 악부의 정의나 개념을 간단명료하게 정리하기도 어렵게 되었다. 다만 한나라 때 관청 악부의 역할과 특징에 의미를 두어, 대체로 각종 민간의 노래와 역사적 전승을 작품 속에 집중적으로 구현한 가사 위주의 노랫말을 악부 형식의 시로 분류한다.[2]

한국문학사에서 악부가 처음 확인되는 사례는 고려 말 이제현(1287~1367)과 민사평(1295~1359)이 지은 소악부小樂府다. 이는 당시 고려의 노래를 한시화한 것으로 판단된다. 그 뒤 조선시대에 들어서는 악부로 이름 지어진 많은 편목의 시가 확인되는데, 제목과 내용 그리고 형

1 "孝惠二年, 使樂府令夏侯寬, 備其簫管, 更名曰, 安世樂. …… 至武帝定郊祀之禮, 祠太一於甘泉就乾位也. 乃立樂府〈師古曰, 始置之也. 樂府之名, 蓋起於此. 哀帝時罷之.〉, 采詩夜誦, 有趙代秦楚之謳, 以李延年爲協律都尉. 多擧司馬相如等數十人造爲詩賦. 略論律呂, 以合八音之調, 作十九章之歌." 『漢書』 卷22 禮樂志 第2.

2 신장섭, 2008, 『한국의 악부시와 작품 세계』, 서울 : 도서출판 이치, 26~30쪽.

식 등이 매우 다양하다.[3] 그렇지만 대체로 중국의 고악부를 본뜬 의고악부擬古樂府, 시조·민가 등을 한시로 번역한 소악부, 민간의 풍속이나 생활상을 읊은 기속악부紀俗樂府, 역사적 전승을 읊은 영사악부詠史樂府로 나뉜다.[4] 그중에서 이 글의 소재가 조선시대의 영사악부다.

한국의 영사악부는 김종직의 「동도악부東都樂府」부터 확인된다. 이는 동도 즉 경주를 배경으로 하는 신라사의 몇몇 소재를 대상으로 시를 짓고 그것을 엮은 시집이다. 그 뒤 심광세의 「해동악부海東樂府」부터 시의 소재가 되는 역사 전승을 시 앞에 짤막하게 소개하는 서문을 전제하고, 고대부터 당대까지 자국사를 소재로 수십 편을 연작하는 통사적 성격의 악부집이 나타나기 시작한다. 이후 시의 주제 및 형태가 더욱 다양해지고 편수가 늘어나는 식으로 발전하지만, 같은 소재 같은 제목의 시가 지속적으로 중복 수록되는 경우도 많다.

지금까지 보고된 조선시대의 영사악부를 정리하면 [표 1]과 같다.

[표 1] 조선시대 영사악부 목록[5]

	저자	악부집 이름	노래 편수	출전
1	김종직(1431~1492)	東都樂府	7	『續東文選』 卷4
2	심광세(1577~1624)	海東樂府	44	『休翁集』 別集
3	이형상(1653~1733)	次東都樂府	7	『芝嶺錄』 卷6
4	임창택(1682~1723)	海東樂府	42	『崧岳集』 卷1
5	이익(1681~1763)	海東樂府	119	『星湖集』 卷5·6
6	남극관(1689~1714)	續東都樂府	8	『夢囈集』
7	오광운(1689~1745)	海東樂府	28	『藥山漫稿』 卷5
8	이광사(1705~1777)	東國樂府	30	『圓嶠集』 卷1

3 金榮淑, 1998, 『韓國詠史樂府研究』, 경산 : 경산대학교출판부, 23쪽.

4 조동일, 1997, 「동아시아 악부시의 비교론 서설」, 『인문과학연구』 제27집, 156쪽; 신장섭, 2008, 45~62쪽.

5 鄭求福, 1988, 『海東樂府集成』 1, 서울 : 驪江出版社, 2~3쪽; 金榮淑, 1998, 33쪽.

	저자	악부집 이름	노래 편수	출전
9	안정복(1713~1791)	樂府	5	『順菴集』 卷1
10	신광수(1713~1775)	關西樂府	108	筆寫本 1册
11	조현범(1716~1790)	江南樂府	153	別集
12	이복휴(1729~1800)	海東樂府	260	別集 筆寫本 3册
13	조종현(1731~1800)	三史異蹟	20	『天隱亂稿』
14	김양근(1734~1799)	東方古樂府	12	『東埜集』
15	김수민(1734~1811)	箕東樂府	387	『明隱集』 卷4·5
17	이영익(1740~1780)	東國樂府	30	『信齋集』 册1
18	강준흠(1768~1833)	海東樂府	27	『三溟遺稿』
19	이학규(1770~1835)	嶺南樂府	68	筆寫本 1册
		海東樂府	56	筆寫本 1册
20	이유원(1814~1888)	海東樂府	116	『林下筆記』 卷38
21	박치복(1824~1894)	大東續樂府	28	『晩醒集』 卷3
22	한유(1868~1911)	汾陽樂府	30	『愚山集』 卷2
23	강수환(1876~1929)	海東樂府	20	『雪岳集』 卷1
		晋陽樂府	16	
24	김규태(?~?)	大東樂府	25	『顧堂別集』 卷3
25	윤달선(?~?)	湖南樂府	108	筆寫本 1册

악부의 이름으로 해동·동국·기동·대동 등 자국을 이르는 대명사가 쓰인 경우가 많은데, 이를 통해서도 이들 악부가 통사적 성격을 지녔음을 알 수 있다. 그 밖에 영남·강남·분양·관서·호남 등의 악부는 대개 그 지방의 역사를 소재로 한 것이다. 이들 조선시대의 영사악부를 보통 '해동악부'로 통칭하여 부르기도 한다.

위의 표에 나타나는 바와 같이, 조선시대 악부집 편찬은 18세기 이후 급격히 늘어나는 양상이다. 그 배경에 대해서는 자국사에 대한 관심이 깊어지는 사학사적 흐름과 서정시에 서사적 요소가 개입하게 되는 한시 문학의 발전 등이 거론된다.[6] 자국사를 주제로 한 조선시대의 영사악부는 대개 『삼국사기』, 『삼국유사』, 『고려사』, 『삼국사절요』, 『동국통감』, 『동국여지승람』 등 여러 역사서의 다양한 소재들을 대상으로 한다. 그리고 이러한 국내 역사서의 축적 또한 영사악부가 발전하는 또 하나의 배경이라 할 수 있다. 나아가 비록 악부체는 아니지만, 이규보(1168~1241)의 「동명왕편東明王篇」이나 이승휴(1224~1300)의 『제왕운기帝王韻紀』와 같이 고려시대 이래로 자국의 역사를 소재로 하는 한시 문학 작품이 지어지고 전해져 오던 환경도 들 수 있겠다.

조선시대에 지어진 영사악부는 역사학계보다 한문학계에서 연구가 활발하게 이루어졌다. 기록의 측면에서 작성되어 사료로써 정보를 제공하는 것이 아니기 때문에 고증 위주의 역사학에서는 관심이 적을 수밖에 없었다. 사학사 분야에서 작품을 집성하고 해제를 덧붙여 연구의 기본 자료를 제공해 주거나,[7] 작품에 보이는 전반적인 역사 인식을 조망하여 소개하는 수준의 연구가 이루어졌을 뿐이다.[8] 그러다가 최근에 이르러 이익의 「해동악부」를 자세히 살펴 구성과 주요 내용 그리고 역사 인식을 고찰하는 연구가 발표되었다.[9] 역사학계의 본격적인 연구는 이제 시작 단계에 이르러 첫발을 내딛는 분야라 판단한다.

조선시대 영사악부는 자국의 역사를 현학적 지식을 동원해 회고조로 읊은 작품이다. 때문에 그에 대한 역사관과 역사 인식이 배어있기 마련이다. 따라서 후대의 역사 인식을 살펴보기에 더없이 유용한 자료가 될 수 있다. 더하여 역사적 사건 및 인물에 대한 전승이 전해지는 양상을 살펴볼 수 있는 사료이기도 하다. 이 글에서는 이 두 가지 사항에 주목하여 한국사의 첫 장인 고조선, 특히 단군과 기자를 소재로 한 악부를 대상으로 그에 대한 역사 인식과 전승 과정을 살펴보고자 한다.

6 沈慶昊, 1981, 「조선후기 한시의 자의식적 경향과 해동악부체」, 『한국문화』 제2집, 35쪽.

7 鄭求福, 1988, 『海東樂府集成』 1·2·3, 서울 : 驪江出版社.

8 朴仁鎬, 1999, 『韓國史學史大要』, 서울 : 이회문화사, 99쪽.

9 강세구, 2018, 「海東樂府를 통해 본 星湖 李瀷의 歷史認識」, 『성호학보』 20호.

[표 1]에서 정리한 악부집 안에서 다시 단군과 기자를 소재로 한 것을 따로 뽑아 주제별로 정리하면 [표 2]와 같다.

[표 2] 단군과 기자를 소재로 한 악부시

	단군조선	기자조선
심광세, 「해동악부」		借地恨
임창택, 「해동악부」	檀君祠	箕子廟
이 익, 「해동악부」		大同江, 裼白行, 借地歎
오광운, 「해동악부」	太伯檀	黃河歌
이광사, 「동국악부」	太伯檀	黃河歌
김수민, 「기동악부」	震檀歌	箕子操, 朝鮮侯
이학규, 「해동악부」		借地恨
이복휴, 「해동악부」	桓雄詞	八條詠
이유원, 「해동악부」		箕子樂, 靑邱風雅
김규태, 「대동악부」	太伯檀	黃河歌

사실 역사학적 입장에서 보면 단군은 실존인물이라 할 수 없으며, 그 신화 또한 역사적 기록이거나 그것에서 파생된 사화史話라 할 수 없다. 기자의 경우 그 인물의 실존성에 대해서는 긍정적으로 볼 수 있을지 모르겠으나, 그가 동쪽 조선으로 오고 그 뒤에 이어지는 여러 치적에 대한 이야기 역시 사실의 역사가 아니다. 그러나 조선시대 관찬으로 편찬된 사서부터 두 인물에 대한 전승은 자국사의 시작 및 기원으로 수록되고 정리되었다. 특히 단군보다 기자의 동래를 중요한 역사적 사실로 여기고 이를 유교적 이데올로기 및 소중화 의식의 논거로 활용하였다.

이 글에서는 단군과 기자에 대한 이러한 역사 인식이 악부시에서 어떻게 나타나고 있는지 살펴보고자 한다. 특히 단군과 기자를 자국사의 시작으로 여기고 그로부터 이어지는 왕조 및 문화에 대한 계승 인식을 알아보는 데 중점을 두고자 한다. 나아가 17세기 이후 자국사에 대한 고찰이 활발해지면서 그를 통해 민족적 자부심을 갖고 자국 역사의 정통성 및 계통성을 세우려고 했던 역사 연구의 분위기를 악부시에서도 살펴볼 수 있기를 기대한다. 그리고 이와 같은 논의는 기본적으로 단군과 기자에 대한 전승과 사적이 만들어지고 전해지는 흐름을 함께 살펴보는 과정 속에서 이루어지도록 하겠다.

Ⅱ. 단군신화의 전승 양상과 역사 인식

1. 조선 건국과 새로운 단군신화

단군조선을 소재로 한 악부는 단군사檀君祠 · 태백단太伯檀 · 환웅사桓雄祠 · 진단가震檀歌이다. 단군조선에 대한 문헌 사료가 단군신화뿐이기 때문에 모두 단군신화를 바탕으로 한 것이며, 자국사의 첫 장이라는 점에 의미가 두어졌다. 하지만 여러 제목에서 나타나듯이 노래한 주요 소재 및 대상이 조금씩 다르며, 그에 따라 세부적인 내용의 차이도 적지 않다. 이는 단군신화가 여러 유형으로 전해지고 시간이 지나면서 변용되는 흐름과 관련되어 있다고 할 수 있겠다.

단군신화는 고대국가의 신화에 흔히 보이는 천손강림天孫降臨의 내용과 토테미즘·샤머니즘적 요소가 확인되므로, 그 원본은 실제 고조선시대에 만들어진 고조선의 신화로 보기에 충분하다.[10] 하지만 오늘날 우리가 접할 수 있는 단군신화는 고려 후기의 『삼국유사』와 『제왕운기』에 이르러 정리된 것이다. 고조선이 멸망하고 1,000년이 넘는 시간이 흐른 뒤 각각의 문헌에 다시 정리된 것이므로, 두 문헌에 실린 단군신화는 내

10 노태돈, 2000, 「단군과 고조선사에 대한 이해」, 『단군과 고조선사』, 서울 : 사계절, 15~16쪽.

용부터 많이 다르다.

『삼국유사』 고조선조의 단군신화는 '고기古記'라는 문헌에서 인용한 것으로, 우리가 잘 알고 있듯이 환인桓因과 환웅桓雄 그리고 곰과 호랑이 이야기로 구성되어 있다. 그에 비해 『제왕운기』 전조선기의 단군신화는 '본기本紀'라는 문헌에서 인용한 것으로, 환웅의 손녀가 단수신과 관계를 맺어 단군을 낳았다는 내용이다. 그 밖에도 단군·단목 등의 '단' 자가 『삼국유사』에서는 '壇' 자로 쓰인 반면 『제왕운기』에서는 모두 '檀' 자로 쓰인 점, 단군이 조선을 건국한 해가 『삼국유사』에서는 요임금이 즉위하고 50년 뒤라고 한 반면 『제왕운기』에서는 요임금 즉위와 같은 무진년戊辰年이라 한 점 등이 다르다.[11]

한편 조선 후기 승려 추붕秋鵬이 남긴 『묘향산지妙香山志』에는 『제대조기第代朝記』라는 문헌을 인용한 또 한 편의 단군신화가 전한다. 『제대조기』는 세조 때 수거한 『조대기朝代記』로 추정되는데, 정확한 편찬 주체 및 연대는 알 수 없다. 그러나 환웅이 백호와 관계를 맺어 단군을 낳았다는 내용이나 불교적 윤색이 전혀 보이지 않는 점 등에서 볼 때, 앞의 두 신화보다 원형에 더 가까울 가능성이 크다.[12]

그리고 조선 건국 뒤에는 다시 새롭게 변형된 유형의 단군신화가 등장한다. 그것에서는 환인·환웅·곰·호랑이 등의 존재가 전혀 등장하지 않고, "단군이 직접 하늘에서 내려와 왕이 되어 조선을 건국했다"는 식의 내용이다. 권근(1352~1409)의 「응제시應製詩」[13]부터 국초의 관찬사서

11 徐永大, 1999, 「傳統時代의 檀君認識」, 『고조선단군학』 제1집, 54쪽; 조원진, 2014, 「단군신화의 구조 연구」, 『인문학연구』 제28호, 98쪽.

12 허흥식, 1997, 「雪巖秋鵬의 妙香山志와 檀君記事」, 『청계사학』 13.

13 命題十首 始古開闢東夷主〈昔神人降檀木下, 國人立以爲主, 曰號檀君, 時唐堯元年戊辰也.〉, "開說鴻荒日, 檀君降樹邊. 位臨東國土, 時在帝堯天. 傳世不知幾, 歷年曾過千. 後來箕子代, 同是號國號." 『陽村集』 卷1 應製詩.

인 『삼국사절요』(1476)[14]와 『동국통감』(1484)[15]에 전하는 단군신화가 모두 그러하다.

단군 이전의 환인과 환웅 그리고 곰과 호랑이 등의 내용이 빠지고 단군 위주로 간략하게 정리된 이유는 신이한 이야기를 최대한 배제하고 역사성을 높이고자 하는 유학적 관념에 바탕한 것이라 추정한다.[16] 이와 같이 국초의 관찬사서에 새롭게 정리된 단군신화는 이후 단군조선을 인식하는 하나의 기본 틀이 된다.[17] 그러한 흐름은 악부에서도 확인되는데, 그 사례로 처음 단군신화를 소재로 하여 작품화한 임창택의 「단군사」를 보겠다.

> 〈당요唐堯 무진년戊辰年 신인이 태백산 단목檀木 아래로 내려왔다. 나라 사람들이 그를 군왕으로 세우니, 이가 곧 단군檀君이다.〉
>
> 중국에는 성인이 있고, 해동에는 신인이 있었다. 울창한 태백산 무성한 박달나무에 봄이 왔다. 금빛 기린은 한번 간 뒤로 돌아오지 않으나, 다만 지금도 패강 물가에 사당이 남아 있다.[18]

위의 악부에서는 먼저 시 앞에 단군에 대한 전승 및 역사를 간략하게 소개한 서문을 두었다. 서문에 전제한 역사는 신인이 태백산으로 내려

14 "東方有畎夷·方夷·于夷·黃夷·白夷·赤夷·玄夷·風夷·陽夷等 九種而初無君長. 有神人降檀木下, 國人立爲君, 國號朝鮮, 時唐堯戊辰歲也. 初都平壤, 後徙都白岳, 是爲檀君. 至商武丁八年乙未, 檀君入阿斯達山爲神." 『三國史節要』 外紀 檀君朝鮮.

15 "東方初無君長, 有神人降于檀木下, 國人立爲君, 是爲檀君. 國號朝鮮, 是唐堯戊辰歲也. 初都平壤, 後徙都白岳, 至商武丁八年乙未, 入阿斯達山爲神." 『東國通鑑』 外紀 檀君朝鮮.

16 徐永大, 1999, 64쪽.

17 朴光用, 1994, 「檀君認識의 歷史的 變遷 -조선시대-」, 『단군 -그 이해와 자료-』, 서울 : 서울대학교출판부, 161쪽.

18 "〈唐堯戊辰, 神人降于太白山檀木下. 國人立爲君, 是爲檀君.〉 中國有聖人, 海東有神人. 蒼蒼太白山, 鬱鬱檀木春. 金麟一去兮不復還, 秪今遺廟浿江濱." 『崧岳集』 卷1 海東樂府 檀君祠.

와 인간계의 군왕이 되었는데, 그가 곧 단군이고 그때가 요임금이 즉위한 무진년이라는 것이다. 그 뒤의 시에서는 요임금을 성인으로, 단군을 신인으로 칭송하였다. 신인 단군의 조선 건국을 자국 역사의 시작으로 인식하고, 그 역사의 유구함과 신성함을 강조하였다.

또 제목과 시의 마지막 구절에서 나타나듯이 이 시는 단군신화와 함께 당시 평양에 있던 단군 사당을 소재로 한 것이다. 국가적 차원에서 단군의 위패를 마련하여 제사를 지내기 시작한 때는 태종 12년(1412)이다. 다만 이는 기존에 있던 기자箕子의 사당에 합사合祀한 것이며, 그것도 북쪽의 주벽이 아닌 동쪽 벽에 종향從享한 것이었다. 그러다가 세종 7년(1425) 사온서 주부 정척(1390~1475)이 단군의 사당을 따로 세울 것을 상소하여, 세종 11년(1429) 기자 사당 남쪽에 '단군사檀君祠'를 세우고, 그 안에 고구려 동명왕 위패를 함께 모셔 봄과 가을로 제사지내게 하였다.[19] 그것이 평양 대동강 가에 있던 단군 사당으로 신위는 "조선단군朝鮮檀君"이고, 후대에는 숭령전崇靈殿으로 불렸다.[20] 시의 마지막 부분에서는 이러한 내력을 거쳐 만들어진 단군 사당을 언급한 것이다. 간결한 시로써 당시 조선의 단군신화와 단군 사당을 함께 드러내 보인 것으로, 이를 통해 국초에 형성된 단군에 대한 시조始祖 인식이 저자 임창택이 활동한 18세기까지 면면히 이어지고 있음을 볼 수 있다.

단군신화를 소재로 한 악부 중에서 제목으로 거듭 중복되어 쓰인 것은 '태백단太伯檀'이다. 오광운, 이광사, 이영익, 김태규 등이 '태백단'이라는 제목으로 단군신화를 소재로 한 악부시를 지었다. 이광사의 동국악부는 오광운의 해동악부를 모본으로 하였기 때문에 제목뿐만 아니라

19 "平壤府檀君祠, 在箕子祠南 〈今上十一年己酉, 始置. 與高麗始祖東明王合祀. 檀君在西, 東明在東, 皆向南. 每春秋, 降香祀致祭〉." 『世宗實錄』 卷162.

20 姜萬吉, 1969, 「李朝時代의 檀君崇拜」, 『李弘稙博士 回甲紀念 韓國史學論叢』, 서울 : 신구문화사, 250~257쪽.

편수 전체도 거의 일치한다. 다만 작품의 표현과 그 사화史話에 대한 감정이 조금씩 다른 것을 볼 수 있다.[21] 태백단에서 소재로 한 단군신화 역시 조선 건국 초에 새롭게 정리된 형태의 단군신화다. 그 대표적인 사례로 처음 '태백단'이라는 제목으로 악부시를 지은 오광운의 시를 보겠다.

> 〈바야흐로 처음 군장이 없었을 때에 신인神人이 있어 3천의 무리를 이끌고 태백산 단목 아래로 내려왔다. 이를 신시神市라 하며 국인들은 그를 군주로 세우고 국호를 조선이라 하니 동쪽 땅에 해가 뜬 것이다. 고기古記에 이르기를 요堯와 더불어 병립한 무진년이라 하였다. 1408년을 살았다고 한다. 또 이르기를 단씨檀氏가 세상을 살아온 햇수는 단군의 수명이 아니라고 한다. 곰이 여자로 변하여 혼인을 하고 아들을 낳았다는 이야기의 경우 매우 허황되나 함께 기록해 둔다.〉
>
> 울창한 태백산의 박달나무, 심은 사람 누구냐고 물으니 반고씨라 하네. 가지는 천 길의 높이로 솟아 있고, 향기는 삼천리로 풍기네. 표륜飇輪과 용마龍馬를 타던 임금이 머물렀는데, 몸에는 동방[扶桑]에서 나는 황금빛 웃옷을 입으셨네. 은하수 끝 한 물결을 도려냄이 요임금 때인지 순임금 때인지 나는 듣지 못했네. 막막한 운해雲海 아래에 신시를 열었다네.[22]

먼저 서문에서 간략하게 언급한 단군신화에 대한 기술을 보겠다. 여기서는 단군의 수명을 1,408년으로 적긴 하였으나, 이를 다르게 해석하

21 신장섭, 2008, 241~245쪽.

22 "太伯檀.〈方初無君長, 有神人率徒三千, 降于太伯山檀木下. 謂之神市, 國人立爲君, 國號朝鮮, 以東表日出之故也. 古記云與堯并立於戊辰, 壽千四百八年云. 或曰, 檀氏傳世歷年之數, 非檀君之壽也. 至若熊化爲女, 昏而生子之說, 尤荒誕, 不并記.〉鬱鬱蒼蒼太伯檀, 問誰栽者盤古氏. 枝聳一千仞, 香聞三千里. 飆輪龍馬君所止, 身披扶桑黃襖子. 手抉雲漢末派水, 堯耶舜耶吾不聞. 漠漠雲海開神市."『藥山漫稿』卷5 海東樂府.

는 앞사람의 견해가 있었음을 인식시켜 주는 부분이 눈에 띈다. 이는 단군의 수명이 아니라 단군조선 전체의 존속기간으로 본 권근 이래 국초의 관찬사서에 정리된 단군신화에 대한 고증 부분을 말하는 것으로 판단된다.[23] 결국 이 부분에서도 『동국통감』과 같은 국초의 관찬사서에 입각하여 단군신화를 학습하고 있음을 알 수 있다. 그런데 『동국통감』에서는 1,048년으로 되어 있어 1,408년이라 한 것은 다시 정리하고 찬술하는 과정에서 발생한 단순한 실수로 생각된다. 그리고 이광사와 이영익의 '태백단'에서는 "단군의 나이가 1,400살이었다[壽千四百年]"고 하였는데, 이는 그 실수가 답습된 것이라 추정된다.

다음으로 시의 본문에서 강조한 바와, 거기서 나타나는 역사 인식을 보겠다. 먼저 신인이 내려온 울창한 태백산 단목에 대해 반고의 천지개벽 이후 만들어진 것이라 하여, 중국 신화를 수용하여 태초의 시작을 이야기한다. 그러나 그곳의 임금에 대해서는 표륜飇輪(바람이 끄는 수레)과 용마龍馬를 타고 황금빛 옷을 입었다고 하여 신성함과 위대함을 극히 찬양한다. 그리고 요임금·순임금과 관련된 전설에 대해서는 들은 바 없다 하여 중국사를 끌어들이거나 평하는 것 자체를 피한다. 종언에 가서는 막막한 운해 아래에서 신시神市가 열렸다 하여 그 시작의 유유함과 신성함을 다시 한번 강조한다. 비록 천지개벽에 대해서는 중국 신화를 수용하였지만, 단군을 자국사의 시작으로 보며 그 역사의 유구함과 신성함 그리고 중국사에 종속되지 않는 주체성을 강조한 것이라 할 수 있다.

마지막으로 '태백단'이라는 제목에 대해서도 고찰해 볼 여지가 있다. 단군신화를 소재로 한 악부시 중에 가장 많이 쓰인 제목이 '태백단'이

23 "臣等按, …… 自唐虞至于夏商, 世漸澆漓人君享國久長者, 不過五六十年. 安有檀君獨壽千四十八年, 以享一國乎, 知其說之誣也. 前輩以謂, 其曰千四十八年者, 乃檀氏傳世歷年之數. 非檀君之壽也. 此說有理. 近世權近, 入覲天庭, 太祖高皇帝, 命近賦詩, 以檀君爲題. 近詩曰, 傳世不知幾, 歷年曾過千, 帝覽而可之, 時論亦以近之言爲是, 姑存之以備後考."『東國通鑑』外紀 檀君朝鮮.

다. '태백단'이라 함은 '태백산의 박달나무'로 직역된다. 신화의 내용 면에서 본다면, 이를 타고 신인이 내려오므로 하늘과 땅의 연결고리라 할 수 있다. 나아가 신인이 내려온 신시神市이자 단군이 조선을 건국한 그 땅과 연결된다. 그러한 면에서 본다면 역사가 시작되는 첫 단서라는 의미, 또는 자국의 국토를 상징하는 대상물을 제목으로 삼은 것으로 추정해 볼 수 있겠다.

한편 『삼국유사』의 단군신화에서 '태백산 단목'에 해당하는 대상은 '태백산 꼭대기의 신단에 있는 나무[太白山頂神壇樹]'이고, 『제왕운기』에서는 '태백산 꼭대기의 신령스러운 박달나무[太白山頂神檀樹]'다. 나아가 『제왕운기』에서는 환웅의 손녀가 태백산 신단수 그 자체라 할 수 있는 단수신檀樹神과 혼인하여 단군을 낳는다. 그 존재가 더욱 신적이며 의인화되어 있다. 『삼국유사』의 '신단수'는 제단과 신수가 있는 곳을 연상하게 하고, 『제왕운기』의 '단수신'은 나무신앙의 모습을 보여준다.[24] 즉 태백산, 신단수, 단수신 등의 화소話素는 토착의 전통 산신신앙과 수신신앙이 녹아들어 간 것으로 단군신화의 뼈대를 이루는 중요한 요소다. 이러한 전통신앙에 대한 배려와 단군신화 안에서 그것이 가지는 중요성으로 인해 제목으로 하였을 가능성도 생각해 볼 수 있다.

또 한편으로, '태백산의 단목'을 곧 조선왕조의 이씨와 연결시킬 수 있다는 지적도 이 점과 관련하여 시사하는 바가 있다. 조선 전기 새로이 변형된 단군신화는 『삼국유사』보다 『제왕운기』를 더욱 신뢰하여 모본으로 하였다. 단군의 즉위를 '무진년'이라 하고, '檀(단)' 자를 쓴 것 등에서 알 수 있다. 『제왕운기』의 단군신화는 "나무[檀樹神]의 아들이 왕이 된다[木子爲王]"는 것이므로, "이(木子=李)씨가 왕이 된다"는 예언과 통한다. 조선 초 단군신화를 국초의 관찬사서에 수록하며 중요시한 이유는 그

24 신종원, 2004, 『삼국유사 새로 읽기』 (1), 서울 : 일지사, 51~63쪽.

와 같은 연관성을 이용하여 국왕 가계의 신성화와 왕조의 정통성을 강화하고자 한 의도와 관련하여 보기도 한다.[25] 그러한 관점에서 본다면, 태백단(태백산의 박달나무)은 곧 조선왕조의 이씨와 연결되는 상징적 화소이고, 그러한 의미에서 제목으로 하였다고 연결시켜 볼 수도 있다.

2. 고려시대 문헌에 수록된 단군신화 수용

조선 건국 초 단군신화는 새로운 형태로 정리되고, 이후 그것이 정식 주류의 신화로 학습된다. 그리고 단군신화는 『삼국유사』보다 『제왕운기』에서 연결되는 모습이 짙다. 하지만 『삼국유사』의 단군신화가 조선시대 유학자들에게 완전히 잊혀진 것은 아니었다. 악부에서도 『삼국유사』를 바탕으로 단군신화를 인식하고 있음이 확인되는데, 그 사례로 먼저 이복휴의 「환웅사桓雄詞」 서문을 보겠다.

> 〈고기古記에서 이르기를, 옛적 환국군桓國君의 서자 웅雄은 인간 세상으로 나아가 구제하고자 하였는데, 군이 그 뜻을 알고 천인天印 3개를 주어 내려보냈다. 환웅은 무리 3천을 이끌고 태백산 단수檀樹 아래로 내려왔다. 이때 곰 한 마리와 호랑이 한 마리가 함께 살고 있었는데, 신인이 신령스러운 쑥 한 다발과 마늘 20매를 주어 말하기를 "이것을 먹고 백일 동안 햇빛을 안 보면 가히 사람이 될 수 있다" 하였다. 곰은 그 말과 같이 하여 여자가 되었다. 매일 단수 아래에서 아이를 갖게 해달라고 빌자, 환웅이 사통하여 아이를 낳으니 이가 단군이다. 왕검성에 도읍하고 나라 이름을 조선이라 하였다. 1,500년 동안 나라를 다스렸다. 주 무왕 기묘년에 기자가 봉을 받아 오니, 단군은 그를 피하

25 朴光用, 1994, 159쪽.

여 아사달 산에 가서 숨었다. 산에는 단군의 사당이 있고 환웅의 사당도 함께 두어 봄과 가을에 제사지낸다.〉[26]

『삼국유사』와 똑같이 고기를 인용하여 환국군과 환웅의 존재 그리고 곰과 호랑이 설화를 다루고 있는데, 세부적인 고유명사를 보면 『삼국유사』와 다름이 확인된다. 『삼국유사』의 '천부인天符印'·'신단수神壇樹'·'단군왕검壇君王儉'·'평양성平壤城' 등이 여기서는 각각 '천인天印'·'단수檀樹'·'단군檀君'·'왕검성王儉城' 등으로 되어 있다. 특히 주목되는 부분은 첫 구절에 등장하는 '환국군桓國君'이다. 환국군은 『삼국유사』 및 『제왕운기』의 단군신화와 대조하면 '환인'에 해당한다. 그 환인을 여기서는 환국이라는 나라의 군주라는 뜻에서 '환국군'이라 하였다.

단군신화에 '환국'의 존재가 등장하게 된 계기는 1512년 『삼국유사』 판본(임신본)을 다시 찍는 과정에서 '환인桓因'을 '환국桓国'으로 잘못 새긴 것에서 비롯되었다.[27] 임신본이 『삼국유사』의 통행본으로 유통된 뒤, 18세기 단군신화를 수록하는 사서부터 '환국'의 존재가 더욱 뚜렷하게 나타나기 시작하는데, 남구만(1629~1711)의 『동사변증東史辨證』과 이종휘(1731~1797)의 『동사東史』에 쓰인 '환국제석桓國帝釋'의 사례가 그러하다.[28] '환국제석'은 본문인 '환인'과 그에 대해 "제석을 이른다"고

26 "古記云, 昔桓國君庶子雄求出世. 君知其意, 授天印三箇送之. 雄率徒三千, 降於太白山檀樹下. 時有一熊一虎同居, 有神人授靈艾一柱蒜二十枝, 曰食此不見日光百日可化人. 熊食之如其言化女身, 每於檀樹下祝有孕. 雄私通生子, 是爲檀君. 都王儉城, 國號朝鮮. 享國一千五百年. 周武王己卯, 箕子受封而來, 檀君避隱阿斯達山. 山有檀君廟. 配食桓雄, 春秋致祭." 『海東樂府』 卷1 桓雄詞.

27 조경철, 2016, 「단군신화의 환인 · 환국 논쟁에 대한 판본 검토」, 『한국고대사탐구』 제23권, 15~16쪽.

28 "舊史檀君紀云, 有神人降太白山檀木下, 國人立爲君, 時唐堯戊辰歲也. 至商武丁八年乙未, 入阿斯達山爲神. 此說出於三韓古記云. 而今考三國遺事載古記之說, 云昔有桓國帝釋, 庶子桓雄受天符印三箇, 率徒三千降太伯山頂神壇樹下, 謂之神市, 是謂桓雄天王也."; 『修山集』 卷12 東史志 神事志, "朝鮮之初, 有桓國帝釋庶子桓雄, 受天符三印. 與其徒三千, 降于太白之山上. 有神壇, 或云檀樹在其下. 故桓雄爲神市天王, 而雄之子號檀君云." 『藥泉集』 第29 雜著 東史辨證 檀君.

추가 설명을 한 일연의 주문註文[29]을 하나의 문장으로 연결시키고, '환인'을 '환국'으로 오독한 결과 '환국의 제석'으로 잘못 새긴 것이다.

이복휴의 환웅사 또한 18세기 환인을 환국으로 오인한 또 하나의 사례이며, 더 나아가 '환국의 군주'라 하여 역사적 사실화 내지 구체화를 더욱 선명하게 한 자의적 서술이다. 그 외에도 천인·단수·왕검성 등과 같이 단군신화가 전사되는 과정에서 용어에 대한 자의적 해석 및 변형이 이루어짐을 볼 수 있다.

한편, 이복휴의 「환웅사」에서는 환웅 사당이 있고 그에 대한 제사가 이루어지고 있음이 나타난다. 제목을 '환웅사桓雄祠'라 하고, 서문 끝에 그 사실을 기술한 것을 통해 알 수 있다. 단군이 기자를 피해 아사달로 가서 산신이 되었다는 것은 『제왕운기』의 단군신화에서도 확인된다. 나아가 이승휴는 그 부분에 주를 붙여 단군이 숨어 들어간 산이 구월산이며, 그곳에 사당이 있다고 증언하였다.[30]

황해도 구월산에 있는 사당은 환인과 환웅, 그리고 단군을 모시는 삼성사三聖祠를 말한다. 당우의 기원은 상고의 잔재로 추정되며, 조선시대 주로 민간에서 기우제를 지내며 신성시한 사당이었다. 성종 초에는 국가의 공인을 받고, 국난 때 국가에서 직접 제사지내기도 하였다.[31] 이복휴가 시의 서문 마지막 부분에 언급하고, 시의 제목으로 한 환웅의 사당 또한 황해도 구월산의 삼성사라 판단된다.

그러나 사당의 신위에 대해 환웅과 단군만을 언급하고 환인의 신위에 대해서는 언급이 없다. 그가 기술한 단군신화 안에서 환인에 해당하는 존재는 '환국군'이다. 환인을 환국군으로 오인하고 환인의 존재에 대

29 "古記云. 昔有桓因〈謂帝釋也〉, 庶子桓雄." 『三國遺事』 紀異 第二 古朝鮮.

30 "於殷虎丁八乙未, 入阿斯達山爲神〈今九月山也. 一名弓忽, 又名三危. 祠堂猶在. 享國一千二十八〉." 『帝王韻紀』 卷下 前朝鮮紀.

31 許興植, 1999, 「九月山 三聖堂史跡의 祭儀와 그 變化」, 『고조선단군학』 제1집, 154~155쪽.

해 인식하지 못했기 때문에 환인의 신위에 대해서는 언급하지 못했던 것이다. 나아가 이는 삼성단에 대한 실질적이며 직접적인 견문이 없었음을 추정케 한다. 이복휴는 경기도 안산에서 태어났지만 1773년 황해도 강령현감에 임명되었고, 1779년에는 황해도 금천군수에 부임하여 임기를 다 채운 다음 10여 년간 독서와 산천 유람으로 세월을 보냈다.[32] 그러한 이력은 『삼국유사』를 탐독하고, 황해도 구월산에 있는 사당의 존재까지 접하게 되어 「환웅사」라는 시를 짓는 원천이 되었지만, 면밀한 고증과 삼성사(환웅사)에 대한 구체적인 지식은 없었다고 보아야 하겠다.

단군의 마지막에 대해 이복휴의 시 서문에서는 "주 무왕 기묘년에 기자가 와 아사달 산에 가서 산신이 되었다"고 하였다. 이에 대해 『제왕운기』를 비롯한 대부분의 조선시대 문헌에서는 "기자가 오기 이전 그와 무관하게 단군은 이미 아사달로 옮겨 산신이 되었다"고 한다. 다만, 『삼국유사』만큼은 단군신화에 기자동래에 관한 내용도 함께 수록하여, "주 무왕 기묘년에 기자가 조선으로 오자 단군은 장단경으로 옮겼다가 다시 아사달로 와서 산신이 되었다"고 한다. 즉 기자가 옴으로 인해 단군이 나라를 양보하고 피해 간 것으로 되어 있다. 이를 통해 볼 때에도 이복휴는 『삼국유사』 계통의 단군신화를 받아들여 환웅사 서문을 지었음을 알 수 있다. 그 밖에도 이복휴는 기자·위만·마한·진한·변한·북부여·동부여 등 여러 고대국가에 대한 전승을 소재로 하여 악부시를 지은 것을 통해서 볼 때에도 『삼국유사』를 적극적으로 활용하였음을 알 수 있다.

다음으로 김수민의 「진단가震檀歌」를 보겠다. 이 악부시의 특징은 조선 전기에 정리된 단군신화를 바탕으로 하면서도, 그 밖에 단군과 관련

32 金榮淑, 2001, 「李福休의 역사의식과 『海東樂府』의 褒貶樣相」, 『대동한문학』 15권, 225쪽.

된 여러 전승을 함께 조합한 것이 특징이다. 옮겨 적으면 다음과 같다.

> 진단震檀에 첫 변화가 일어나니, 하늘이 신인神人을 태백산 꼭대기에 내려보냈다. 동방의 해 뜨는 곳에 나라를 열고, 국호를 조선이라 하였다. 때는 무진년으로 당요唐堯 25년이라. 팽오彭嗚에게 명하여 산천을 정하게 하고, 목식혈거木食穴居 옛 풍속의 백성에게 머리 땋게 하고 오상五常을 갖추도록 가르치셨네. 아들 부루扶婁를 보내 도산塗山의 회맹에 참여하게 하고, 여러 물건을 담은 광주리와 옥과 비단이 팔방으로 통하게 하였네. 교화가 이루어짐을 보고 상왕商王 무정武丁 갑자년甲子年에 아사달 산으로 들어가 신이 되시니, 그윽하고도 그윽하다. 혹자가 말하기를 은사殷師(기자)에게 왕위 양보하니 당우唐虞(중국)의 하늘과 같다고 한다. 세대를 전함은 알지 못하나 햇수는 천년이 넘는다.[33]

조선 전기에 정리된 단군신화를 바탕으로 하고 있지만, '단군'이라는 이름이 등장하지 않는다. 또 이전의 단군신화에서는 모두 '신단수', '단수', '단목' 등의 나무가 중심에 놓여 있었는데, 이 시에서는 그러한 나무의 존재도 확인되지 않는다.

그 대신 새로운 내용이 보이는데, 첫 번째로 (단군)조선이 건국된 해를 당요 25년이라 한 점이다. 무진년이라 한 것은 앞 시기의 사서 및 악부와 같다. 그런데 요임금 때의 무진년은 요임금이 즉위한 해가 아니라 25년이라 한 것이다. 요임금 25년이 무진년이고 그때에 (단군)조선이

33 "震檀初一變, 天降神人太白山嶺. 開國扶桑紅日下, 國號曰朝鮮. 記元戊辰歲, 唐堯二十五年. 命彭吳奠山川, 木食穴居舊風俗. 敎民編髮五常全, 送子扶婁會塗山. 筐篚玉帛通八埏, 觀化商王戊丁甲子歲. 阿斯達山爲神玄又玄, 或言讓位殷師有如唐虞天. 傳世不知幾, 曆年曾過千." 『明隱集』 卷之四 箕東樂府 震檀歌.

건국되었다 함은 『동국통감』 사론에서 처음 확인된다.[34] 그 뒤 요임금 25년 무진년을 단군이 즉위한 해로 보는 견해가 점차 통설이 되어, 오늘날 기원전 2333년으로 단기를 산정하는 기준이 되었다.[35] 조선시대의 영사악부 중에서는 김수민의 「진단가」가 '요임금 25년 무진'을 수용한 유일한 사례다.

다음으로 팽오와 부루가 등장하여 이들로 하여금 나라를 경영하는 역사가 읊어지고 있는데, 그 사화史話의 연원 및 전승 양상을 살펴보겠다. 먼저 팽오는 『사기史記』 평준서平準書와 『한서漢書』 식화지食貨志에 등장하는 인물이다. 기원전 128년 위만조선의 치하에 있던 예군 남려가 한漢에 투항하여 한이 그곳을 창해군으로 한다.[36] 그리고 창해군과 통하는 길을 팽오에게 닦고 관리하게 하였다고 한다.[37] 그런 팽오가 조선 후기 사찬사서에 와서는 단군의 명을 받아 산천을 정비하는 인물로 변모되어 나타나는데, 홍만종(1643~1725)의 『동국역대총목』과 이종휘(1731~1797)의 『동사』에서 그러한 서술이 확인된다.[38]

부루에 관한 기록으로는 먼저 『삼국사기』의 고구려 건국신화를 들 수 있겠다. 여기서 부루는 부여 왕 해부루이며 그의 아들은 금와다. 그리고 그것과 다른 계보로 해모수가 하백녀 유화와 관계를 가져 주몽을 낳고 그에 의해 고구려가 건국된다. 그런데 『삼국유사』 북부여조에서 북부여 왕 해부루는 해모수의 아들로 기록되어 있고, 다시 고구려조에서 해모

34 "今按, 堯之立在上元甲子甲辰之歲, 而檀君之立在後二十五年戊辰, 則曰與堯並立者非也." 『東國通鑑』 外紀 檀君朝鮮.

35 徐永大, 1999, 68쪽.

36 "元朔元年, … 東夷薉君南閭等口二十八萬人降, 爲蒼海郡." 『漢書』 卷6 武帝紀 第6.

37 "彭吳賈滅朝鮮, 置滄海之郡, 則燕齊之閒靡然發動." 『漢書』 卷24下 食貨志 第4下四.; "彭吳穿穢貊·朝鮮, 置滄海郡, 則燕齊之間靡然發動." 『史記』 卷30 平準書 第8.

38 "命彭吳治國內山川, 以奠民居〈本記通覽云, 牛首州有彭吳碑, 金時習詩曰, 壽春是貊國, 通道自彭吳, 牛首爲今春川, 壽春以本爲別号.〉 『修山集』 卷11 東史 檀君本紀.; "朝鮮王檀君者, … 當九年之水, 命彭吳, 定高山大川. 至于牛首, 奠厥民居." 『東國歷代總目』 檀君朝鮮.

수가 하백녀 유화와 관계를 맺어 주몽을 나았다고 한다. 그리고 그 부분에 단군기를 인용하여 "단군이 서하하백의 딸과 관계를 맺어 부루를 낳았다"는 기록을 싣고, 그러한 관계를 통해서 볼 때 "부루와 주몽은 어미가 다른 형제"라 하였다. 『제왕운기』의 지은이 또한 단군본기[39]를 인용하여 "단군이 하백의 딸과 혼인하여 부루를 낳았다"는 기록을 적어 놓았다. 또 『삼국유사』 왕력에서는 "주몽을 단군의 아들"이라 한 기록도 확인된다. 이와 같이 복잡하고 다양한 계보에 관한 기록을 부자 관계만 간략히 정리하면 다음의 표와 같다.

[표 3] 단군과 해모수의 아들에 대한 기록

	단군의 아들	해모수의 아들
단군기(『삼국유사』 고구려) 단군본기(『제왕운기』)	부루	
『삼국사기』 고구려본기		주몽
『삼국유사』 왕력	주몽	
『삼국유사』 북부여		해부루
『삼국유사』 고구려		주몽

고려시대의 기록에는 부루와 주몽이 해모수의 아들로, 또는 단군의 아들로 착종되어 여러 형태로 전승되고 있었다. 그중에서도 부루가 단군의 아들이라는 기록은 단군기·단군본기에서 전해지고 있었다. 그에 더하여 조선시대에 와서는 하夏나라의 우왕禹王이 도산塗山에서 제후를 모았을 때 단군이 아들 부루를 보내 참여하게 하였다는 기록이 나타난다. 팽오 전승과 다르게 이는 국초의 『세종실록지리지』(1454)[40]와 권람의

39 『삼국유사』의 단군기와 『제왕운기』의 단군본기, 그리고 『제왕운기』 전조선기에서 단군신화의 전거로 인용한 본기는 같은 문헌으로 판단된다. 나아가 여기서 '단군–부루'의 계보가 전해진 것으로 추정한다. 최병헌, 1994, 「檀君認識의 歷史的 變遷 –고려시대 檀君神話 傳承文獻의 檢討–」, 『단군 –그 이해와 자료–』, 서울 : 서울대학교출판부, 143쪽.

40 "檀君古記云, …… 檀君聘娶非西岬河伯之女生子, 曰夫婁, 是謂東扶餘王. 檀君與唐堯同日而立,

『응제시주』(1462)[41]부터 확인된다.

「진단가」에서 보이는 또 하나의 이야기는 단군이 목식혈거木食穴居의 옛 풍속에서 머리를 땋게 하거나, 오상五常을 갖추게 하거나, 여러 물품이 팔방으로 통하게 하는 등의 교화를 이룬 뒤 상왕商王 무정武丁 갑자년에 아사달로 들어가 산신이 되었다는 것이다. 문명의 교화와 관련하여 기자만 중요시되었는데, 여기서는 단군의 치적에 대해서도 이야기한다. 단군이 아사달로 들어가 산신이 된 해를 갑자년이라 한 것도 보기 드문 사례다. 『삼국유사』와 이복휴의 「환웅사」에서는 "주 무왕 기묘년", 『제왕운기』·『응제시주』·『동국통감』 등에서는 "상 무정 8년 을미"라 하였다.

단군이 아사달로 들어가 산신이 된 해를 갑자년이라 한 것은 홍만종이 북송北宋 소옹邵雍의 『황극경세서皇極經世書』를 참조하여 새로이 주장한 견해다.[42] 그 밖에도 단군이 머리를 땋게 하는 등의 교화를 했다거나, 팽오와 부루에 관한 전승 모두 홍만종의 『동국역대총목』에서 확인된다. 따라서 김수민은 홍만종의 『동국역대총목』을 활용하여 진단가를 지었다고 추정된다.

조선시대의 단군신화는 시간이 지나면서 사실성을 더하는 소재가 붙고, 여러 계통의 신화가 하나의 문헌에 정리되어 더욱 풍부한 모습을 띤다. 또 새로운 자료를 참조하여 연대 비정이 다시 이루어지기도 한다.

至禹會塗山, 遣太子夫婁朝焉."『世宗實錄』卷154 地理志 平安道 平壤府.

41 "初都平壤, 後都白岳. 娶非西岬河伯之女, 生子曰夫婁, 是爲東夫餘王. 至禹會諸侯塗山, 檀君遣子夫婁朝焉."『應制詩註』始古開闢東夷主.

42 "甲戌〈夏禹十八年〉, 遣子扶婁朝夏〈時禹會諸侯於塗山, 檀君遣扶婁朝焉〉. 甲子〈商武丁八年〉, 入阿斯達山〈今九月山〉爲神, 廟在平壤〈九月山. 亦有三聖祠, 檀君居, 其一. 按東國通鑑, 商武丁八年乙未, 檀君入阿斯達山, 化爲神. 又按輿地勝覽, 周武王封箕子於朝鮮, 檀君乃移於唐莊京, 後隱阿斯達山, 化爲神. 兩說不同, 今從通鑑, 以商武丁八年爲正. 而以皇極經世書推之, 商武丁八年乃甲子, 而非乙未 故以甲子爲正. 自元年戊辰至甲子計之, 在位一千七十年. 上世神聖之人年壽, 與後世不同. 廣成子年千二百歲, 彭祖年八百歲. 則檀君之享壽千餘歲, 亦無甚怪."『東國歷代總目』檀君朝鮮.

이와 같이 다양하게 발전된 형태의 단군신화가 악부에도 수용되어 시화詩化되고 있음을 볼 수 있다.

Ⅲ. 기자에 대한 존숭과 계보 의식

1. 기자 사적에 대한 신뢰와 존숭

고조선의 역사를 소재로 한 악부 중 가장 많이 읊어진 주제는 기자에 대한 찬양이다. 고조선에 대한 역사뿐만 아니라 통사 전체로 확대시켜 볼 때에도 눈에 띌 만큼 중복되고 많이 읊어진 주제가 기자다. 제목은 '기자묘箕子廟·기자조箕子操·기자악箕子樂·대동강大同江·황하가黃河歌·석백행裼白行·팔조영八條詠' 등과 같이 매우 다양하다. 구체적인 소재 및 내용은 조금씩 다른 면이 있지만 모두 기자의 동래와 교화를 극히 신뢰하여 찬양하는 노래라는 점은 똑같다.

"주 무왕이 은을 멸망시키자 은의 현인 기자가 동쪽의 조선으로 갔다"는 내용은 『상서대전尙書大傳』부터 확인된다. 그 조선을 위만조선 이전의 고조선으로 명확히 하고 팔조八條를 비롯한 예악 전수 등의 내용을 처음 수록한 문헌은 『한서』 지리지다. 하지만 『사기』 조선열전과 『한서』 조선전에는 정작 기자에 관한 기록이 없다. 나아가 기자의 세계世系에 관한 기록도 찾아볼 수 없다. 기자가 옮겨간 조선이 후대의 위만조선과 같은 곳이며, 위만 이전 조선의 왕이 기자의 후손이라는 설화는 3세기 중반에 편찬된 『위략』에서 처음 확인된다. 중국 고대 문헌에 등장하는 기자 전승은 앞 시기의 사료에는 나타나지 않고 명확하지 않았지만 후대의 문헌으로 갈수록 덧붙여지고 사실화되는 양상이다.

그러한 맥락에서 보면, 기자동래 전승은 전설적인 내용으로 사실의 역사라 하기 어렵다. 중국 중심의 역사관과 이민족에 대한 침략과 지배의 명분으로써 거듭 부각되고 꾸며져 사료에 서술되어 갔다고 판단된다. 나아가 후대 고려와 조선에서는 사대적 문화사관으로 인해 더욱 고착화된 전승이라 하겠다.[43]

기자에 대한 역사가 고려와 조선에서 더욱 사실화되고 존숭되는 과정을 잠시 살펴보면, 고려 숙종 7년(1102) 기자의 사당을 만든 것부터 들 수 있겠다. 기자 사당에 대한 제사는 조선에 이르러 국가제사로서 중사中祀의 위계로 정해지는데, 전 시기에 걸쳐 단군에 대한 제사보다 더욱 중시되었다. 나아가 기자의 사적을 새긴 비를 세우고, 기자묘를 정해 관리하게 하였다. 이와 같은 기자의 유적 및 숭배는 기자의 실존성을 더욱 확고하게 하는 물증이 되었다.

그에 더하여 기자에 대한 각종 전승과 유적을 집대성하여 역사성을 더욱 구체화하고 가치를 높이는 윤두수(1533~1601)의 『기자지箕子志』, 이이(1536~1584)의 『기자실기箕子實記』, 박세채의 『범학전편範學全編』(1684)과 같은 저서가 편찬되어 퍼져나간 것도 기자 존숭 의식에 커다란 영향을 끼친 요소다. 그리고 임진왜란 때에는 명에 대한 은혜와 동류의식으로 인해, 호란과 명·청 교체의 경험을 겪은 뒤로는 새로운 형태로 나타난 중화 계승 의식에 따라, 기자에 대한 존숭과 그에 대한 역사가 더욱 강조되었다.[44]

조선시대의 영사악부에서 기자를 찬양하는 시가 극히 많은 것 또한 그러한 사회·정치적 분위기와 유교문화에 대한 강한 자부심 때문이라

43 노태돈, 1998, 『한국사를 통해 본 우리와 세계에 대한 인식』, 서울 : 풀빛; 박준형, 2009, 「한국 근현대 기자조선 인식의 변천」, 『고조선사 연구 100년』, 서울 : 학연문화사; 吳炫受, 2012, 「箕子 전승의 확대 과정과 그 역사적 맥락」, 『大東文化硏究』 79권.

44 허태용, 2009, 『조선후기 중화론과 역사인식』, 서울 : 아카넷, 117~121쪽.

할 수 있다. 그에 대한 사례로 먼저 임창택의 「기자묘」를 보겠다.

> 〈주 무왕이 상商을 이기자 기자가 동쪽으로 왔다. 평양에 도읍하여 팔조의 법령을 시행하고 구주九疇를 베풀었다.〉 또렷한 구주의 쓰임, 밝은 팔조의 다스림. 우리네 짐승과 같음을 사람으로 만들고, 우리네 오랑캐스러움을 중화로 하였네. 동방의 일월은 뜨고 또 뜨고, 대동강 물은 다할 기약이 없다.[45]

임창택의 「기자묘」는 앞의 「단군사」와 마찬가지로 평양에 있는 기자의 사당을 제목으로 하였다. 그러나 시의 본문에서 기자묘에 대한 직접적인 언급은 없다. 팔조의 법령과 홍범구주로 상징되는 기자의 교화를 사실의 역사로 인식하고, 그로 인해 자국의 문명화가 이루어졌다는 것이다. 나아가 그 문명이 끊임없이 이어져 앞으로도 계속될 것이라는 내용이다.

앞의 「단군사」에서는 자국사의 시작과 그 신성함을, 여기서는 기자의 교화에 따른 문명의 시작을 각각 강조하여 서로 이어지는 양상이다. 그러나 기자 이전의 자국사에 대해 짐승[獸]과 오랑캐[夷]로 표현하여 전체적으로 볼 때 모순적인 면도 보인다. 그럼에도 짐승과 오랑캐로 각각 다르게 표현함은 시 안에서 기자의 동래와 거기서 비롯된 문명의 교화가 획기적 사건이었음을 더욱 강조하기 위한 것이었다.

시의 전체적인 구성과 내용에는 소중화小中華를 표방한 자국 유교문화에 대한 자부심과 긍지가 발현되고 있음을 볼 수 있다. 그리고 그 역사적 시초와 근간에 기자의 동래와 교화라는 역사 인식이 자리하고 있었던 것이다.

45 "箕子廟 〈周武王克商, 箕子東來. 都平壤, 施八條, 敍九疇.〉 明明九疇叙, 章章八條治. 人我獸華我夷. 扶桑日月朝復朝, 大同江水不盡期." 『崧岳集』 卷1 海東樂府.

고증과 정통론에 치중하여 자국사를 깊이 탐구한 이익의 경우에도 기자의 동래와 교화에 대해서는 역사적 사실로 신뢰한다. 이러한 인식이 배어 있는 이익의 대표적인 악부시가 「석백행裼白行」이다. 「석백행」은 고려 충렬왕 때 흰색 옷 입는 것을 금지한 조치를 비판하고 기자에 대한 존숭과 그 유풍을 숭상하는 내용이다. 그 시를 우리말로 인용해 보면 다음과 같다.

> 주서에 기록된 은의 역사[殷祀]는 어진 사관의 필적이도다. 송공은 백마를 탔고 기자도 마찬가지라네. 기자의 팔조법금은 아직도 동쪽에서 사라지지 않았고, 정전의 아홉 구획은 단군 왕궁에 먼저 그었네. 관·면류관·옷 등을 흰색으로 함은 만고에 통하고, 그 마음은 변치 않고 끝없이 흘러왔네. 삼을 불리고 물들이지 않음은 여자의 일, 도포는 소매 붙여 두 겨드랑이 바느질하였네. 저 구구한 치의緇衣 걸친 늙은이여, 물을 뿌리로 하고 나무를 줄기로 한다며 우매한 백성 속이네. 역사의 장단이야 서책에 기록되어 있으니, 지세가 어찌 성쇠에 간여하겠는가.[46]

시 말미에서 '치의 걸친 늙은이'는 도가적 관념 및 풍수지리설을 주장하는 고려의 도교 승려를 말한다. 그리고 그 도교적 관념에 의해 풍속을 억지로 바꾸려고 했던 것을 조롱한다. 그에 반해 흰옷 입는 풍속은 만고에 통하는 기자의 유풍으로, 바뀌지 않고 유유하게 이어지고 있음을 노래한다.

이 시에서 드러나는 역사 인식은 기자에 의해 예악과 풍속이 교화되

46 "周書殷祀良史筆, 宋子白馬箕亦同. 明夷不息八條東, 九區先畫檀王宮. 冠冔衣白萬古通, 此心烔烔流無. 漚麻無染肇女工, 道服交裾兩腋縫. 彼哉區區緇衣翁, 水根木幹欺愚蒙. 歷年短長書策中, 地理何與汙與隆."『星湖先生全集』卷8 海東樂府 裼白行.

고, 그것이 당시 조선의 주요한 풍습으로 이어지고 있다는 것이다. 즉 자국 문화의 뿌리 및 문명의 기원을 기자로 여기는 역사 인식이 강하게 배어있음을 볼 수 있다. 기자의 동래로 인해 풍속이 교화되고 문명이 시작되었다는 역사 인식이 중요하게 취급되어, 그 점이 악부의 주요 소재가 되었던 것이다.

앞의 임창택과 마찬가지로 이익 또한 자국 문명의 시작을 기자의 동래와 교화로 보았고, 그 유풍이 당시의 풍속으로 유구하게 이어지고 있다는 문화적 역사 인식을 지니고 있었다. 그리고 그에 대해 긍정적이며 자부심의 역사와 문화로 여겨 기자를 극히 존숭하는 태도를 지니고 있음을 엿볼 수 있다.

2. 기자의 계보와 정통에 대한 인식

조선시대에 기자가 중시되었던 이유는 유교 문명의 전수자라는 인식 외에도 역사 계보의 기원과 정통에 대한 논의에서 부각된 측면이 크다. 즉 기자의 후손이 이어져 마한을 열었고, 여러 나라가 공존하고 있었지만 마한이 정통이라는 역사 인식과 담론이 이루어진 것이다. 악부에서도 그 점이 중시되어 기자와 마한을 소재로 많은 시가 지어졌음을 볼 수 있다. 그에 대한 대표적인 사례로 「차지한借地恨」을 들 수 있겠다.

「차지한」은 심광세와 이학규의 『해동악부』에 수록되어 있는데, '영토를 떼어 빌려준 것에 대한 한탄'이라 할 수 있다. 즉 준왕이 위만에게, 마한 왕이 백제 온조왕에게 한쪽 모퉁이의 영토를 떼어주었는데 오히려 뒷날 그들에게 나라를 빼앗겨 멸망당한 것을 한탄하는 시다. 이익의 「차지탄借地歎」 또한 시의 소재나 그것에 투영되어 있는 사론 및 역사 인식은 거의 같다. 다만 위만에게 나라를 빼앗긴 준왕의 사화史話보다는 온조왕에게 나라를 빼앗긴 마한 왕에 집중된 차이가 있을 뿐이다. 그리고 그에 따라 그 원사료에 해당하는 『삼국사기』 백제본기의 마한 정복 기사를 시문 앞에 서문으로 인용한 것이 특징적이다.

이들 시에서는 주로 기자에 의해 교화된 예의와 겸양의 풍속, 땅을 떼어주고 배반을 당한 과정, 그에 대한 안타까움과 후회스러움을 감정적으로 노래하였다. 그리하여 왕조의 계승 및 정통에 대한 인식이 직접적으로 드러나지는 않는다. 그러나 시의 서문에서 지은이의 고대사에 대한 지식 및 인식을 엿볼 수 있다. 심광세와 이학규의 시는 내용과 표현의 방식에 있어 조금 다르지만 앞에 둔 서문은 거의 똑같다. 후대의 이학규가 심광세의 글을 그대로 인용한 것으로 판단된다. 심광세의 「차치한」에서 그 시의 앞에 둔 서문을 옮겨 적으면 다음과 같다.

> 〈은나라가 망하자 기자는 중국 유민 5,000여 명을 이끌고 동쪽으로 와 조선에 나라를 세웠다. 40대 손 준에 이르러 연나라 사람 위만이 망명하였다. 무리 1,000여 명이 동쪽으로 패수를 건너와 서쪽 경계에 살며 변방을 지키는 군대가 되기를 구하였다. 준은 믿고 백 리의 땅을 봉지로 주어 서쪽 변방을 지키게 하였다. 위만은 (계속 망명하여) 모여드는 사람들을 꾀어 점차 무리가 많아지자 곧 사람을 보내 준에게 속여 말하기를, "한나라 군대가 열 갈래 길로 공격해 오니 들어가 숙위하고자 합니다" 하고는 마침내 준을 습격하였다. 준은 싸웠지만 이기지 못하여, 바다를 건너 남쪽으로 달아나 마한에 나라를 세웠다. 그 땅은 마침내 위만이 가지게 되었다. 그 뒤 고구려 동명왕의 아들 온조가 그 나라에서 용납되지 않자, 10명의 신하와 더불어 남쪽으로 와서 살 땅을 구하였다. 마한 왕은 동북쪽 100리의 땅을 떼어주니 그것이 백제가 되었다. 온조왕 27년(서기 9년)에 왕이 여러 장수들에게 일러 말하기를, "마한은 점차 쇠약해지고 윗사람과 아랫사람의 마음이 갈리어 그 세력이 오래갈 수 없을 것 같다. 만일 남이 가

진다면 후회해도 소용없는 일이니, 다른 사람에 앞서 먼저 취하는 것이 좋을 듯하다"라고 하였다. 겉으로 사냥을 나간다 하고 몰래 군사를 내어 습격하여 드디어 그 나라를 병합하였다. 기자의 후손은 마침내 끊겨 제사가 없어졌다.〉[47]

위만이 망명하여 준왕을 몰아내는 것은 『삼국지』와 『후한서』의 한전이 원전이고, 백제 온조왕의 출자와 마한 병합에 대한 것은 『삼국사기』가 원전이다. 이 두 사화는 준왕이 위만에게, 마한 왕이 온조에게 각각 땅을 떼어주었다가 도로 침탈당하는 공통점 외에 계통적으로도 이어지는 면이 있다. 기자로부터 그 40대 후손이 준왕이며, 준왕이 남천하여 그와 그의 후손이 대대로 마한 왕을 하다가 결국 백제 온조왕에게 멸망당했다는 것이다. 이와 같은 계보 관계가 선명하게 기술되지 않았지만, 말미에 마한이 백제에 병합되어 멸망한 것에 대해 "기자의 후손이 마침내 끊겼다"고 한 것을 통해서 볼 때, '기자-준왕-마한 왕'이라는 계보와 그러한 역사 인식이 내재되어 있음을 간파할 수 있다.

이러한 계보 의식이 성립되는 과정을 좀 더 자세히 추적해 보면, 각각의 사료에서 다음과 같은 전승의 발전 단계를 보인다. 위만에게 패해 바다로 옮겨간 이의 이름이 '준왕準王'이며, 그 준왕이 '기자의 후손'이라는 것은 『위략』(3세기 전반)에서 처음 나타난다.[48] 준왕이 옮겨간 땅이

47 "殷亡, 箕子率中國遺民五千餘人東來, 立國于朝鮮. 至四十代孫準, 燕人衛滿亡命, 聚黨千餘人, 東渡浿水, 求居西界爲藩屛. 準信之, 封之百里, 令守西鄙. 滿誘致稍衆, 乃遣人詐告準曰, 漢兵十道來攻, 欲入宿衛, 遂襲準. 準戰不勝, 浮海南奔, 立國於馬韓. 其故地, 遂爲滿有. 其後高句麗東明王子溫祚不容於本國, 與十臣南來, 求可居之地. 馬韓王割東北百里之地畀之, 是爲百濟. 溫祚二十七年, 謂諸將曰, 馬韓漸弱, 上下離心, 勢不能久. 倘爲他有, 悔不可及, 不如先人取之. 陽爲出獵, 潛師襲之, 遂并其國. 箕子之後, 遂絕不祀." 『休翁集』 卷之三 海東樂府 借地恨.

48 "魏略曰, 昔箕子之後朝鮮候, 見周衰, 燕自尊爲王, 欲東略地. 朝鮮侯亦自稱爲王. … 及秦并天下, 使蒙恬築長城, 到遼東. 時朝鮮王否立, 畏秦襲之, 略服屬秦, 不肯朝會. 否死, 其子準立." 『三國志』 卷30 魏書 烏丸鮮卑東夷傳 第30 韓.

'한韓'이며 그곳에서 왕이 되었다는 것은 『삼국지』(3세기 후반)에서 처음 확인된다.[49] 그러다가 『후한서』(5세기 후반)에 이르러 그 한韓이 '마한馬韓'이 되고, 마한에서 '한왕韓王'을 칭하던 준왕과 그의 후손들은 대가 끊기자 다시 마한 사람들이 '진왕辰王'이 되었다고 한다.[50] 여기까지가 중국 사료에 나타나는 기자의 후손 준왕에 대한 것이다.

위에서 인용한 「차지한」의 서문과 다르게, 중국 사료에 '마한 왕'은 등장하지 않는다. 비록 '한왕'을 '마한 왕'으로 간주한다 하더라도, 기자의 후손인 그 '(마)한왕'은 스스로 대가 끊기고 마한 토착의 '진왕'이 마한의 왕을 한 것으로 되어 있다. 그런데 위의 「차지한」 서문에서 마한 최후의 왕(마한 왕)은 기자의 후손이라 하였으니 중국 사료와 맞지 않는다. 그렇다고 『삼국사기』에 마한 왕이 기자의 후손이라는 문구가 있는 것도 아니고, 그렇게 볼 수 있는 간접적 기사가 있는 것도 아니다. 『삼국사기』에서 마한 왕은 단순히 백제와 신라 건국기 그 주변에 있었던 선주토착세력의 수장으로 나타날 뿐이다.

따라서 엄밀히 따져보면 백제에게 땅을 떼어주고 멸망당한 '마한 왕'이 기자의 후손이라는 것은 근거가 없으며 사료의 정황과도 맞지 않는다. 더욱이 "준왕이 기자의 후손이고 마한으로 옮겨가 한왕이 되었다"는 식의 이야기도 점차 후대의 사료로 가면서 덧붙여져 만들어지는 양상이다. 그러므로 중국 사료에서 형성되는 준왕과 관련된 한지·한왕·마한 전승 그 자체도 신빙성이 떨어진다.[51]

그러나 자국사에 와서는 그것이 구체적인 지명과 계통성까지 적용되

49 "侯準旣僭號稱王, 爲燕亡人衛滿所攻奪, 將其左右宮人走入海, 居韓地, 自號韓王. 其後絶滅, 今韓人猶有奉其祭祀者."『三國志』魏書 卷30 烏丸鮮卑東夷傳 第30 韓.

50 "初朝鮮王準爲衛滿所破, 乃將其餘衆數千人走入海, 功馬韓, 破之, 自立爲韓王. 準後滅絶, 馬韓人復自立爲辰王."『後漢書』卷85 東夷列傳 第75 韓.

51 전진국, 2012, 「'한(韓)'의 유래와 명칭의 형성」, 『정신문화연구』 제35권 4호, 153~160쪽.

어 더욱 사실의 역사로 굳어진다. 그렇게 될 수 있었던 이유는 후대에 많은 사료를 함께 접할 수 있게 되자, 계통이 다른 여러 문헌에서 유사하며 같은 시기에 해당하는 기사들을 서로 조합하여 하나의 역사로 체계화하여 이해했기 때문이다. 특히 이 부분에서 주목되는 것은 『삼국사기』의 마한 왕을 남천한 준왕의 후손으로 파악하고 있다는 점이다. 그리고 그것에 '기자-준왕-마한 왕'이라는 계보 인식이 내재되어 있다는 점도 상당한 의미를 갖는다.

"준왕이 마한을 건국했다"는 역사 인식은 중국 사료에 바탕한 『삼국유사』에서 처음 확인된다.[52] 이승휴의 『제왕운기』 또한 중국 사료에 기반하여 준왕이 기자의 후손이라는 것을 전제하고, 나아가 준왕이 옮겨간 곳이 금마군(익산)이라 하였다.[53] 조선 건국 뒤 관찬으로 편찬된 사서에서는 이러한 기록들이 조합되어 더욱 체계적이며 구체적인 계통론적 역사로 정리된다.

『삼국사절요』에서는 준왕을 기자의 후손으로 인식하여 '기준箕準'이라 하였고, 그에 의해 마한이 건국되었다고 한다. 더하여 권근의 견해를 인용하여, 백제 온조왕이 그 마한을 병합하여 마한이 곧 백제가 되었다고 한다.[54] 『동국통감』 또한 같은 맥락으로, 준왕을 기준이라 하며 그가 남쪽 한지韓地로 옮겨와 마한을 건국한 곳이 금마군이라 하였다.[55] 이러한 사료적 맥락을 통해서 보면, 심광세의 「차지한」 서문은 결국 『삼국사절요』 또는 그것을 그대로 전제한 문헌에 의거한 바임을 알 수 있다.

52 "魏志云, 魏滿擊朝鮮, 朝鮮王準率宮人左右, 越海而南至韓地, 開國號馬韓." 『三國遺事』 卷1 紀異第2 馬韓.

53 "四十一代孫名準, 被入侵奪, … 準乃移居金馬郡, 立都又復能君人." 『帝王韻紀』 卷下 後朝鮮.

54 "箕準南渡海, 至韓地, 開國號馬韓. … 權近曰, 三韓之說, 互有不同. 然朝鮮王準, 避衛滿之亂, 浮海而南, 開國號馬韓. 至百濟溫祚立, 遂并之. 今益州有古城, 至今人稱爲箕準城, 則馬韓之爲百濟無疑矣." 『三國史節要』 外紀 三韓.

55 "箕準旣爲衛滿所功奪, 率其左右宮人走入海, 居韓地金馬郡, 自號韓王." 『東國通鑑』 外紀 三韓.

고려 말 조선 초에 형성된 '기자-준왕-마한 왕'의 계보와 마한이 백제에 병합되었다는 역사 인식이 조선 후기에 가서는 삼한 중 마한이 정통이며, 백제·신라 역시 처음에는 마한에 복속되어 있었다는 마한 정통론을 형성한다. 17세기 후반에 대두한 정통론은 존주대의와 중화계승의식의 강화 속에서 역사를 바라보는 중요한 척도가 되었다.[56] 그 중에서도 우리 역사에서 마한이 정통론의 주요 대상이 된 이유는 존주대의와 중화계승의식에서 자연스레 유교문화를 전해준 기자가 존숭되고, 그 기자의 후손 준왕이 옮겨가 왕을 한 곳이 마한으로 인식되었기 때문이었다.

나아가 정통이 주어지는 요소는 계통 및 도통이 이어지는 점, 주변의 나라들보다 월등하다는 대세론적인 것, 선악의 관념 등으로 요약되는데,[57] 이러한 요소들이 마한에 대한 역사 인식에 적합하게 맞아 떨어졌던 것이다. 즉 기자의 후손이 왕이라는 점, 삼한 중 가장 강대하며 백제와 신라도 처음에는 마한의 신하였다는 점, 그리고 땅을 떼어주고 도리어 멸망을 당하는 선하고도 아쉬운 면이 그러하다.

심광세의 「차지한」은 아직 정통론의 역사학이 본격적으로 대두하기 이전의 글이다. 하지만 뒷날 정통의 기준 및 논거가 되는 사화를 의도적으로 선별하여 소재로 하였으며, 역사적 관점 또한 그와 똑같다. 그러한 면에서 보면 심광세의 「차지한」은 17세기 후반 정통론의 역사학이 대두하기 이전, 이미 그 기반이 되는 사론 및 담론이 형성되어 있었음을 보여주는 사례라 할 수 있다.

마한정통론이 형성된 이후 그에 대한 소재 및 사론에 바탕 한 대표적인 악부시로 김수민의 「삼한곡三韓曲」을 들 수 있겠다. 그것을 옮겨 적으

56 韓永愚, 1989, 『朝鮮後期史學史研究』, 서울 : 一志社, 203~207쪽.

57 허태용, 2009, 134~151쪽.

면 다음과 같다.

> 마한이 승계하였으니, 진한과 변한은 어찌 가히 논하겠는가. 위만은 진秦에서 망명한 졸개로, 감히 와서 기자의 후손을 내쫓았도다. 동방의 옛터에서는 어떠한 일도 위만과 더불어 온조에게 징험할 바 없도다. 다만 지금 옛 도성 금마는 공허한 울음소리 하늘에 가득하네.[58]

시의 도입부부터 마한정통론에 입각한 역사 인식이 뚜렷이 나타나고 있다. 즉 "마한이 승계하였으니 진한과 변한은 논하지 않겠다"는 전제는 삼한 중 마한에 역사적 계승성 및 정통성이 있다는 인식이 강하게 자리하고 있음을 볼 수 있다. 이어서 "위만이 기자의 후손(준왕)을 내쫓았다"는 것은 마한의 계보 및 정통이 기자로 이어진다는 역사 인식과 관련된다. 여기서도 기자의 후손을 정통으로 보고 위만을 망명자에 불과한 찬탈자로 보는 사관이 확인된다. 다만 한나라 초에 연나라 땅에서 망명한 위만을 진秦나라에서 망명했다고 하는 오류를 보인다.

다음으로 "위만과 더불어 온조에게 징험할 바 없다" 함은 앞의 「차지한」과 마찬가지로 위만과 온조를 같은 경우의 찬탈 및 의롭지 못한 역사로 취급한 표현이다. 그리고 마지막에서 "옛 도성 금마에 공허한 울음소리만 하늘 가득하다"고 한 것은 마한 멸망의 아쉬움을 토로한 구절이라 할 수 있겠다. 여기서는 마한의 옛 도읍을 금마 (익산)로 여기는 인식이 통설과 같이 굳어 있음을 다시 한번 확인할 수 있다. 그리고 마한의 멸망을 아쉬워함은 마한을 의리와 정통의 역사로 여긴 것에서 표출된 감성이라 할 수 있겠다.

이와 같은 시의 내용을 통해서 보면, 제목은 '삼한곡'이라 하였지만

58 "馬韓猶承繼, 辰弁詎可論. 衛滿自是秦亡卒, 乃敢來逐箕子孫. 何事東界古基址, 不徵於滿又與溫. 祗今古都金馬空嘶雲."『明隱集』卷之四 箕東樂府 三韓曲.

마한에 대한 회고의 시에 지나지 않는다. 마한을 주제로 한 시에서 기자와 기자의 후손이 주가 된 이유는 '기자의 후손 준왕에 의한 마한의 건국'이라는 역사적 계보 의식이 내재되어 있었기 때문이다. 기자에 대한 역사적 계보와 정통에 대한 인식이 악부시에도 강하게 배어 있음을 확인할 수 있다.

Ⅳ. 맺음말

단군과 기자에 대한 전승이 수록된 문헌은 고려시대부터 확인할 수 있다. 그리고 조선시대에 들어서는 그 당시의 사상과 관념 그리고 사관에 따라 그 내용이 변형되거나 더욱 강조되기도 하였다. 고려시대 이래로 단군과 기자에 대한 역사가 가지는 의미는 자국사의 시작이라는 점에 있다. 단군의 경우 자국 역사의 기원으로, 기자의 경우 문명 교화의 시작으로 중요시 되었던 것이다. 본문에서는 그와 함께 거기서 파생된 여러 전승 및 그에 대한 역사 인식을 조선시대에 지어진 영사악부를 통해 살펴보았다.

먼저 단군신화의 경우 조선왕조에 들어서 새로운 형태로 정리된다. 환인과 환웅 그리고 곰과 호랑이 이야기 및 단수신과의 혼인 등과 관련된 내용은 모두 없어지고, 하늘에서 태백산 신단수 아래로 내려온 신인이 곧 단군이고 그가 조선을 건국했다는 내용으로 변형된다. 그와 같이 새로운 형태로 변형된 단군신화는 악부시의 소재로도 활용된다.

특이한 점은 18세기 전반 이전 비교적 이른 시기에 지어진 악부시에서 국초에 정리된 유형의 단군신화를 소재로 하였다는 것이다. 그에 비해 18세기 후반 이후의 악부시는 『삼국유사』의 단군신화를 다시 꺼내

들어 소재로 하기도 한다. 나아가 기존의 단군신화에 조선 초에는 부루에 대한 이야기가, 조선 후기에는 팽오에 대한 이야기가 첨부되기도 하는데, 그 단군신화를 이용한 악부시도 확인된다.

다양한 형태의 단군신화가 함께 전해지고 여러 사서에 대한 폭넓은 수용이 이루어지는 역사학의 양상이 단군신화를 소재로 한 악부시에서도 잘 나타나고 있다. 그리고 이들 악부시에서 단군에 대한 역사는 자국사의 시작이라는 점에 의미가 두어졌으며, 그 유구한 역사의 신성함과 자주성이 강조되었다.

기자 전승의 경우 문명의 전수자 및 교화의 시조로 높이 숭배되고 그 점에 초점이 맞추어져 시화詩化되고 있음을 확인할 수 있다. 이는 조선시대의 화이론 및 소중화 의식의 근저에 기자 전승이 자리 잡고 있었기 때문이다. 나아가 기자의 유풍이 당시 조선의 풍속에 이어지고 있다는 인식이 있었으며, 그에 대해 매우 긍정적인 입장에서 자부심의 역사로 여기고 있었음을 볼 수 있다.

기자에 대한 역사가 강조되고 시로 읊어진 또 하나의 측면은 역사적 계보 및 정통론에서 기자가 중요시되었기 때문이다. 준왕이 기자의 후손이고 그에 의해 마한이 건국되며 마지막 마한 왕까지 그 계통이 이어진다는 인식이 그 사론의 근간이라 할 수 있다. 이는 역사적 사실이라고 보기 어렵지만, 자국사의 계통 및 계보에 대한 탐구에서 구축된 역사 인식이었다. 그러한 인식은 기자와 마한을 주제로 한 악부시에도 극명하게 나타나고 있었다. 그리고 그러한 계보 및 정통론에 바탕하여 준왕이 위만에게, 마한 왕이 백제 온조왕에게 땅을 떼어주었다가 나라를 빼앗겼다는 의롭고도 아쉬운 점이 종종 시화되었다. 이들 시 또한 기자에서 이어지는 마한이 정통이라는 인식의 기조를 볼 수 있다.

한편, 단군과 기자를 소재로 한 악부시에서는 조선시대 국가와 민간에서 그를 실질적으로 숭배하고 신앙의 대상으로 하였던 시대상이 드러나기도 한다. 당시 평양에 있던 단군과 기자의 사당이나 황해도 구월산에 있던 삼성사를 시의 제목으로 하며, 작품 속에서 직접 언급한 내용이 그러하다.

참고문헌

1. 저서

金榮淑, 1998,『韓國詠史樂府研究』, 경산 : 경산대학교출판부.

노태돈, 1998,『한국사를 통해 본 우리와 세계에 대한 인식』, 서울 : 풀빛.

朴仁鎬, 1999,『韓國史學史大要』, 서울 : 이회문화사.

신장섭, 2008,『한국의 악부시와 작품 세계』, 서울 : 도서출판 이치.

신종원, 2004,『삼국유사 새로 읽기』(1), 서울 : 일지사.

鄭求福, 1988,『海東樂府集成』1·2·3, 서울 : 驪江出版社.

허태용, 2009,『조선후기 중화론과 역사인식』, 서울 : 아카넷.

2. 논문

姜萬吉, 1969,「李朝時代의 檀君崇拜」,『李弘稙博士 回甲紀念 韓國史學論叢』, 서울 : 신구문화사.

강세구, 2018,「海東樂府를 통해 본 星湖 李瀷의 歷史認識」,『성호학보』20호.

金榮淑, 2001,「李福休의 역사의식과『海東樂府』의 褒貶樣相」,『대동한문학』15권.

노태돈, 2000,「단군과 고조선사에 대한 이해」,『단군과 고조선사』, 서울 : 사계절.

朴光用, 1994,「檀君認識의 歷史的 變遷 –조선시대–」,『단군 –그 이해와 자료–』, 서울 : 서울대학교출판부.

박준형, 2009,「한국 근현대 기자조선 인식의 변천」,『고조선사 연구 100년』, 서울 : 학연문화사.

徐永大, 1999,「傳統時代의 檀君認識」,『고조선단군학』제1집.

沈慶昊, 1981,「조선후기 한시의 자의식적 경향과 해동악부체」,『한국문화』제2집.

吳炫受, 2012,「箕子 전승의 확대 과정과 그 역사적 맥락」,『大東文化研究』79권.

전진국, 2012,「'한(韓)'의 유래와 명칭의 형성」,『정신문화연구』제35권 4호.

조경철, 2016,「단군신화의 환인·환국 논쟁에 대한 판본 검토」,『한국고대사탐구』제23권.

조동일, 1997,「동아시아 악부시의 비교론 서설」,『인문과학연구』제27호.

조원진, 2014,「단군신화의 구조 연구」,『인문학연구』제28호.

최병헌, 1994,「檀君認識의 歷史的 變遷 –고려시대 檀君神話 傳承文獻의 檢討–」,『단군 –그 이해와 자료–』, 서울 : 서울대학교출판부.

韓永愚, 1989,『朝鮮後期史學史研究』, 서울 : 一志社.

허흥식, 1997,「雪巖秋鵬의 妙香山志와 檀君記事」,『청계사학』 13.
許興植, 1999,「九月山 三聖堂史跡의 祭儀와 그 變化」,『고조선단군학』 제1집.

『발해고』를 통해 본 유득공의 발해사 인식 검토

임상선

Ⅰ. 머리말

유득공柳得恭(1748~1807)은 북학파의 일원이면서 한시 사대가의 한 사람이고, 『발해고渤海考』를 저술한 역사가이기도 하였다. 그의 8대조는 광해군의 장인인 유자신柳自新이었으나, 그 후손들이 인조반정으로 광해군이 폐위되고, 1628년에는 광해군 복위 사건에 연루되면서 집안이 큰 타격을 입었다. 유득공의 증조부인 유삼익이 서자였고 조부는 유한상柳漢相(1707~1770), 조모는 신흠申欽의 후손인 평산신씨이며, 부는 유춘柳椿(1726~1752), 모는 평안도병마절도사를 지낸 홍시주의 서자로 이원현감을 지낸 남양홍씨 이석[洪以錫]의 딸이었다. 유득공은 1763년 16세에 전주이씨와 혼인하고, 그 슬하에 2남 2녀를 두었다. 장남인 본학本學(1770~1842)은 파평윤씨 가기[尹可基]의 딸과, 차남인 본예本藝(1777~1842)는 한치윤韓致奫(1765~1814)의 맏형 한치규의 딸과 각각 혼인하였으며, 두 아들은 아버지에 이어 모두 검서관檢書官을 역임하였다. 장녀는 의령남씨 준도[南駿圖]와, 차녀는 창녕성씨 익증[成翼曾, 1786~1867]과 결혼하였다.

유득공은 부모가 결혼한 지 8년 만인 1748년(영조 24) 11월 5일 경기도 남양 백곡白谷 외가에서 태어나 한양에서 생활하였다. 5세에 부친이 27세로 별세하고, 7세에 어머니를 따라 외가인 백곡으로 갔다가 13세에 돌아와, 어머니가 경행방慶幸坊(오늘날 서울 종로구 경운동 일대)에서 삯바느질을 하였다. 포천, 양근, 풍천 등지의 관직 생활을 제외하고, 대부분 오늘날 중구 명동, 회현동, 소공동, 서소문동 일대에서 살았으며, 1807년 장흥방長興坊(오늘날 중구 남대문로, 충무로, 회현동 일대)의 집에서 60세로 생을 마감하였다. 양주楊州 송산 선영에 묻혔으나, 현재는 경기도 의정부시 자금동(자일동) 분두골 동쪽의 선산에 옮겨져 있다.

유득공은 오늘날 탑골공원 주변에 살던 박지원(1737~1805)을 비롯하여 성대중(1732~1809)과 아들인 성해응(1760~1839), 서상수(1735~1793), 이덕무(1741~1793), 박제가(1750~1805), 이서구(1754~1825) 등과 학문적으로 교류하며 생을 같이하였다. 어느 한 사람이 지방이나 외국을 여행하거나 책을 구하고 사람을 만나고 문물을 접하면 그것은 당사자만 아니라 나머지 사람들에게도 전해졌다. 지식과 경험은 이렇게 서로 소통되고 공유되었다.

유득공은 국내 옛 도읍지를 방문하고, 특히 세 번에 걸쳐 청을 방문하고 그 경험을 담은 다수의 저술을 남겼다. 연행 관련 자료로는 『중주십일가시선中州十一家詩選』(1777), 『열하기행시주熱河紀行詩註』, 『연대재유록燕臺再游錄』이 있고, 역사서로서 『이십일도회고시二十一都懷古詩』, 『발해고』, 『사군지四郡志』 등이 있다.

이 글에서는 유득공의 역사 인식 가운데 발해사에 초점을 맞추어 살펴보고자 한다. 유득공 본인뿐 아니라 박제가, 성해응이 작성한 『발해고』의 서문을 비교 검토하고,[1] 발해사의 핵심 주제인 발해의 건국자와 주민을 어떻게 인식하고 있었는지 검토하고자 한다.[2]

1 李龍範, 1975, 「冷齋 柳得恭」, 『李乙浩博士停年紀念 實學論叢』, 全南大學校 湖南文化硏究所; 李萬烈, 1981, 「朝鮮後期의 渤海史認識」, 『韓沽劤博士停年紀念史學論叢』; 송준호, 1985, 『유득공의 시문학 연구』, 태학사; 宋基豪, 1991, 「조선시대 史書에 나타난 발해관」, 『韓國史硏究』 72; 정진헌, 1998, 『실학자 유득공의 고대사 인식』, 신서원; 임상선, 2000, 「서평 – 柳得恭의 《渤海考》 異本(유득공 著, 송기호 譯, 2000, 《발해고》, 홍익출판사)」, 『역사학보』 166; 박인호, 2002, 「《발해고》에 나타난 유득공으 역사지리인식」, 『韓國史學史學報』 6; 宋基豪, 2002, 「柳得恭의 『渤海考』와 成海應」, 『朝鮮의 政治와 社會』, 집문당; 김영진, 2007, 「유득공의 생애와 교유, 年譜」, 『大東漢文學』 27; 김종복, 2010, 「수정본 《渤海考》의 내용과 집필 시기」, 『泰東古典硏究』 26; 허태용, 2010, 「조선후기 南北國論 형성의 논리적 과정 검토」, 『동방학지』 152; 김종복, 2011, 「조선 후기 실학자들의 발해사 연구 성과」, 『韓國古代史硏究』 62.

2 박시형, 1962, 「발해사 연구를 위하여」, 『력사과학』 1962-1, 과학원출판사; 李龍範, 1972, 「발해왕

Ⅱ.『발해고』 서문에 보이는 발해 인식

유득공의 대표적 역사 저술인『발해고』 지리고는 오류가 많은『요사遼史』를 답습하고 있어서 서문에서 제시한 혁신적인 남북국론까지도 과소평가되는 경우가 있었다. 그런데 최근『발해고』의 다양한 이본이 발견되면서 유득공의 발해 인식, 혹은 역사 인식을 수정하지 않으면 안 되게 되었다.

『발해고』가 남다른 의미를 갖게 된 '서문'도 처음에는 저자인 유득공의 것이 알려졌지만, 현재는 박제가, 성해응의 것도 존재한다. 시기를 달리하며 작성된 서문을 통하여 유득공과 당시 학인들이 갖고 있는『발해고』와 발해에 대한 인식을 비교하고, 그 변화도 엿볼 수 있다.

국의 형성과 고구려 유족(상)」,『동국대학교논문집』 10, 동국대학교; 盧泰敦, 1981,「고구려 유민사 연구 –요동, 당내지 및 돌궐방면의 집단을 중심으로–」,『한우근박사정년기념사학논총』, 지식산업사; 古畑 徹, 1984,「渤海建國關係記事の再檢討 –中國側史料の基礎的檢討–」,『朝鮮學報』 113, 朝鮮學會; 盧泰敦, 1985,「渤海國의 주민구성과 발해인의 族源」,『한국고대의 국가와 사회』, 일조각; 宋基豪, 1991,「大祚榮의 出自와 발해의 건국 과정」,『아시아문화』 7; 임상선, 1993,「渤海 建國 參與集團의 硏究」,『國史館論叢』 42,국사편찬위원회; 朴南勳, 1997,「발해 건국집단의 지배계층 검토」,『중앙사론』 9; 盧泰敦, 2003,「발해국의 주민구성에 대한 연구현황과 과제 –'고려별종'과 '발해족'을 둘러싼 논의를 중심으로–」,『한국사연구』 122, 한국사연구회; 김종복, 2004,「渤海의 건국과정에 대한 재고찰」,『韓國古代史硏究』 34; 정병준, 2007,「營州의 大祚榮 集團과 渤海國의 性格」,『東北亞歷史論叢』 16; 金鎭光, 2008,「渤海 建國集團의 性格」,『한국사연구』 143; 鄭永振, 2009,「論渤海國的种族构成与主体民族」,『北方文物』 2009–2; 郭素美, 2010,「渤海的主体民族及其來源」,『學習与探索』 2010–2; 권은주, 2010,「7세기 후반 북방민족의 反唐활동과 발해건국」,『白山學報』 86; 김기흥, 2011,「발해 건국집단의 역사적 정체성」,『역사학보』 210; 나영남, 2011,「渤海靺鞨의 再解釋 : 대조영의 出自와 발해의 주민구성」,『전북사학』 39; 苗威, 2013,「大祚榮族屬新考」,『中國邊疆史地研究』 23–3; 魏國忠, 2014,「渤海"靺鞨說"又添新証」,『社會科學戰線』 2014–3; 范恩實, 2015,「論渤海史上的族群問題」,『社會科學戰線』 2015–5; 韓世明, 2015,「渤海王族姓氏新考」,『中國邊疆史地研究』 25–2; 孙炜冉, 2017,「渤海民族的源流与族屬」,『云南師范大學學報(哲學社會科學版)』 2017–5; 김진광, 2018,「고고학적 관점에서 본 발해 건국 집단의 분화·재편과정 검토」,『인문과학연구』 56.

1. 유득공의 서문

유득공의 『발해고』 서문(9고본, 1784년 윤3월 작성)은 다음과 같다.

『발해고』 서序

고려가 발해사를 편찬하지 못한 것을 보면 고려가 떨치지 못했음을 알 수 있다. 옛날, 고씨가 북쪽에 있어 고구려라 하였고, 부여씨가 서남에 있어 백제라 하였고, 박·석·김씨가 동남에 있어 신라라 하였고 이를 삼국이라 하였으니 마땅히 삼국사가 있어야 하며, 고려가 이것을 편찬한 것은 옳았다. 부여씨가 망하고 고씨가 망함에 이르러, 김씨가 그 남쪽을 소유하고, 대씨가 그 북쪽을 소유하고 발해라 하였다. 이를 남북국이라 하고, 마땅히 '남북국사'가 있어야 하는데 고려가 이를 편찬하지 않은 것은 잘못이다.

무릇 대씨는 누구인가 하면 바로 고구려 사람이요, 그들이 차지했던 땅은 누구의 땅인가 하면 곧 고구려 땅이었다. 그 땅을 동·서·북으로 개척하여 크게 하였을 뿐이다. 김씨가 망하고 대씨도 망함에 이르러 왕씨가 통합하여 이것을 소유하고 고려라 했다. 그 남쪽은 김씨의 땅을 소유한 것이 완전하나, 그 북쪽은 대씨의 땅을 소유하였으나 불완전하였다. 혹은 여진에게 들어가고, 혹은 거란에게도 들어갔다. 이 때를 당하여 고려를 위해 꾀하는 자는 마땅히 발해사를 급히 편찬하여 이것을 가지고 여진을 책망하길 '왜 우리에게 발해의 땅을 돌려주지 않는가? 발해 땅은 곧 고구려 땅이다'라 하고, 한 명의 장군을 보내 그것을 거두어들이면 토문 북쪽을 소유할 수 있었고, (발해사 책을) 가지고 거란을 책망하길 '왜 우리에게 발해의 땅을 돌려주지 않는가? 발해의 땅은 바로 고구려의 땅이다'라 하고, 한 명의 장군으로 하여금 가서 거두어들이면 압록 서쪽을 소유할 수 있었을 것이다. 끝내 발해사를 편찬하지 않아 토문 북쪽과 압록 서쪽이 누구의 땅인지 알지 못하게 되어, 여진을 책망하려 해도 할 말이 없고, 거란을 책망하려 해도 할 말이 없었다. 고려가 결국 약한 나라가 된 것은 발해의 땅을 획득하지 못했기 때문이니 탄식하지 않으리오!

어떤 이는 '발해가 요나라에게 멸망되었는데, 고려가 어떻게 그 역사를 편찬하리오'라고 말한다. 이는 그렇지 않다. 발해는 중국을 본받았으니 필시 사관이 있었을 것이다. 그 홀한성이 무너졌을 때, 세자 이하 고려로 도망 온 자가 십여만 명이나 되었다. 그들 가운데 사관이 없다면 필시 그 책은 있었을 터이고, 사관도 없고 책도 없다 하더라도 세자에게 묻는다면 그 세계를 알 수 있었을 것이고, 은계정에게 물었다면 그 예는 알 수 있었을 것이고, 십여만 명에게 물어보았다면 알지 못하는 것이 없었을 것이다. 장건장은 당나라 사람인데도 일찍이 『발해국기』를 지었는데 고려 사람으로서 어찌 발해사를 편찬하지 못할 수 있겠는가! 슬프다! 문헌이 흩어져 없어진 지 몇 백 년이 흘렀으니 비록 편찬하고자 해도 얻을 수가 없구나.

나는 내각에 속하는 관리로서 자못 비장된 책을 읽고 발해에 대한 일[事]을 순서대로 편찬하여 임금·신하·지리·직관·의장·물산·국어·속국의 아홉 가지 고찰[考]을 하였다. 세가·전·지라 말하지 않고, 고[考]라고 한 것은 '역사[史]'가 되지 않고 또한 감히 내 스스로 '사史'라고 말할 수 없기 때문이다.

갑진년(1784) 윤삼월 이십오일[3]

3 渤海考 序 : 高麗不修渤海史 知高麗之不振也 昔者高氏居于北 曰高句麗 扶餘氏居于西南 曰百濟 朴昔金氏居于東南 曰新羅 是爲三國 宜其有三國史 而高麗修之是矣 及扶餘氏亡 高氏亡 金氏有其南 大氏有其北 曰渤海 是謂南北國 宜其有南北國史 而高麗不修之非矣 夫大氏者何人也 乃高句麗之人也 其所有之地何地也 乃高句麗之地也 而斥其東斥其西斥其北而大之耳 及夫金氏亡大氏亡 王氏統而有之 曰高麗 其南有金氏之地則全 而其北有大氏之地則不全 或入於女眞 或入於契丹 當是時爲高麗計者 宜急修渤海史 執而責諸女眞曰 何不歸我渤海之地 渤海之地乃高句麗之地也 使一將軍往收之 土門以北可有 執而責諸契丹曰 何不歸我渤海之地 渤海之地乃高句麗之地也 使一將軍往收之 鴨綠以西可有也 竟不修渤海史 使土門以北鴨綠以西 不知爲誰氏之地 欲責女眞 而無

유득공의 『발해고』 서문은 그가 『발해고』를 저술하게 된 이유를 설명하는 글이다. 유득공은 『발해고』 서문의 첫머리에서 고려가 부진하게 된 원인이 고려가 발해사를 편찬하지 않았기 때문이라고 하였다. 유득공이 『발해고』를 저술하게 된 의도가 바로 여기에 있었던 것이다.

고려가 삼국의 역사를 편찬하듯이 발해사를 편찬해야 하는 이유는 김씨가 남쪽에, 대씨가 그 북쪽의 발해에 있어 '남북국'이라 하니 마땅히 그 '남북국사'가 있어야 하는데 고려가 그것을 편찬하지 않은 것은 잘못이라는 것이다. 이어서 발해에 대하여 설명하기를 대씨는 고구려인이고, 발해가 소유한 땅은 고구려 땅을 동·서·북으로 확대하였다고 보았다. 고려가 남쪽 김씨의 땅은 모두 차지하였지만, 그 북쪽 대씨의 땅은 불완전하게 소유하고, 일부는 여진에 들어가고 일부는 거란에 들어갔다고 하였다. 만약 고려가 발해사를 편찬하였다면, 이 책을 가지고 여진과 거란을 꾸짖기를 "왜 우리에게 발해의 땅을 돌려주지 않느냐, 발해의 땅은 바로 고구려의 땅이다"라 하며 한 사람의 장군을 보내 그것을 거두면 토문土門 북쪽과 압록 서쪽을 소유할 수 있었을 것이라고 하였다. 마땅히 고려를 운영하는 자는 시급히 발해사를 편수해야 했는데, 그러지 못하여 토문 북쪽과 압록 서쪽이 누구의 땅인지 알지 못하게 되어 여진과 거란을 책망할 말이 없게 되었다고 하였다. 고려가 결국 약한 나라가 된 것은 바로 발해의 옛 땅을 회복하지 못했기 때문이라고 보았다.

유득공은 김씨와 왕씨를 통합하여 소유한 것이(남북국 통합의 의미) 바

其辭 欲責契丹 而無其辭 高麗遂爲弱國者 未得渤海之地故也 可勝歎哉 或曰 渤海爲遼所滅 高麗何從而修其史乎 此有不然者 渤海憲象中國 必立史官 其忽汗城之破也 世子以下奔高麗者十餘萬人 無其官則必有其書矣 無其官無其書 而問於世子 則其世可知也 問於隱繼宗 則其禮可知也 問於十餘萬人 則無不可知也 張建章唐人也 尙著渤海國記 以高麗之人 而獨不可修渤海之史乎 嗚呼文獻散亡 幾百年之後 雖欲修之 不可得矣 余以內閣屬官 頗讀秘書 撰次渤海事 爲君臣地理職官儀章物産國語國書屬國九考 不曰世家傳志 而曰考者 未成史也 亦不敢以史自居云 甲辰閏三月二十五日.

로 고려라 하였다. 다시 말하면, '남북국'이었던 신라와 발해를 통일한 것이 '고려'라고 주장하였다. 유득공이 발해사를 편찬했어야 한다고 한 이유는 발해의 땅에 대한 고려의 소유권 주장의 근거가 될 수 있다고 보았기 때문이다. 그런데 발해의 땅에 대한 고려 측의 소유권 주장이 고려가 발해를 계승했기 때문이 아니고 이전의 고구려를 전제로 하고 있는 점이 특징이다.[4] 발해도 대씨大氏는 고구려인이고, 발해가 소유한 땅은 고구려 땅이라는 점에서 유득공은 발해를 고구려 땅에 고구려인이 세운 국가라고 역설하고 있다.

유득공은 이어서 자신이 『발해고』를 저술하게 된 이유를 설명하였다. 발해 유민이나 자료가 있었던 고려시대에도 편수하지 못한 발해사를 몇 백 년이 지나 자신이 편수할 수 있었던 것은 바로 내각에 소속된 관원으로 비서秘書를 볼 수 있었기 때문이라고 하였다. 아마도 1779년 이덕무·박제가 등과 함께 초대 검서관이 되어[5] 규장각 등의 도서를 열람하게 된 것을 말하는 것으로 생각된다.

유득공은 발해의 일을 군君, 신臣, 지리, 직관, 의장, 물산, 국어, 국서, 속국의 9개 고찰로 분류하였다. 일반적으로 역사서는 세가世家, 전傳, 지志로 편찬하는데 자신이 9개 고찰이라 한 것은 '역사'가 되지 않기 때문이며, 이로 인하여 책의 제목도 '발해사'라 자임하지 못하고 '발해고'라 한 것이라고 겸손해 하였다.[6] 유득공의 서문이 『발해고』의 판본 중 9고

4 王建이 국호를 "高麗"라 하고, 西京을 중시하는 등의 정책을 통하여 이전의 고구려를 계승하려고 했음은 주지의 사실이다.

5 김영진, 2007, 「유득공의 생애와 교유, 年譜」, 『大東漢文學』 제27집.

6 발해고 서문의 마지막 부분인 "不曰世家傳志 而曰考者 未成史也 亦不敢以史自居云"은 『발해고』에 대한 유득공의 인식이 잘 드러나 있는 구절이다. 그런데 이 구절에서 "不曰世家傳志 而曰考者"를 '세가,전,지라 하지 않고 고라 한 것'이라 해석하는 것에는 이론이 없지만, 그 뒷부분인 "未成史也 亦不敢以史自居云"에 대해서는 다양한 해석이 있다. 이 부분은 유득공의 『발해고』에 대한 핵심적인 인식이기 때문에 중요하다. 가령, "고라 부른 것은 아직 역사서로 완성하지 못하여 정식 역사서로 감히 자처할 수 없기 때문이다"(송기호 옮김, 2000, 『발해고』, 홍익출판사, 44쪽)라고 한 경우도 있

본에 해당되는 것을 알 수 있다.

유득공의 발해에 대한 인식은 고려 왕건의 인식과는 일정 부분 차이가 있다.[7] 발해는 멸망하기 전 고려와 접촉한 바 있고, 멸망을 전후해서는 발해 세자 대광현大光顯을 비롯하여 다수의 사람들이 고려로 넘어왔다. 또한 왕건도 발해에 친밀감을 가졌고 심지어 양국 간에 혼인관계에 이르렀다는 자료가 『자치통감資治通鑑』에 수록되어 있다.

942년(태조 25)에는 거란이 고려에 사신을 보내 낙타 50필을 바쳐왔다. 그러나 고려에서는 거란이 발해를 멸망시킨 무도한 나라라고 하여 그 사신들을 섬으로 유배하고 낙타는 모두 만부교 아래에서 굶겨 죽였던 것이다.[8] 이로써 고려와 거란의 외교 관계는 단절되었으며, 고려에서는 거란에 대한 적대를 계속 유지하였다. 이듬해에 지어진 「훈요십조訓要十條」 가운데서도 거란을 '금수의 나라'로 지목하여 그 언어와 제도를 본받지 말도록 경고하고 있다.[9] 그 뒤 양국 간의 관계는 991년(성종 10)부터 1018년(현종 9)에 이르는 동안 세 차례의 전쟁을 거친 뒤 1019년에 화의가 맺어짐으로써 화평을 유지하게 되었다.

지만, "고라고 한 것은 아직 역사서를 완성하지 못하였기 때문이다. 그러니 나 또한 감히 역사가로 자처할 수 없다고 하겠다"(유득공 지음, 김종복 옮김, 2018, 『정본 발해고』, 책과함께, 61쪽)며, 뒷부분을 역사가로 해석하기도 한다.

7 고려와 발해 관계 및 고려의 발해에 대한 인식에 대해서는 아래의 논고 참조. 韓圭哲, 1983, 「新羅와 渤海의 政治的 交涉過程 −南北國의 사신파견을 중심으로−」, 『韓國史研究』 43; 韓圭哲, 1984, 「高麗來投·來往 契丹人−渤海遺民과 關聯하여」, 『韓國史研究』 47; 宋基豪, 1987, 「발해멸망기의 대외관계−거란, 후삼극과의 관계를 중심으로−」, 『韓國史論』 17, 서울대 국사학과; 金恩國, 1992, 「渤海滅亡에 관한 재검토−거란침공과 그 대응을 중심으로−」, 『白山學報』 40; 임상선, 1993, 「高麗와 渤海의 關係 −高麗 太祖의 渤海認識을 中心으로−」, 『素軒南都泳博士 古稀紀念歷史學論叢』, 民族文化社; 이효형, 2000, 「고려시대 발해유민 후예의 사회적 지위 −大氏系인물을 중심으로」, 『백산학보』 55집; 이효형, 2007, 『발해유민사연구』, 혜안; 박한설, 2007, 「高麗의 高句麗 繼承性」, 『고구려발해연구』 29; 박순우, 2015, 「고려시대 발해인의 정체성과 고려인의 시각」, 『한국중세사연구』 43.

8 "(壬寅)二十五年冬十月契丹遣使來遣橐駝五十匹. 王以契丹嘗與渤海連和忽生疑貳背盟殄滅此甚無道不足遠結爲隣遂絕交聘流其使三十人于海島繫橐駝萬夫橋下皆餓死." 『高麗史』 2卷 世家2 太祖2.

9 "其四曰 惟我東方舊慕唐風文物禮樂悉遵其制. 殊方異土人性各異不必苟同. 契丹是禽獸之國風俗不同言語亦異衣冠制度愼勿效焉." 『高麗史』 2卷 世家2 太祖2 (癸卯)26년 夏四月.

고려 태조가 가지고 있던 거란에 대한 인식은 거란과의 전쟁에 이르러서는 일부 변화가 보인다. 고려 993년(성종 12), 거란이 조빙과 서경 이북의 땅을 할양할 것을 요구하며 대규모로 고려를 침입하였다. 고려 조정에서는 항복하자는 주장과 서경 이북을 할양하고 강화하자는 주장이 있었는데, 서희(942~998)는 이것에 모두 반대하며 거란 소손녕蕭遜寧과의 담판에 나섰다. 특히 서경 이북을 떼어주자는 주장에 대해 만약 이후에 거란이 또 '삼각산 이북도 또한 고구려의 옛 땅이니' 요구하면 떼어주지 않을 수 없을 것이라며 반대하였다.

담판 중에 소손녕이 서희에게 말하기를 "그대 나라가 신라 땅에서 일어났고 고구려 땅은 우리의 소유인데 그대가 침식하였고, 또 우리와 경계가 닿았는데도 바다를 넘어 송나라를 섬기는 까닭에 오늘의 출병이 있게 된 것이니 만일 땅을 베어서 바치고 조빙을 닦으면 가히 무사할 것이다"라고 하니, 서희가 말하기를 "아니다. 우리나라가 곧 고구려의 옛 땅이다. 그러므로 국호를 고려라 하고 평양에 도읍하였다. 만일 땅의 경계로 논한다면 그대의 나라 동경은 다 우리 경내에 있거늘 어찌 침식이라 하리오. 그리고 압록강의 내외도 또한 우리의 경내인데 지금 여진이 그 사이를 억지로 차지하여 완악하고 교활하게 거짓말을 하며 길을 막고 있으니, 바다를 건너는 것보다 더 심한지라 조빙의 불통은 여진 때문이다. 만일 여진을 쫓고 우리 옛 땅을 돌리어 성보를 쌓고 도로를 통하게 하면 감히 수빙하지 아니하리오."라고 하였다.[10]

10 "熙又奏曰 自契丹東京, 至我安北府, 數百里之地, 皆爲生女眞所據, 光宗取之, 築嘉州·松城等城. 今契丹之來, 其志不過取此二城, 其聲言取高勾麗舊地者, 實恐我也. 今見其兵勢大盛, 遽割西京以北與之, 非計也. 且三角山以北, 亦高勾麗舊地, 彼以谿壑之欲, 責之無厭, 可盡與乎? 況割地與敵, 萬世之恥也, …… 成宗會群臣問曰, '誰能往契丹營, 以口舌却兵, 立萬世之功乎?' 群臣無有應者, 熙獨奏曰, '臣雖不敏, 敢不惟命.' 王出餞江頭, 執手慰籍而送之. …… 遜寧語熙曰, 汝國興新羅地, 高勾麗之地, 我所有也, 而汝侵蝕之. 又與我連壤, 而越海事宋, 故有今日之師. 若割地以獻, 而修朝聘, 可無事矣. 熙曰, 非也. 我國卽高勾麗之舊也, 故號高麗, 都平壤. 若論地界, 上國之東京, 皆在我境, 何得謂之侵蝕乎? 且鴨綠江内外, 亦我境内, 今女眞盜據其閒, 頑黠變詐, 道途梗澁, 甚於涉海.

소손녕이 고구려 땅이 거란의 소유라고 한 것은 거란이 고구려 땅에 대한 연고가 있다는 의미이자 아울러 거란이 고구려를 계승하고 있다는 주장이라고도 볼 수 있다. 그러자 서희는 고구려를 계승하고 있는 것은 거란이 아니라 고려라고 강하게 반박하였다. 고려가 고구려를 계승하였기 때문에 바로 국호를 고려라 하고 평양에 도읍한 것이라고 답하였다.

서희와 소손녕 간의 대화에서는 고려와 거란이 모두 고구려에 대한 연고를 강조하며 옛 고구려 영토에 대한 소유를 주장하지만, 정작 고구려 멸망 후 고구려 옛 땅에 건국되었던 발해에 대해서 아무런 언급이 없다는 것은 의아스러운 점이다. 태조 왕건을 비롯한 고려는 발해를 친척의 나라로 간주하고 발해의 유민도 적극적으로 받아들였지만, 고려가 발해를 계승한 나라라는 인식까지는 이르지 못한 듯하다.

서희가 거란과의 담판에서 이전의 발해가 아닌 고구려를 강조하는 것은 유득공에게서도 나타나지만, 유득공은 고려가 발해의 땅을 차지하고, 발해와 신라의 남북국을 통합한 통일 국가임을 강조하고 있다. "저 대씨는 누구인가, 바로 고구려의 사람이다. 그들이 소유한 땅은 누구의 땅인가, 바로 고구려의 땅이다"라며 발해가 고구려 땅을 소유한 것이라고 보았다. 또한 고려가 신라와 발해를 통일했으므로 신라와 발해의 땅에 대한 소유권이 있는 것이고, 이것을 뒷받침하는 것이 바로 발해의 역사를 편찬하는 것이었는데, 실제로는 그러지 못하여 부진하게 되었다고 한탄하였다.

서희와 소손녕 간의 대화에는 고려와 거란이 모두 고구려에 대한 연고가 있고, 옛 고구려 영토에 대한 소유도 주장하지만, 정작 고구려 멸

朝聘之不通, 女眞之故也, 若令逐女眞, 還我舊地, 築城堡通道路, 則敢不修聘? 將軍如以臣言, 達之天聰, 豈不哀納? 辭氣慷慨, 遜寧知不可强, 遂具以聞. 契丹帝曰, '高麗旣請和, 宜罷兵.'" 『高麗史』 94 列傳 권제7 徐熙.

망 후 고구려 유민에 의해 그 옛 땅에 건국되었던 발해에 대해서 아무런 언급이 없었다. 유득공은 『발해고』 서문에서 바로 이 점을 지적하며, 고려에서 발해가 갖는 의미를 명확히 설명하였다고 보인다.

2. 박제가의 서문

발해고 서문 : 9고본(1785년 가을에 작성)

내가 일찍이 서쪽으로 압록강의 애양靉陽을 건너 요양遼陽에 이르렀다. 그 사이의 오륙백 리가 대체로 모두 큰 산과 깊은 골짜기였는데, 낭자산을 나와 비로소 보니 평평한 벌이 아득하게 펼쳐져 해와 달과 날아다니는 새만이 아지랑이 속에서 오르내리고 있었다. 다시 동북쪽을 돌아보니 여러 산이 하늘을 두르고 땅을 막아선 채로 뻗어 있어 마치 붓으로 획 그은 것 같았다. 앞서 말한 큰 산과 깊은 골짜기가 모두 요동 천 리 길의 바깥 울타리인 셈이다. 이에 한숨을 내쉬며 "여기가 하늘의 끝이구나" 하고 탄식하였다.

무릇 요동은 천하의 한 구석이다. 그러나 영웅과 제왕이 일어난 것이 이보다 성대한 곳이 없었다. 대개 그 땅이 연燕·제齊 지방과 인접하여 중국의 형세를 엿보기 쉽기 때문이다. 그러므로 발해 대씨가 뿔뿔이 흩어진 유민들로써 산 바깥을 그어 포기하고도, 오히려 한 구석에 웅거하며 천하와 겨룰 수 있었다. 고려 왕씨王氏는 삼한三韓을 통합하였지만 그 세상을 마칠 때까지 감히 압록강을 한 걸음도 나가지 못했으니, 산천의 할거·득실의 흔적을 대체로 볼 수 있다.

무릇 아녀자가 보는 것은 용마루를 넘지 못하고 어린이가 노는 곳은 겨우 문지방에 미칠 뿐이니 본래 담장 밖의 일을 말하기에 부족할 것이다. 선비는 신라 영토에서 태어나 그 눈을 막고 그 귀를 닫아 버리고, 또 중국의 한·당·송·명 나라의 흥망과 전쟁에 관한 일도 모르니,

하물며 발해의 옛일인들 알겠는가?

내 친구 유군 혜풍은 널리 배워 시를 잘 짓고 전고에도 밝아서, 이미 『이십일도시주』를 찬술하여 국내의 경관을 자세히 살폈다. 다시 나아가 『발해고』 1권을 지어서 인물과 군현, 왕실 계보의 연혁 등을 상세하게 잘 엮어서 두루 모아놓으니 기뻐할 만하다. 그런데 그가 왕씨가 고구려의 옛 강역을 회복하지 못하였음을 탄식한 말이 있다. 왕씨가 옛 강역을 회복하지 못하니 계림과 낙랑의 옛터가 마침내 어두워져 스스로 천하와 단절되었다는 것이다. 나는 여기서 내 앞 견해와 서로 일치됨을 알게 되었고 유군의 재주가 능히 천하의 형세를 살피고 왕도와 패도의 방략을 엿볼 수 있음에 감탄하였다. 또한 어찌 일국의 문헌을 갖추었다고 하여 호회胡恢나 마령馬令이 지은 책과 그 장단점을 맞출 뿐이겠는가. 그러므로 서문을 써서 이처럼 논한다.

임금께서 즉위한 지 9년째(1785) 가을[11]

박제가는 "이미 『이십일도시주』를 찬술하여 국내의 경관을 자세히 살폈다. 다시 나아가 『발해고』 1권을 지어서 인물과 군현, 왕실 계보의 연혁 등을 상세하게 잘 엮어서 두루 모아놓으니 기뻐할 만하다"라고 하며, 유득공의 『이십일도회고시』는 국내의 경관을 상세히 한 것이며, 『발해고』는 거기서 나아간 것이라 하고 있다.

11 余嘗西踰 鴨綠道 甕陽 至遼陽 其間 五六百里 大抵皆大山深谷 出狼子山 始見平原無際 混混茫茫日月飛鳥升沈于野氣之中 而回視東北 諸山環天塞地 亘若畫一 向所稱大山深谷 皆遼東千里之外障也 乃喟然而歎曰 此天限也 夫遼東天下之一隅也 然而英雄帝王之興 莫盛於此 盖其地接燕齊易覘中國之勢 故渤海大氏 以區區散亡之餘 劃山外而棄之 猶足以雄視一方 抗衡天下 高麗王氏統合三韓 終其世不敢出鴨綠一步 則山川割據得失之跡 槪可以見矣 夫婦人之見 不逾屋脊 孩提之遊僅及門閾 則固不足語垣墻之外矣 士生新羅九州之内 錮其目而廢其耳 且不知漢唐宋明興亡戰亡之事 而况於渤海之故哉 吾友柳君惠風 博學工詩 嫺於掌故 旣撰二十一都詩註 以詳域内之觀 又推之爲渤海考一卷 人物郡縣世次沿革 組縷纖悉 錯綜可喜 而其言也 歎王氏之不能復句驪舊疆也 王氏之不復舊疆 而鷄林樂浪之墟 遂貿貿焉自絕於天下矣 吾於是有以知前見之相符 而歎柳君之才能審天下之勢闚王霸之略 又豈特備一國之文獻 與胡恢馬令之書 挈其長短而已哉 故序而論之如此 上之九年秋.

"고려 왕씨는 삼한을 통합하였지만 그 세상을 마칠 때까지 감히 압록강을 한 걸음도 나가지 못했으니, 영역을 차지한 득실의 흔적을 대체로 볼 수 있다"라며, 발해가 요동의 일부를 차지하고 있었는데, 고려 왕씨는 삼한을 통합하였을 뿐 압록강을 넘어서지 못하였다는 것은 발해의 땅을 차지하지 못한 것을 지적한 것이다. 유득공이 고려가 신라와 발해를 통합하였다고 본 것과 달리 고려가 삼한을 통합하였다고 보고 있다.

유득공이 『발해고』에서 "왕씨가 고구려의 옛 강역을 회복하지 못하였음을 탄식한 부분이 있다. 왕씨가 옛 강역을 회복하지 못하니 계림과 낙랑의 옛터가 마침내 어두워져 스스로 천하와 단절되었다는 것이다"라고 하였는데, 뒷부분의 '왕씨가 구강舊疆을 회복하지 못하여, 계림 낙랑의 옛터가 드디어 어두워지며 천하와 단절되었다'고 한 것은 이곳이 압록강 밖에 있다고 이해한 것으로 보인다.

3. 성해응의 서문

발해고 서문 : 5고본

영재 유공 혜보가 일찍이 비서를 열람하다가 발해에 대한 사실을 얻었으니, 『당서』「발해전」에 비해 더욱 상세하게 그 세계, 전기, 지리 등을 편찬하여 한 권으로 만들었다. 발해 태씨는 속말수에서 일어났으니, 속말은 바로 지금의 혼동강이다. 태씨는 작은 무리로써 동북쪽에서 세력을 떨치며, 능히 이웃 나라와 교섭할 때에 문장도 찬란하였다. 그리고 관직 제도, 관품과 복장, 주州와 부府의 설치는 당나라의 제도를 본받았다.

5경 15부 가운데 남경 남해부는 지금의 남관南關이며, 동경 책성부는 지금의 북관北關이며, 서경 압록부는 지금 관서關西의 북쪽 경계이며, 나머지 2경 15부도 모두 압록강과 두만강 밖에 있어서 우리 경계와 멀지 않다. 이때 고구려가 막 멸망하자 당나라가 안동도호를 두어 지키게 하였으나, 너무 멀어 다스리기 어려워 그 주민들을 대부분 양자강과 회하로 이주시키니 빈 땅이 되었다. 그래서 발해가 점차 세력을 과시하게 되었으며, 수백 년 지나 거란에 멸망되었다.

무릇 숙신 이후로 때로는 물길이라 불리고, 때로는 말갈이라 불리고, 때로는 발해라 불렸으니, 그 부락의 흥망성쇠에 대해서는 참으로 말할 수 있는 것이 별로 없다. 그러나 바야흐로 그 사납고 건장한 자들이 체력과 호기를 믿고 숲속에 모여들어 서로 다투어 빼앗으며 제멋대로 날뛰는 사실에 대해서는 그 득실의 흔적을 족히 고찰할 수 있다. 그리고 국경의 진퇴와 산천의 지세는 모두 국가 대사를 꾀하는 사람이라면 마땅히 통달해야 하는 것이다.

그런데 가탐賈耽의 『군국지郡國志』는 간략하여 완비되지 못하였고, 탈탈의 『요사』는 오류가 많고, 『금사』는 비록 상세하지만 산과 강 이름이 애매하여 증명할 수 없다. 혜보는 평소 지리학에 밝아서 그가 증거로 삼고 분석한 것이 모두 질서정연하다. 예컨대 남해부를 함흥에 비정하고, 책성부를 경성에 비정한 것이 그러하다. 다만 압록부는 강계에서 동북쪽으로 이백 리 떨어진 압록강 북쪽에 있다고 하였지만, 내가 그 관할 아래 있는 신주·환주 등을 살펴보니 압록강 남쪽에 있었지 북쪽에 있었던 것은 아니다.

공이 정력을 쏟아 고증하고 연구하여 이 책을 만든 것은 본래 호기심에서 나온 것이지 남들이 알아주기를 바란 것이 아니다. 그러나 사람들이 자세히 열람하여 발해의 건국과 설치의 뜻을 파악한다면 세상을 다스리고 백성을 구제하는 정책에 도움 되는 것이 적지 않을 것이다. 그러나 아는 사람이 매우 적어 함부로 버리니 애석함을 금할 수 없구나.[12]

성해응은 유득공의 『발해고』가 『당서唐書』 발해전에 비하여 더욱 상세하다 하고, 『당서』 발해전에 없는 자료는 유득공이 일찍이 비서를 검서하던 중 얻은 것이라고 하였다. 성해응이 유득공의 서문[余以內閣屬官 頗讀秘書]을 보았던 것으로 생각된다.

발해의 "세계와 전기, 지리 등을 편찬하여 한 권으로 만들었다[編其世系, 傳記, 地理等. 爲一卷]"고 하니, 5고본의 군고(권1), 신고(권2), 지리고(권3), 직관고 · 예문고(권4), 정안국고(부록)가 세계, 전기, 지리임을 알 수 있다.

발해 태씨는 속말수粟末水에서 일어났고, 대씨가 작은 무리로써, 동북쪽에서 세력을 떨쳤다고 한다. 고구려가 멸망하고 대부분 그 주민이 강회로 옮겨지고 땅이 비었는데, 발해가 점차 침범하여 커진 것이 수백 년 되어 거란에 멸망되었다고 하였다. 숙신, 물길, 말갈, 그리고 발해가 되었다고 하니, 성해응은 유득공과 달리 발해의 주민은 고구려민이라기보다는 말갈민이라 보고 있는 듯하다.

성해응의 서문은 유득공 말년에 작성, 4권본(5고분)에 첨부되지 못하고 『연경재집』에 수록되었을 것이라고도 한다.[13]

이 밖에 이규경(1788~1856)의 발문이 있는 『발해고』는 유득공의 사후에 간행된 것이지만, "유득공이 일찍이 발해를 상고할 수 없음을 한탄하여 사전史傳을 두루 모으고 사실을 널리 수집하여 이 책을 엮었으니, 역사가의 체재를 깊이 얻었다. 모두 4권 5목으로 구성하니, 이에 온 세

12 渤海考序 : 泠齋柳公惠甫. 嘗撿中秘書. 得渤海事. 比唐書渤海傳. 益加詳. 編其世系, 傳記, 地理等. 爲一卷. 渤海太氏. 起於粟末水. 粟末. 卽今混同江也. 太氏以區區之衆. 雄張於東北. 能交聘鄰國. 文辭爛然. 而職官品服. 與夫州府建置. 頗倣効唐制. 五京十五府. 其南京南海府. 今南關也. 其東京柵城府. 今北關也. 其西京鴨綠府. 今關西之北境也. 其餘二京十五府. 亦皆在鴨綠豆滿二江之外. 與我境不遠. 是時. 高麗新滅. 唐雖建安東都護以鎭之. 然荒遠不治. 其民多徙江淮而地空. 所以渤海漸侵牟自大者數百年. 爲契丹所滅. 夫自肅愼以後. 或稱勿吉. 或稱靺鞨. 或稱渤海. 其部帳之盛衰興滅. 固不足道. 方其忿鷙魁傑. 負力怙氣. 屯結山林. 互相傾奪. 跳踉自恣. 有足以考其得失之跡. 而彊事進退. 山川險阻. 皆可爲籌國者. 所當究(3)解. 但賈耽郡國志. 簡而不備. 脫脫遼史. 又多繆誤. 金史雖詳其山名水名. 多茫然無徵. 惠甫. 素明於地理之學. 其所援据辨核. 皆秩然有序. 如南海府定爲咸興. 柵城府定爲鏡城. 獨以鴨綠府謂在江界東北二百里. 鴨綠江北. 余以其所領神桓諸州觀之. 在江南. 而不在江北也. 公之費精罷力. 考校尋繹. 爲此書者. 固出於好奇. 非欲人知之. 然人苟能詳閱. 得其開創設置之意. 則有裨於經濟之策者不細. 而知者鮮少. 顧漫棄之. 可勝惜哉.

13 박인호, 2002, 「《발해고》에 나타난 유득공의 역사지리인식」, 『韓國史學史學報』 6, 40쪽.

상이 발해가 동방에 나라를 세웠음을 알게 되었다"[14]고 하였다.

Ⅲ. 『발해고』의 발해 건국자와 주민 인식

유득공은 『발해고』 서문에서 발해가 멸망하고 고려가 발해사를 편찬하지 않아, 그곳에 살고 있는 여진과 거란을 책망하며 땅을 수복할 명분이 없게 되었다고 하였다. 이것이 몇 백 년이 지났지만 자신이 발해사를 편찬하는 이유라고 하였다.

유득공은 『발해고』 서문에서 "무릇 대씨는 어디 사람이냐 하면 고구려 사람이요, 그들이 차지했던 땅은 어딘가 하면 곧 고구려 땅이었다"라고 하며, 발해가 고구려 땅에 고구려인에 의해 건국된 국가라고 주장하였다. 유득공은 발해 대씨를 어떤 점에서 고구려 사람이라고 했을까. 발해 주민은 누구라고 생각하고 있었을까. 이것은 유득공이 발해와 당시 조선을 어떤 점에서 연결시켰는지 엿볼 수 있는 단초가 될 수도 있다는 점에서 의미가 있다.

『발해고』에서는 발해 대씨를 고구려인이라 하고, 발해가 소유한 땅을 고구려 땅이라 하였다. 이것이 혹은 여진에 들어가고 혹은 거란에 들어갔다고도 하였다. 발해사를 편수하였다면 한 사람의 장군에게 이것을 가지고 가서 여진과 거란을 책망하며 토문 이북과 압록 이서를 소유할 수 있었을 것이라고 하였다.

이와 달리 발해고 본문 「군고君考」에서는 걸걸중상과 대조영의 출자

14 嘗嘆渤海之無稽 廣摭史傳 博採事實 編撰此書 深得史家體裁 卷凡四目凡五 於是擧世始知渤海之立國於東方矣.(김종복, 2010, 「수정본 《渤海考》의 내용과 집필시기」, 『泰東古典硏究』 26, 61~62쪽에서 재인용.)

에 대하여 아래와 같이 설명하고 있다.

○ 진국공震國公은 성이 대씨이고 이름이 걸걸중상乞乞仲象이고 속말말갈인이다. 속말말갈은 고구려에 신하로 있던 자이다. 혹은 말하기를, 대씨가 대정씨大庭氏에서 나왔으니 동이의 대씨는 대련大連으로부터 시작되었다고 한다.[15] 당나라 고종 총장 원년 고구려가 멸망하니, 중상이 아들인 조영祚榮과 식솔을 거느리고 영주營州에 옮겨 살고, 사리舍利라 칭하였다. 사리라는 것은 거란 말로 '장관帳官'이다. 무후 만세통천 2년, 거란 송막도독 이진충李盡忠과 귀성주 자사 손만영孫萬榮이 당나라에 반란을 일으켜 영주를 함락시키고 도독인 조문홰趙文翽를 죽였다. 중상이 두려워하며 말갈 추장 걸사비우乞四比羽와 고구려의 격파된 부部와 더불어 동쪽으로 달아나 요수를 건너, 태백산 동북쪽을 차지하고 오루하奧婁河에 의지하여 성벽을 쌓고 스스로 굳건히 하였다. 무후가 중상을 진국공震國公, 비우를 허국공許國公에 책봉하였으나, 비우가 책명을 받아들이지 않았다. 무후가 옥검위대장군 이해고李楷固와 중랑장 색구索仇에게 조서를 내리니, 비우를 공격하여 목을 베었다. 이때 중상은 이미 죽었었다.[16]

○ 고왕高王은 이름이 조영이며 진국공의 아들이다. 일찍이 고구려의

15 5고본(이 글에서 5고본의 본문은 유득공 지음, 김종복 옮김, 2018, 『정본 발해고』, 책과함께 참조)에서는 "粟末靺鞨者 依粟末水以居 臣於高句麗者也"라며 밑줄 부분이 추가되었다. 『정본 발해고』, 283쪽.

16 震國公 : 震國公姓大氏 名乞乞仲像 粟末靺鞨人也 粟末靺鞨者 臣於高句麗者也 或言大氏 出自大庭氏 東夷之有大氏自大連始也 唐高宗總章元年 高句麗滅 仲象與子祚榮 率家屬徙居營州 稱舍利 舍利者 契丹語帳官也 武后萬歲通天二年 契丹松漠都督李盡忠 歸誠州刺史孫萬榮 叛唐陷營州 殺都督趙文翽 仲象懼 與靺鞨酋乞四比羽及高句麗破部 東走度遼水 保太白山之東北 阻奧婁河 樹壁自固 武后封仲象爲震國公 比羽爲許國公 比羽不受命 武后詔玉鈐衛大將軍李楷固 中郎將索仇擊斬比羽 是時仲象已卒.

장수로서 용맹스럽고, 말 타며 활 쏘는 데 능하였다. 진국공이 죽었을 때, 걸사비우도 패하여 죽자 대조영이 달아났다. 이해고가 끝까지 추격하여 천문령天門嶺을 넘자 대조영이 고구려와 말갈 병사를 이끌어 대파시키니 이해고만 겨우 살아남았다. 대조영은 곧바로 걸사비우의 무리를 병합하여 읍루 지역의 동모산東牟山에 웅거하니, 말갈 및 고구려의 옛사람이 모두 그에게 귀의하였다. 드디어 돌궐에 사신을 보내어 교섭하였고, 부여·옥저 조선·변한 등 바다 북쪽의 10여 나라를 공략하여 차지하였다. 동쪽으로 바다에 다다르고, 서쪽으로 거란, 남쪽으로 신라와 접하는데 이하泥河를 경계로 삼았다. 지방은 5천 리이며 호구는 10여 만, 정예병은 수만이었다. 서계書契를 익혔으며, 풍속은 고구려나 거란과 대략 비슷하였다.성력 연간에 국호를 '진震'이라 하였고(『신당서』에서는 진振이라 쓰고 『문헌비고』에서는 진조震朝라고 하였다.) 스스로 즉위하여 진국왕이 되었다. 홀한성忽汗城을 쌓아 거주하였으니, 바로 영주에서 동쪽으로 2천 리 떨어진 곳에 있었다. 이때 해奚와 거란이 당나라에 반란을 일으켜 길이 가로막히니 측천무후가 토벌할 수 없었다. 중종中宗이 즉위하여 시어사 장행급張行岌을 보내 위무하니, 고왕도 왕자를 당나라에 보내 궁궐에서 모시도록 하였다. 현종玄宗 선천 2년[17]에 낭장 최흔崔訢을 보내 왕을 좌효위대장군 발해군왕에 책봉하고, 다스리는 곳을 홀한주로 삼아 홀한주도독을 겸직하도록 하였다. 당나라는 비로소 말갈이란 칭호를 버리고 오로지 발해로만 불렀다. 이때 이후로 대대로 당나라에 조공하였으며, 유주절도부와도 서로 방문하였다. 굳센 병사를 부여부扶餘府에 주둔시켜 거란을 방비하였다. 개원 7년(719)에 고왕이 죽으니,[18] 3월 병진에 당에 알렸다.[19]

17 5고본에는 "開元元年"이라고 하였다.

○ 무왕武王은 이름이 무예이니, 고왕의 아들이다. 처음 계루군왕桂婁郡王에 책봉되었다. 개원 7년 6월 정묘에 당나라가 좌감문솔 오사겸嗚思謙을 임시로 홍려경으로 삼아 사신을 보내 조문하고, 왕을 좌효위대장군 홀한주도독 발해군왕으로 책봉하였다. 왕은 드디어 인안仁安으로 개원하고, 영토를 개척하였다. 그 습속에 관역館驛을 설치하지 않고, 곳곳에 촌락을 설치하고 말갈이 주민이었으며, 큰 마을에는 도독都督을 두고 다음은 자사刺史라 하고 그 아래는 수령首領이라 하였다.[20] 동북의 여러 오랑캐들이 모두 두려워하며 신하가 되었다.[21]

위의 '진국공'과 '고왕'조의 내용은 『신당서』와 『구당서』의 발해전 내용을 참고하여 작성한 것이다. 진국공은 고왕 대조영의 아버지이고, 고왕은 일찍이 고구려의 장수였다는 것이다. 진국공의 성은 대씨이고 이름은 걸걸중상이고 속말말갈인인데, 이 속말말갈은 고구려에 신하로 있던 자라 하였다. 발해고 서문에서 "발해 대씨가 고구려인"이라 한 것과

18 5고본에는 이 앞에 "신라 효소왕 9년(700)에 사신을 보내 신라를 방문하였다"는 기사가 있다.

19 高王 : 高王諱祚榮 震國公子也 嘗爲高句麗將 驍勇善騎射 及震國公卒 乞四比羽敗死 祚榮遁 李楷固窮躡度天門嶺 祚榮引高句麗靺鞨兵大破之 楷固僅以身免 祚榮即并比羽之衆 據挹婁之東牟山 靺鞨及高句麗舊人悉歸之 遂遣使交突厥 略有扶餘沃沮朝鮮弁韓海北十餘國 東窮海西契丹 南接新羅 以泥河爲界 地方五千里 戶十餘萬 勝兵數萬 學習書契 俗與高句麗契丹略同 聖歷中國號震 新唐書作振 文獻備考曰震朝 自立爲震國王 築忽汗城以居 直營州東二千里 時奚契丹皆叛唐 道路阻絕 武后不能致討焉 中宗即位 遣侍御史張行岌 慰撫之 王亦遣子入侍 玄宗先天二年 遣郎將崔訢 册王左驍衛大將軍渤海郡王 以所統爲忽汗州 領忽汗州都督 始去靺鞨號 專稱渤海 自是以後 世朝獻唐 餘幽州節度府相聘問 屯勁兵於扶餘府 以備契丹 玄宗開元七年王薨 三月丙辰赴唐.

20 5고본에서는 "開斥土宇 置州郡 大州有都督 次曰制史"로 수정하였다. 유득공 지음·김종복 옮김, 2018, 『정본 발해고』, 책과함께, 286쪽 참조. 『유취국사』에서 단지 주군을 설치하고 이곳에 도독과 자사가 있었다는 내용만 인용하였다.

21 武王 : 武王諱武藝 高王子也 初封桂婁郡王 開元七年六月丁卯 唐以左監門率吳思謙攝鴻臚卿 充使吊祭 册王左驍衛大將軍忽汗州都督渤海郡王 王遂改元仁安 開斥土宇 因其俗不立館驛 處處置村落 以靺鞨爲民 大村置都督 次曰刺史 其下曰首領 東北諸夷皆畏而臣之.

연관시켜 본다면, 고구려에 신하로 있던 속말말갈이 고구려인이라는 의미라 이해된다.

현재 학계에서 발해의 건국자와 주민 구성 문제는 다른 어느 주제보다도 쟁점이 되고 있다.[22] 발해 건국자와 주민이 고구려 유민이라는 주장은 '발해말갈 대조영자는 본래 고려별종이다'[23]라는 『구당서』의 기록을 바탕으로 창건자 대조영이 고구려족이라 하고 있다. 이와 달리 중국 학계의 다수 지지를 받고 있는 것은 말갈인설이다. 『구당서』보다 '발해는 본래 속말말갈로서 고려에 부속되어 있던 자니 성은 대씨이다'[24]라는 『신당서』의 기록을 신뢰하는 입장에서 대조영은 '본래 속말말갈로서 고려에 부속되어 있던 자'라고 해석하고 있다.

유득공이 앞의 「군고」에서 언급한 것은 "발해는 본래 속말말갈로서 고려에 부속되어 있던 자니 성은 대씨"(『신당서』)인데, 이들이 바로 "고려별종"(『구당서』)이라고 본 것으로 여겨진다.[25] 특히 "고려별종"을 "고구려인"이라 적극적으로 해석한 점에 눈길이 간다.

이와 함께 주목할 점은 유득공이 걸걸중상의 출자에 새로운 견해를 피력하고 있다는 것이다. '진국공'조에는 "대씨가 대정씨大庭氏에서 나왔으니 동이의 대씨는 대련大連으로부터 시작되었다고 한다"[26]고 하고,

22 발해 건국자와 주민 연구 동향에 대해서는 아래의 논저 참조. 임상선, 2004, 「중국의 발해 건국자와 주민구성 연구 동향」, 『중국의 발해사 연구 동향 분석』, 고구려연구재단; 임상선, 2005, 「중국학계의 발해·고구려 역사연구 비교」, 『중국의 동북공정과 중화주의』, 고구려연구재단; 이효형 외, 2009, 『동아시아의 발해사 쟁점 비교 연구』, 동북아역사재단; 楊雨舒, 2012, 「21世紀中國渤海史研究新著作述評」, 『中國史研究動態』 2012-1; 孫倩, 2012, 「近年來國內學者關于渤海族問題研究綜述」, 『蘭台世界』 2012-11; 김은국, 2016, 「최근 10년간 발해사 연구성과와 방향」, 『東北亞歷史論叢』 53; 滕紅岩, 2017, 「中國的渤海史史料研究述論」, 『通化師范學院學報』 2017-9.

23 "渤海靺鞨大祚榮者 本高麗別種也." 『舊唐書』 권199 하, 列傳 제149 하, 北狄 渤海靺鞨.

24 "渤海 本粟末靺鞨附高麗者 姓大氏." 『新唐書』 권219, 列傳 제144, 渤海傳.

25 정진헌은 이 부분을 유득공이 『신당서』를 더 신빙한 증거라고 한다. 정진헌, 1998, 『실학자 유득공의 고대사 인식』, 신서원, 189쪽.

26 다만, 5고본에서는 "或言大氏 出自大庭氏 東夷之有大氏自大連始也"라는 부분이 삭제되었다. 『정

걸걸중상이 "식솔을 거느리고 영주에 옮겨 살고, 사리舍利라 칭하였다. 사리라는 것은 거란 말로 '장관帳官'이다"라고 한 부분이 있다. 대정씨는 『후한서』의 예주豫州 노국魯國조에 대한 두예杜預의 주에 의하면 "고국명古國名"이라 하고,[27] 동한東漢 정현鄭玄이 주注한 『예기禮記』 '월령月令'에서 "염제炎帝, 신농야神農也"에서 신농씨족의 8대 수령首領의 하나가 대정씨라 하고 있다. 이어서 걸걸중상이 거란의 '장관'인 "사리"를 칭하였다며 거란과의 관련성을 언급하고 있다.

'진국공'조에서도 보이듯이 발해 건국은 고구려 멸망 후 사거되어 거주하던 영주에는 고구려 유민 이외에 말갈, 거란족도 있었다. 발해 건국의 단초도 만세통천萬歲通天 연간 거란인 이진충의 반란을 기회로 동주하면서 시작되었고, 발해 건국 집단을 추격한 이해고도 거란인으로서 당에 항복한 인물이었다.[28] 이러한 상황에서 걸걸중상이 거란인 수령의 칭호인 사리를 칭하였다는 것은 그가 거란과 일정 정도 관련이 있다는 점을 암시하는 것이다. 그럼에도 걸걸중상이 고구려인이라는 것은 『오대회요五代會要』에서 걸걸중상을 "고려별종인 대사리 걸걸중상[대는 성, 사리는 관명, 걸걸중상은 이름이다]"[29]이라 한 것에서 다시 한번 확인할 수 있다.[30]

'무왕'조에서는 무왕이 즉위하여 인안仁安으로 개원하였다 하고, 이어

본 발해고』, 283쪽.

27 "魯國, 奄國. 有大庭氏庫.(杜預曰 大庭氏, 古國名, 在城內, 魯於其處作庫). 有鐵. 有闕里, 孔子所居." 『後漢書』 志第20, 郡國2, 豫州 魯國.

28 임상선, 1993, 「渤海 建國 參與集團의 硏究」, 『國史館論叢』 42, 국사편찬위원회 참조.

29 "渤海靺鞨 本高麗種 唐總章中 高宗平高麗 徙其人 散居中國 置州縣于遼外 就平壤城 置安東都護府 以統之 至萬歲通天中 契丹李萬榮反 攻陷營府 有高麗別種大舍利乞乞仲象 大姓 舍利官 乞乞仲象名也. 與靺鞨反人乞四比羽走保遼東 分王高麗故地 則天封乞四比羽許國公 大舍利乞乞仲象震國公 乞四比羽不受命 則天命將軍李楷固臨陳斬之 時乞乞仲象已死 其子大祚榮繼立 併有比羽之衆 勝兵丁戸四十餘萬 保據挹婁故地 至聖歷中稱臣朝貢." 『五代會要』 권30, 渤海傳.

30 최근 중국학계에서도 『舊唐書』와 『新唐書』의 발해전을 근거로 걸걸중상과 대조영을 고려별종 혹은

서 "영토를 개척하였다. 그 습속에 관역館驛을 설치하지 않고, 곳곳에 촌락을 설치하고 말갈이 주민이었으며, 큰 마을에는 도독都督을 두고 다음은 자사刺史라 하고 그 아래는 수령首領이라 하였다"라며 발해 곳곳 촌락에는 말갈이 민民이라고 하였다. 앞의 진국공과 고왕이 말갈의 일파인 속말말갈이라 한 것에서 더 확대하여 말갈이 백성이라 하고 있다. 유득공은 발해의 주민을 말갈이라고 이해하였던 것으로 생각된다.

그런데 무왕조의 기사는 『유취국사類聚國史』에서 인용한 것인데, 원문에 차이가 있다. 즉, "渤海國者 高麗之故地也 …… 其國延袤二千里 無州縣館驛 處處有村里 皆靺鞨部落 其百姓者 靺鞨多土人少 皆以土人爲村長 大村曰都督 次曰刺史 其下百姓皆曰首領"[31]이라는 원문에서 밑줄 친 "그 백성은 말갈이 많고 토인이 적고, 모두 토인이 촌장이 된다"는 부분을 생략하였다. 유득공이 원문의 의미에 손상이 없이 무왕조와 같이 인용하였다면, 그는 토인과 말갈을 구분할 필요성을 느끼지 못한 것이다. 원문의 '토인土人'을 고구려 유민으로 생각하고, 발해의 주민이 고구려인과 말갈인으로 구성되어 있다는 현재 학계의 일반적 해석과 달리,[32] 유득공은 말갈 자체도 고구려인으로 간주하는 것으로 판단된다.

속말말갈이라 하는 기록은 잘못이고, 바로 "契丹"이라는 주장이 제기되었다. 苗威, 2013, 「大祚榮族屬新考」, 『中國邊疆史地研究』 23-3 참조.

31 『類聚國史』 193, 殊俗部 渤海 上 延曆 15년(796) 4월 戊子조.

32 鄭鎭憲, 1995, 「渤海 住民 構成의 新解析 -《類聚國史》의 渤海 史料를 중심으로-」, 『경희사학』 19; 한규철, 1996, 「渤海國의 주민구성」, 『한국사학보』 1; 김동우, 2004, 「발해 수령 연구의 현황과 과제」, 『先史와 古代』 21; 임상선, 2007, 「국가별 연구의 흐름·발해」, 한국고대사학회 편, 『한국고대사 연구의 새 동향』, 서경문화사.

Ⅳ. 맺음말

유득공은 북학파의 일원이면서, 한시 사대가의 한사람이고, 『발해고』를 저술한 역사가이기도 하였다. 이 글에서는 유득공의 역사 인식 가운데 발해사에 초점을 맞추어 살펴보았다.

유득공의 대표적인 역사 저술인 『발해고』는 한국사에서 본문의 내용보다도 저자의 서문이 오히려 더욱 유명하다는 점에서 달리 유례를 찾기 힘든 저술이기도 하다. 『발해고』가 남다른 의미를 갖게 된 '서문'도 처음에는 저자인 유득공의 것이 알려졌지만, 현재는 박제가, 성해응의 것도 존재한다. 시기를 달리하며 작성된 서문을 통하여, 유득공과 당시 학인들이 갖고 있는 『발해고』와 발해에 대한 인식을 비교하고, 그 변화도 엿볼 수 있다.

유득공의 『발해고』 서문은 그가 『발해고』를 저술하게 된 이유를 설명하는 글이라고 할 수 있다. 유득공은 고려가 부진하게 된 것은 발해의 옛 땅을 얻지 못했기 때문이고, 발해의 땅을 얻지 못한 원인은 고려가 발해사를 편찬하지 않았기 때문이라고 하였다. 만약 고려가 발해사를 편찬하였다면, 여진과 거란을 꾸짖기를 "왜 우리에게 발해의 땅을 돌려주지 않느냐, 발해의 땅은 바로 고구려의 땅이다"라 하며 한 사람의 장군을 보내 그것을 거두면 토문 북쪽과 압록 서쪽을 소유할 수 있었을 것이라고 하였다. 유득공이 『발해고』를 저술하게 된 의도가 바로 여기에 있었다.

유득공은 발해가 고구려 땅에 고구려인이 건국한 국가라며, 발해가 고구려를 명실상부 계승하였다고 보았다. 고구려를 이은 발해가 남쪽의 신라와 함께 "남북국"이니 마땅히 그 "남북국사"가 있어야 한다고 생각하였다. 김씨와 왕씨를 통합하여 소유한 것이(남북국 통합의 의미) 바로 고려라는 것이니 다시 말하면, '남북국'이었던 신라와 발해를 통일한 것이 '고려'라고 주장하였다.

유득공은 발해사가 편찬되어야 하는 것이 발해의 땅에 대한 고려의 소유권 주장의 근거라 생각하고 있다. 그런데 발해의 땅이기 때문에 고려의 소유가 아니고, 발해의 땅은 고구려의 땅이라는 점이 전제가 되고 있다. 발해의 땅에 대한 고려 측의 소유 주장이 고려가 발해를 계승했다는 점이 아니고 이전의 고구려를 전제로 하고 있는 점이 특징이다. 대씨는 고구려인이고, 발해가 소유한 땅은 고구려 땅이라고 하는 점에서 유득공은 발해를 고구려 땅에 고구려인에 의해 건국된 국가라는 점을 강조하고 있다.

유득공은 『발해고』에서 세가, 전, 지라 하지 않은 것은 "사史"가 되지 않기 때문이고, 또한 감히 '사史'라고 자임할 수 없었다고 하였다. 일반적으로 역사서는 세가, 전, 지로 편찬하는데 자신이 9개 고찰이라 한 것은 '사'가 되지 않기 때문이며, 이로 인하여 책의 제목도 '발해사'라 자임하지 못하고 '발해고'라 한 것이라고 겸손해 하였다. 유득공의 서문이 발해고의 판본중 9고본에 해당되는 것을 알 수 있다.

고려 성종 12년(993), 거란의 침입 시 서희와 거란 소손녕의 담판에서 양측이 모두 옛 고구려에 대한 연고를 강조하며 옛 고구려 영토에 대한 소유를 주장하지만, 정작 고구려 멸망 후 고구려 옛 땅에 건국되었던 발해에 대해서 아무런 언급이 없다는 것은 의아스러운 점이다. 유득공은 바로 『발해고』 서문에서 이 점을 지적하며, 고려에서 발해가 갖는 의미를 명확히 설명하였다고 보인다.

박제가는 『발해고』 서문에서 유득공의 『이십일도회고시』는 국내의 경관을 상세히 한 것이며, 『발해고』는 거기서 나아간 것이라 하고 있다. 발해가 요동의 일부를 차지하고 있었는데, 고려 왕씨는 삼한을 통합하였을 뿐, 압록강을 넘어서지 못하였다는 것은 발해의 땅을 차지하지 못한 사실을 지적한 것이다. 유득공이 고려가 신라와 발해를 통합하였다는 것과 달리, 고려가 삼한을 통합하였다고 보고 있다.

성해응은 유득공의 『발해고』가 『당서』 발해전에 비하여 더욱 상세하다 하고, 『당서』 발해전에 없는 자료는 유득공이 일찍이 비서를 검서하던 중 얻은 것이라고 하였다. 숙신, 물길, 말갈, 그리고 발해가 되었다고 하니, 성해응은 유득공과 달리 발해의 주민은 고구려민이라기보다는 말갈민이라 보고 있는 듯하다.

유득공은 『발해고』 서문에서 "무릇 대씨는 어디 사람이냐 하면 고구려 사람이요, 그들이 차지했던 땅은 어딘가 하면 곧 고구려 땅이었다"며 발해가 고구려 땅에 고구려인에 의해 건국된 국가라고 주장하였다. 『발해고』 본문 「군고」에서는 걸걸중상과 대조영의 출자에 대하여 진국공을 고왕 대조영의 아버지이고, 고왕은 일찍이 고구려의 장수였다고 하였다. 또 진국공의 성은 대씨이고 이름은 걸걸중상이고 속말말갈인인데, 이 속말말갈은 고구려에 신하로 있던 자라 하였다. 『발해고』 서문에서 "발해 대씨가 고구려인"이라 한 것과 연관시켜 본다면, 고구려에 신하로 있던 속말말갈이 고구려인이라는 의미라 이해된다.

유득공이 「군고」에서 언급한 것은 "발해는 본래 속말말갈로서 고려에 부속되어 있던 자니 성은 대씨"(『신당서』)인데, 이들이 바로 "고려별종"(『구당서』)이라는 점이다. 특히 "고려별종"을 "고구려인"이라 적극적으로 해석한 점에 눈길이 간다.

이밖에 걸걸중상이 거란의 '장관'인 "사리舍利"를 칭하였다며 거란과의 관련성을 언급하고 있는 점도 주목된다. '진국공'조에서도 보이듯이 발해 건국은 고구려 멸망 후 사거되어 거주하던 영주에는 고구려 유민 이외에 말갈, 거란족도 있었다. 발해 건국의 단초도 만세통천 연간 거란인 이진충의 반란을 기회로 동주하면서 시작되었고, 발해 건국 집단을 추격한 이해고도 거란인으로서 당에 항복한 인물이었다. 이러한 상황에서 걸걸중상이 거란인 수령의 칭호인 사리를 칭하였다는 것은 그가 거란과 일정 정도 관련이 있다는 것을 암시하는 것이다.

'무왕'조에서는 발해 곳곳의 촌락에는 말갈이 민民이라고 하였다. 앞의 진국공과 고왕이 말갈의 일파인 속말말갈이라 한 서술에서 더 확대하여 말갈이 백성이라 하고 있다. 유득공은 발해의 주민을 말갈로 이해한 것이라 할 수 있다. 나아가 『유취국사』의 '토인土人'을 고구려 유민으로 생각하고, 발해의 주민이 고구려인과 말갈인으로 구성되어 있다는 현재 학계의 일반적 해석과 달리, 유득공은 말갈 자체도 고구려인으로 간주하는 것으로 판단된다.

참고문헌

1. 저서

유득공 지음, 김종복 옮김, 2018, 『정본 발해고』, 책과함께.

이효형, 2007, 『발해유민사연구』, 혜안.

정진헌, 1998, 『실학자 유득공의 고대사 인식』, 신서원.

2. 논문

김기흥, 2011, 「발해 건국집단의 역사적 정체성」, 『역사학보』 210.

김영진, 2007, 「유득공의 생애와 교유, 年譜」, 『大東漢文學』 27.

金恩國, 1992, 「渤海滅亡에 관한 재검토－거란침공과 그 대응을 중심으로－」, 『白山學報』 40.

김종복, 2010, 「수정본 《渤海考》의 내용과 집필 시기」, 『泰東古典研究』 26.

_____, 2011, 「조선 후기 실학자들의 발해사 연구 성과」, 『韓國古代史研究』 62.

金鎭光, 2008, 「渤海 建國集團의 性格」, 『한국사연구』 143.

나영남, 2011, 「渤海靺鞨의 再解釋 : 대조영의 出自와 발해의 주민구성」, 『전북사학』 39.

盧泰敦, 2003, 「발해국의 주민구성에 대한 연구현황과 과제 －'고려별종'과 '발해족'을 둘러싼 논의를 중심으로－」, 『한국사연구』 122, 한국사연구회.

滕红岩, 2017, 「中国的渤海史史料研究述论」, 『通化师范学院学报』 2017－9.

苗威, 2013, 「大祚荣族属新考」, 『中国边疆史地研究』 23－3.

박순우, 2015, 「고려시대 발해인의 정체성과 고려인의 시각」, 『한국중세사연구』 43.

박인호, 2002, 「《발해고》에 나타난 유득공의 역사지리인식」, 『韓國史學史學報』 6.

박한설, 2007, 「高麗의 高句麗 繼承性」, 『고구려발해연구』 29.

范恩实, 2015, 「论渤海史上的族群问题」, 『社会科学战线』 2015－5.

孙炜冉, 2017, 「渤海民族的源流与族属」, 『云南师范大学学报(哲学社会科学版)』 2017－5.

宋基豪, 2002, 「柳得恭의 『渤海考』와 成海應」, 『朝鮮의 政治와 社會』, 집문당.

李萬烈, 1981, 「朝鮮後期의 渤海史認識」, 『韓沽劤博士停年紀念史學論叢』.

李龍範, 1975, 「冷齋 柳得恭」, 『李乙浩博士停年紀念 實學論叢』, 全南大學校 湖南文化研究所.

이효형, 2000, 「고려시대 발해유민 후예의 사회적 지위－大氏系인물을 중심으로」, 『백산학보』 55집.

임상선, 1993, 「渤海 建國 參與集團의 研究」, 『國史館論叢』 42, 국사편찬위원회.

______, 2000,「서평 – 柳得恭의 《渤海考》 異本, 유득공 著, 송기호 譯, 2000,《발해고》, 홍익출판사」,『역사학보』 166.
______, 2004,「중국의 발해 건국자와 주민구성 연구 동향」,『중국의 발해사 연구 동향 분석』, 고구려연구재단.
정병준, 2007,「營州의 大祚榮 集團과 渤海國의 性格」,『東北亞歷史論叢』 16.
한규철, 1984,「高麗來投 · 來往 契丹人 – 渤海遺民과 關聯하여」,『韓國史硏究』 47.
______, 1996,「渤海國의 주민구성」,『한국사학보』 1.
韩世明, 2015,「渤海王族姓氏新考」,『中国边疆史地研究』 25-2.

『해동역사』와 『해동역사속』에 나타난 상고사 계승 인식

박인호

Ⅰ. 머리말

『해동역사』는 중국과 일본 사료를 가지고 우리나라 역사를 기전체로 편찬한 사서다. 한치윤韓致奫(1765~1814)이 편찬한 것을 아들 한진도韓鎭圖[1]와 조카 한진서韓鎭書(1777~?)[2]가 교열하였으며, 이어 한진서가 『해동역사속』「지리고」를 덧붙여 완성하였다.

『해동역사』는 1799년 한치윤이 족형이었던 한치응韓致應을 따라 북경에 다녀오면서 본격적으로 편찬하기 시작하여 1807년경에는 『해동역사』의 초고본을 어느 정도 완성하였으나 그 이후 한진서의 언설에 따르면 1814년 죽기 직전까지 책의 개정작업을 계속하였다.[3]

한치윤은 『해동역사』를 편찬하기 위해 문을 닫고 들어앉아 5~6년의 공력을 들였다. 유득공은 한치윤이 밥 먹는 것조차 잊은 채 공력을 들이고 있는 모습을 잘 전하고 있다.

> 나의 친구인 상사上舍 한대연韓大淵은 성품이 고요하고 서책을 간직하기를 좋아하였다. 문을 닫고 들어앉아 역사를 연구하였으며, 개연히 우리나라의 역사에 관심을 가져 나와는 서로 상의하지 않아도 의기가 통하였다. 그런데 또 이를 미루어 넓혀서 정사正史 이외의 것까

1 한진도는 한치윤의 맏아들이다. 동생으로는 鎭謨와 鎭象이 있다.

2 한진서는 한치윤의 백씨인 치규의 아들이다. 한진서의 자는 유경이다. 4세 때 아버지가 사망하자 삼촌이었던 한치윤에게서 훈도를 받았다. 한일동 찬, 「옥유당한공행장」; 조선사편수회, 『조선사』; 『한국사서총간』 4(여강출판사, 1987), 528쪽.

3 "常病我東史之無徵 紬集編籍 上自經傳 下至叢稗 引用書目 凡五百四十餘種 積十數年 始克成編 竊附述而不作之意." 한일동 찬, 「옥유당한공행장」; 『한국사서총간』 4(여강출판사, 1987), 527쪽.

지도 섭렵하여, 우리 동방 수천 년의 사실에 대해 경전經典에서 패설稗說에 이르기까지 여기저기 흩어져 있는 것을 찾아내고 베꼈으며, 또 손수 자르고 붙이면서 분류하기도 하고 합하기도 하였다. 머리는 헝클어지고 땀은 비 오듯 흘리면서 밥 먹는 것조차 잊은 채 5~6년이나 공력을 쏟은 끝에 비로소 종류별로 나누고 조목을 세워 한 부部의 서책을 만드니, 모두 몇 권이나 되었다(『국역 해동역사』, 「유득공서문」, 한국고전번역원).4

1814년 한치윤이 사망한 후에는 아들인 한진도와 조카인 한진서가 교열을 담당하였다. 특히 이 작업을 주도한 한진서는 '진서근안鎭書謹按' 혹은 '근안謹按'이라는 자신의 의견을 『해동역사』 원편에 추가하여 '안按'이라고 적은 삼촌의 의견과 자신의 것을 구분하였으며, 1823년에는 별도로 『해동역사속』 「지리고」 15권을 덧붙여 『해동역사』 원·속편을 완성하였다. 이렇게 지속적인 교열과 보충으로 『해동역사』가 완성된 형태를 갖추었으므로 어디까지가 한치윤의 것이고 어디까지가 한진서의 보충인지가 불분명하게 되었다. 비록 한치윤과 한진서의 생각이 유사하더라도 한진서가 별도로 『해동역사속』을 편찬한 데에는 『해동역사』의 부족한 부분을 완성하려는 의지가 있었기 때문이다.

그런데 『해동역사』에 대한 국내의 연구성과를 보면 아직도 원편과 속편의 내용 차이, 이본 사이의 이동異同, 한진서가 행한 교열의 정도에 대한 면밀한 접근이 부족하다. 그리고 실학 시기의 다른 사서에 비해 상대적으로 연구성과도 적은 편에 속한다. 여기서는 먼저 『해동역사』에 대

4 "吾友韓大淵上舍 性恬靜喜蓄書 閉戶考古 慨然有意于東史 與余不謀而合 又推而廣之 汎濫乎正史之外 我東數千年事實 自經傳以至▩稗在在散見者 幾盡搜剔抄寫 又手刀與糊 離而合 合而離 蓬首流汗 殆忘寢食 用五六年之力 始分類立目 勒成一部 凡幾卷 有世紀焉 有列傳焉 天文地理禮樂兵刑輿服藝文 各有其志 則居然而史矣 名之曰海東繹史." 유득공, 「해동역사서」; 『한국사서총간』 3(여강출판사, 1987), 3쪽.

한 기존의 연구성과를 검증하고 상고사의 계승과 관련하여 『해동역사』와 『해동역사속』에 나타나는 상고사 계승 인식을 살펴보고 내용상 차이와 사학사적 위상에 대해 살펴보고자 한다.

Ⅱ. 『해동역사』에 대한 연구 성과

『해동역사』에 대해서는 서문을 쓴 유득공을 비롯하여 동시기에 이미 많은 연구자들이 주목하였다. 가장 이른 시기의 비판적 관점은 정약용(1762~1836)에게서 보인다. 정약용은 식년시의 시험과목을 개혁할 것을 논하는 과정에서 국사 과목으로 김부식의 『삼국사기』를 시험하되 중국의 사서에서 우리나라 사실을 뽑아 만든 『동사집성』을 같이 시험할 것을 제안하고 있다. 이때 『동사집성』에 대한 주석에서 "한치윤의 『해동역사』를 가져다가 간략하게 할 것은 깎아내고 자세하게 할 것은 증보함이 마땅하다"고 적고 있다.[5] 정약용은 『해동역사』에 대해 알고 있으되 간략하고 자세함이 일정하지 않아 재편집하여 볼 필요가 있음을 지적한 셈이다. 게다가 정약용의 『아방강역고』에서는 『해동역사』의 내용을 『역사繹史』로 인용하고 있다. 다만 그 인용된 곳이 『강역고』의 수정본에 들어간 「발해속고」와 「북로연혁속」에 국한되어 있다. 이는 정약용이 초고본 단계에서는 『해동역사』를 보지 못하고 1833년 수정본을 만들 때 『해동역사』를 보았기 때문으로 추정된다.[6] 그렇다 하더라도 이를 통해

5 "每一式年之間 擧人習二經三史一國史, 以待式年 子年之式 其二經 詩書也 其三史 史記南史(宋書南齊書梁書陳書附焉)遼金史也 其國史 金富軾三國史也(東史輯成附焉) (중략) 東史輯成者 取中國全史 輯東事以成編者也(宜取韓致奫海東繹史 刪其所宜略 增其所宜詳)." 『經世遺表』 15, 「春官修制」.

6 『我邦疆域考』 권4, 「발해속고」, 「북로연혁속」. 한편 역으로 한진서의 「지리고」가 『강역고』로부터 영향을 받고 있는 것은 서술 방식이 원편에서 자료를 단순히 인용하는 것과는 달리 먼저 표제를 내걸고

정약용이 『아방강역고』를 수정하면서 『해동역사』로부터 영향을 받고 있음은 확인할 수 있다.

이규경(1788~?)은 『오주연문장전산고五洲衍文長箋散稿』에서 『해동역사』가 마숙馬驌의 『역사』를 모방하였음을 지적하였으며[7], 이유원(1814~1888)은 『임하필기林下筆記』에서 『해동역사』는 우리나라 사적을 중국 역사책에서 뽑은 외사外史로, 풍석楓石 서유구(1764~1845)로부터 한 질을 선물받았다고 적고 있다.[8] 『해동역사』가 편찬된 직후부터 정약용을 비롯하여 이규경, 이유원, 서유구 등 이 시대의 지식인들이 관심있게 이 책을 보았음을 확인할 수 있다.

근대 시기에 들어와 자료적인 측면에서 『해동역사』는 일찍부터 관심의 대상이 되었다. 일본인들이 중심이 된 조선고서간행회에서는 1911년, 최남선이 주도한 조선광문회에서는 1912~1913년 활자본을 간행함으로써 이후 국내외의 많은 연구자들이 『해동역사』를 사료적인 측면에서 쉽게 접근할 수 있게 되었다.[9] 게다가 당시까지만 하더라도 중국의 자료를 쉽게 볼 수 없는 환경에 있던 연구자들이 외국 자료를 모아둔 『해동역사』를 해당 주제를 연구하는 보조 자료로 활용하였다.

한편 『해동역사』에 대한 사학사적 관심은 『삼국사기』를 비롯한 전통적인 사서에 대해 반성적 비판을 가하였던 신채호(1880~1936)가 쓴 『조선상고사朝鮮上古史』에서 이미 보이고 있다.[10] 신채호는 조선 후기 사서 저술의 흐름을 소개하면서 한진서의 「지리지」가 조선의 역사지리를 논

이어 자료를 인용한 다음 안설을 제시하고 있어 『강역고』와 유사해진 점을 들 수 있다.

7 『五洲衍文長箋散稿』, 경사편 4, 사적류 1, 사적총설.

8 『林下筆記』 33, 華東玉糝編, 해동역사.

9 조선고서간행회본은 양장 4책(원편 3책, 속편 1책)으로 1911년 간행되었으며, 조선광문회본은 한장 6책(원편 5책, 속편 1책)으로 1912~1913년에 간행되었다. 뒤에 조선광문회본을 1974년 경인문화사에서 2책으로 영인하였다.

10 『朝鮮上古史』는 1931년 『조선일보』에 연재되었다.

하는 흐름에 일정한 역할을 하고 있음을 적고 있다.

> 선조宣祖·인조仁祖 이후以後에는 유교계儒教界에 철학哲學·문학文學의 거자巨子가 배출輩出되며, 사계史界도 차차 진보進步되어, 허목許穆의 단군壇君·신라新羅 등等 각各 세기世記가 너무 간략簡略하나 왕왕往往 독득獨得의 견見이 있으며, 유형원柳馨遠이 비록 사史에 관한 전저專著가 없으나 역대歷代 정치제도政治制度를 논술論述한 『반계수록磻溪隨錄』이 또한 사계史界에 비익裨益이 적지 않다. 그런데 한백겸韓百謙의 「동국지리설東國地理說」이 비록 수십행數十行에 불과不過한 간단簡短한 논문論文이나 일반 사학계史學界에 대광명大光明을 열어, 후래後來 정약용丁若鏞의 『강역고疆域考』나 한진서韓鎭書의 「지리지地理志」나 안정복安鼎福의 『동사강목東史綱目』에 부재附載한 강역론疆域論이나 그 외外에 각가各家의 조선역사朝鮮歷史·지리地理를 설說하는 자者 모두, 한선생韓先生의 그 간단簡短한 지리설地理說을 부연敷演하였을 뿐이다(신채호, 『조선상고사』).[11]

그런데 한치윤의 『해동역사』에 대해서는 다음과 같이 그 의미를 설파하고 있다.

> 한치윤韓致奫의 『해동역사海東繹史』는 오직 지나支那·일본日本 등等 서적書籍 중에 보인 본사本史에 관關한 문자文字를 수집蒐集하여 거연居然이 거질巨帙을 만들었을 뿐 아니라, 『삼국사三國史』에 빠진 부여夫餘·발해渤海·가락駕洛·숙신肅愼 등等도 모두 일편一篇의 세기世紀가 있으며, 『동국통감東國通鑑』에 없는 저근姐瑾·사법명沙法名·혜

11 신채호, 『조선상고사』; 『단재신채호전집』 상(형설출판사, 1972), 43쪽.

자慧慈·왕인王仁 등等도 각기各其 기행幾行의 전기傳記가 있으며, 궁어宮語·문자文字·풍속風俗 등等의 분문分門이 있고, 게다가 그 조카 진서鎭書씨의 「지리속地理續」이 있어 후인後人 고증考證의 노勞를 덜 뿐 아니라, 또한 사학史學에 두뇌頭腦가 있다 할 것이나 다만, 제일第一 너무 자구간字句間에서 조선朝鮮에 관關한 사실事實을 찾다가 민족대세民族大勢의 관계關係를 잃어, 곧 부루夫婁와 하우夏禹의 국제國際 대교제大交際로 볼 오월춘추嗚越春秋의 주신州愼의 창수사자蒼水使者와 이천년간二千年間 흉노匈奴와 연燕과 삼조선三朝鮮과 혹或 화和 혹或 전戰한 전후前後 대사大事를 다 궐루闕漏하며, 제이第二 유교儒敎의 위력威力에 눌리어 고죽국孤竹國이 조선족朝鮮族의 분계分系됨을 발견發見하지 못하는 동시同時에 백이伯夷·숙제叔齊의 성명姓名을 탈락脫落하며, 제삼第三 서적書籍 선택選擇의 부정不精이니, 『진서晉書』 속철전束哲傳으로 보면 우살백익禹殺伯益·태갑살이윤太甲殺伊尹 등等을 기記한 『죽서기년竹書紀年』이 진본眞本이요, 현존現存한 『죽서기년竹書紀年』은 위서僞書거늘, 이제 그 위서僞書를 논박論駁 없이 그대로 기재記載하며 사마상여司馬相如의 『무릉서茂陵書』는 당인唐人의 위조僞造거늘, 그대로 신용信用하며, 이밖에 지나인支那人이나 일본日本이 없는 사적事蹟을 만들어 본국本國을 무욕誣辱한 자者를 많이 그대로 수입輸入한 것이 해서該書의 결감缺憾이 아니라 할 수 없다(신채호, 『조선상고사』).[12]

신채호의 『해동역사』에 대한 비판을 요약하면 ①조선에 대한 사실만을 찾다가 민족 대세의 흐름을 잃은 것, ②고죽국을 조선족의 분계로 적지 않은 것, ③외국의 위서를 논박하지 않고 그대로 이용하였다는 것

12 신채호, 『조선상고사』; 『단재신채호전집』 상(형설출판사, 1972), 43~44쪽.

이다. 『해동역사』에 대한 이러한 비판적 언급은 그 이후 한국의 지식인들이 『해동역사』에 대해 부정적 인식을 갖는 데 적지 않게 영향을 미치게 되었다.

한편 아들 한진도의 노력으로 중국으로 전해진 후[13] 중국에서도 『해동역사』는 관심 서적이 되었다. 중국에서 동북 지역의 옛 발해에 대한 관심이 고조되면서 1925년 중국인 유승간劉承幹이 『발해강역고渤海疆域考』를 활자로 출판하였다.[14] 그런데 이 책은 한진서의 『해동역사속』의 발해 부분만을 떼어 서상우가 상·하권으로 편집해 둔 것을 유승간이 출판한 것이다. 유승간은 "『요사』 지리지의 잘못을 차례로 거론하였으며, 지지류를 널리 수집하여 그 설을 증명하니, 아주 자세하고 상세하다. 산천에 대해서도 말하였는데 역시 그 방면에서도 건실한 것이다"[15]라고 높이 평가하였다.

현대 사학사에서 『해동역사』에 일찍부터 관심을 보인 한국인 역사학자는 동양사를 전공하였던 황원구黃元九였다. 전공의 측면에서도 외국 자료를 이용하여 조선 역사를 정리한 『해동역사』가 관심이 될 수 있었을 것이다. 일찍이 황원구는 1962년 『해동역사』의 편찬자인 한치윤의 행장을 『조선사』 원고본[16]에서 찾아 소개하여 한치윤에 대한 정보를 확대시켜 놓았다. 그리고 『해동역사』 편찬 정신에 대해서는 귀납적인 실증주의를 주안으로 하면서 외국 자료에 의한 자국사의 객관적인 인식

13 『해동역사』의 속편이 완성되기 전인 1820년 한치응이 세 번째로 연경에 갔을 때 한치윤의 큰아들인 진도가 따라가면서 『해동역사』를 중국에 전하고 왔다. 황원구, 1976, 「한치윤의 사학사상」, 『동아세아사연구』, 일조각, 215쪽.

14 『渤海疆域考』는 劉承幹이 발해에 관련된 자료를 수집하다가 順德 李文誠公에게서 빌려 1925년 求恕齋에서 활자로 간행하였다. 유승간은 이것을 서상우가 편찬한 것으로 잘못 알아 '徐相雨輯'이라고 적었다.

15 "歷擧遼志之疏舛 旁搜地記 以證明其說 頗見翔實 山川能說 亦彼方之健者矣." 劉承幹, 1925, 「渤海疆域考序」, 『渤海疆域考』, 求恕齋; 『송요금원사자료총간』 1(문해출판사, 1977), 443쪽.

16 조선사편수회, 『조선사』 원고본, 2613, 5편 811책.

을 가져온 것으로 평가하였다.[17] 그런데 그는 기본적으로 신채호적인 기본 인식의 틀을 벗어나지는 못하였다. 뒤이어 작성한 『동사강목』, 『연려실기술』, 『해동역사』를 비교한 논문에서는 『해동역사』가 자료의 사료 비판이 이루어지지 않고 '안·근안'은 탁견이 별로 없다고 적어 편찬의 의의에 대해 자료 이용의 범위를 넓혔으되 적확성에서는 그다지 나아지지 않았던 것으로 평가하고 있다.[18] 이러한 인식은 그 이후 대중을 위한 소개서에서도 크게 벗어나지 못하고 있다.[19]

『해동역사』의 사학사적 가치에 대한 본격적인 재평가는 1982년 진단학회에서 시행하였던 한국고전심포지움에서 이루어졌다.[20] 심포지움에서는 이태진李泰鎭, 황원구의 발표 외에 이우성, 송찬식, 이성규, 정구복, 한영우 제 교수가 토론에 참여하면서 『해동역사』에 대한 재검토의 필요성을 환기시켰다.

이태진은 『해동역사』의 성격과 관련하여 마숙馬驌의 『역사繹史』와 연결하기보다는 오히려 체재는 『통지通志』에서, 전거 제시는 『옥해玉海』에서 각각 참작하여 취한 것이며, 기본 성격은 기존의 유서 편찬 전통에 북학파의 고증적인 전거 의식이 덧붙여진 것이라는 주장을 내세웠다.[21] 문제는 이러한 학설사적인 접근은 학문의 흐름을 지적하는 데는 유용

17 황원구, 1962, 「한치윤의 사학사상 –해동역사를 중심으로–」, 『인문과학』 7; 『동아세아사연구』, 일조각, 1976, 221쪽.

18 황원구, 1970, 「실학파의 사학이론」, 『연세논총』 7; 『동아세아사연구』, 일조각, 1976, 184쪽.

19 황원구, 1969, 「해동역사」, 『한국의 명저』, 현암사; 황원구, 1974, 「해동역사 해제」, 『해동역사』, 경인문화사; 황원구, 1975, 「한치윤 –해동역사를 중심으로–」, 『실학논총 –이을호박사정년기념–』, 전남대학교 호남문화연구소.

20 한국고전심포지움 11회 해동역사편. 발표 논문은 『진단학보』 53·54 합집호에 수록되었다. 그리고 이 논문들은 합하여 책으로 간행되었다(진단학회편,1991, 『한국고전심포지움』 3, 일조각). 이태진, 1982, 「해동역사의 학술사적 검토」, 『진단학보』 53·54; 황원구, 1982, 「해동역사의 문화사적 이해」, 『진단학보』 53·54.

21 진단학회편, 앞의 책, 262쪽.

한 것이었지만 결국은 역사책인 『해동역사』의 체재와 성격을 지적하기에는 여전히 미비한 점이 있었다는 것이다. 이 점에 대해 토론자인 송찬식도 『해동역사』가 역사서를 편찬하면서 당시 유행하던 여러 방법론을 도입한 결과로 보아야 하지 않는가라는 지적을 하였다.[22]

황원구는 『해동역사』의 한국 사학사에서의 위상에 주목하여 한국문화사의 통사적 조망과 재인식을 동아시아에서 구조構造해 보고자 한 노력이었으며, 17세기부터 움트기 시작한 조선학계의 자주적 안목과 새로운 가치관 모색과 실증적인 연구방법의 응용 등이 18~19세기에 보편화된 결과라고 평가하였다.[23] 문제는 외국 자료를 인용하여 자국사를 보았다고 하여 그것이 바로 자주적인 것으로 환치할 수 있는지는 좀 더 고구하고 증명해야 할 과제다. 객관적이라거나 고증적이라고 할 때 『해동역사』의 수록 내용이나 사론의 태도나 방법에 대한 구체적인 분석을 통해 그 수준과 의미를 평가할 필요가 있을 것이다.

『해동역사』에 대한 거시적 안목에서의 방향성에 대한 토론 이후 『해동역사』 연구사에서 주목할 만한 연구성과로는 한영우韓永愚의 『해동역사』에 대한 종합적 연구를 들 수 있다.[24] 한영우는 기존의 연구가 주로 체재와 편찬의 방법 등 외형적 측면을 지목하였던 데에 그친 것을 비판하고 『해동역사』의 각 장이 어떠한 목적으로 기술되었으며, 사학사적으로 전후의 문맥과 어떻게 연결되는가에 주목하였다. 한영우는 각 장별로 수록 내용과 서술의 목표를 밝혀 『해동역사』가 동아시아의 사대적 전통 질서를 극복하려는 노력을 보인 점, 한국 문화를 동아시아적 관점에서 보려고 한 점, 정통론적 역사 인식을 극복한 점, 이용후생과 부국강병에 대해 관심을 보인 점, 고거주의와 함께 『요사』 등 자료에 대한

22 진단학회편, 앞의 책, 288쪽.

23 진단학회편, 앞의 책, 283쪽.

24 한영우, 1985, 「해동역사의 연구」, 『한국학보』 38; 『조선후기사학사연구』(일지사, 1989).

비판적 시각을 보인 점 등을 중요한 특징으로 지적하였다. 한영우는 이후 『해동역사』에 대한 대중적인 글에서도 이전에 발표한 논문을 축약하여 소개하고 있다.[25] 이 연구는 사서의 내용을 전후 맥락 속에서 자세히 밝혔을 뿐만 아니라 『해동역사』의 편찬을 통해 한치윤이 추구하였던 사상적 관점까지 끌어내었다. 그런데 과연 한치윤이 "주권을 전제로 한 수평적 국제질서를 상정"하고 있는지, 한국인이 "동아시아 세계 전체를 무대로 전개해 왔다"고 볼 수 있는지는 여전히 의문이다.[26]

이후의 연구에서는 『해동역사』에 대한 구체적인 분석 연구로 들어가서 다른 사서와의 비교를 통해 특성을 드러내거나 특정 분야에서의 사료적 가치를 드러내는 경향으로 나타났다.

먼저 다른 사서와의 비교를 통해 그 특성을 드러내는 방식의 연구방법을 구사한 경우는 김종천, 지두환, 최보람 등의 연구가 있다.

김종천은 1980년 석사학위 논문에서 『해동역사』의 예문지 중 경적을 중심으로 다른 예문지와 비교하여 그 특징을 살폈으며, 이를 정리하여 별도의 논문으로 발표하였다. 그는 『해동역사』의 체계가 대체로 『수서』 「경적지」와 유사함을 밝혔다.[27] 지두환은 『동사강목』과 『해동역사』에서 보이는 역사 인식의 차이를 정리하면서 『동사강목』을 철저한 성리학에 입각한 정통론 사서로 본 반면에 『해동역사』는 청조 고증학을 수용한 북학적 사서로 보고 있다.[28] 최보람은 『동국통감』, 『동사강목』, 『해동역사』를 비교하여 후대 연구 자료로서의 유용성을 중심으로 세 사서

25 한영우, 1990, 「한치윤」, 『한국사시민강좌』 7, 일조각; 한영우, 1994, 「한치윤」, 『한국의 역사가와 역사학』 상, 창작과비평사.

26 한영우, 1985, 「해동역사의 연구」, 442~443쪽.

27 김종천, 1980, 「해동역사 예문지 연구 -특히 경적을 중심으로-」, 중앙대학교대학원 도서관학과 서지학전공; 김종천, 1985, 「해동역사 예문지 경적의 체계」, 『논문집』 15, 상명여자대학교.

28 지두환, 1997, 「동사강목과 해동역사에 나타난 역사인식의 차이」, 『한국사학사연구』, 우송조동걸선생정년기념논총간행위원회.

의 장단점을 열거하였다.[29] 이들 연구는 대체로 각 사서의 차이점을 드러내는 데 중점을 두어 결과적으로 『해동역사』의 장점을 부각하는 방향으로 전개되었다. 그러나 『해동역사』가 가진 장점의 일면을 드러내는 데는 성공하였으나 그 장점이 가지는 학적인 의미와 『해동역사』의 사서로서의 한계가 동시에 드러나지 않아 사학사적인 위상을 언급하기에는 부족한 점이 있다.

다음으로 사료로서의 가치를 드러내는 것은 김용달, 박인호, 김태영의 연구가 있다.

김용달은 『해동역사』가 역사 인식의 지평을 확대하였음에도 불구하고 영향이라는 측면에서 개항 후 일제 식민사학에 이용된 과過의 측면도 같이 언급하였다.[30] 그 과라고 하는 면이 책의 내용이 가지는 본질적인 것인지 혹은 이용당한 것인지에 대해서는 불분명한 점이 있다.

박인호는 한진서가 편찬한 『해동역사』 속편에 주목하여 「지리고」에 나타나는 한진서의 역사지리 인식을 정리했다.[31] 기존의 연구에서는 『해동역사』 「지리고」에 이전과는 다른 매우 중요한 역사지리에 대한 연구성과가 기술되어 있음에도 불구하고 제대로 그 사료적 가치를 구명하지 못하였다. 박인호가 진행한 연구의 첫 번째 의의는 『해동역사』 제판본과 이본을 소상하게 밝혔다는 데 있다. 박인호는 규장각본, 국립중앙도서관, 그리고 국립중앙도서관의 김정희 소장본 등 각 이본의 차이를 정리하고 각 이본이 저술된 시기와 주체, 차이에서 드러나는 내용 등을 소개하였다. 박인호 연구의 두 번째 의의는 한치윤보다 한진서에 주

29 최보람, 2003, 「조선조 역사서의 평가를 위한 비교 연구」, 이화여자대학교 대학원; 김봉희·최보람, 「조선조 역사서의 평가를 위한 비교 연구」, 『사회과학연구논총』 12.

30 김용달, 1992, 「해동역사에 나타난 한치윤의 역사인식과 그 영향」, 『북악논총』 10-1.

31 박인호, 2002, 「해동역사속 지리고에 나타난 한진서의 역사지리인식」, 『조선사연구』 11; 『조선시기 역사가와 역사지리인식』(이회문화사, 2003).

목하여 속편 「지리고」에 나오는 한진서의 역사지리 인식을 구명하였다는 점이다. 박인호는 한진서의 역사지리에 대한 의견을 대상 시기별로 정리하고 그 의견이 가지는 학적인 의의를 정리하였다. 박인호는 한진서의 연구가 가지는 의의를 자료적 측면이나 내용적 측면에서 당대의 정약용과 함께 가장 수준 높은 연구성과를 이루었다고 평가하였다.

김태영은 『해동역사』의 외형적으로 드러나는 형태적 측면에 대한 해석과 고찰보다는 이러한 형태를 구성하게 된 내용과 배경을 주로 다루었다.[32] 『해동역사』에서 작동하고 있는 사상적 배경으로 기존의 감상적 의리론과는 다른 현실적 세계관에서 접근하였으며, 다원화된 세계 시대를 맞아 해동의 생활사를 편찬하였다는 점을 강조하였다. 그리고 『해동역사』의 세기, 지, 고에 수록된 외국 자료의 사료적 가치에 대해 이전보다 나아간 선진적 측면도 있지만 사실을 배열하는 데 그쳐 사서로서의 독자적인 완결성을 보이지 못하였고 외국 자료를 이용하면서 사실과 어긋나는 서술도 상당수 기록하고 있다고 비판적으로 평가하였다. 이 연구는 『해동역사』에 수록된 개별 외국 사료의 가치에 대해 세밀히 검토해야 함을 잘 보여주고 있다. 다만 이러한 문제점에 대해서는 한진서가 교열하면서 자료의 오류를 '근안謹按'의 형태로 지적하여 보완하고 있음을 감안해야 한다. 또한 인용한 외국 자료의 원천적 오류에도 불구하고 한치윤이 주제별로 분류하고 자료를 수록하였으므로 앞으로 연구에서는 각 주제 항목별로 수록되어 있는 내용의 조합을 통해 그것을 통해 전달하고자 하였던 생각과 의도를 밝히는 것이 필요할 것으로 보인다. 그리고 배경적 측면에서는 영조대 나온 관부 차원의 가장 광범위한 백과사전인 『동국문헌비고東國文獻備考』가 주제와 시기별로 국내 자료를 배치하여 전통시대에 대한 종합 정보를 제공하였던 점과 대비하여 그

32 김태영, 2015, 「한치윤의 해동역사 연구」, 『실학시대의 역사학 연구』, 사람의무늬.

한계를 뛰어넘기 위해 외국 자료를 이용한 『해동역사』의 특질에도 주목할 필요가 있다.[33]

북한에서도 리승근, 박승국 등이 『력사과학』을 통해 『해동역사』의 사료적 가치를 보이려고 하였다. 그러나 이 논문들은 여러 사정으로 국내에서의 열람이 쉽지 않다.[34]

그런데 『해동역사』 연구에서 가장 중요한 것은 원전 사료에 대한 접근일 것인데 조선고서간행회와 조선광문회의 기존 인쇄본을 필요에 따라 영인하면서 연구 수요에 부응하여 왔다. 그러나 활자본은 많은 오탈자를 가지고 있어 필사본에 대한 영인의 필요성이 높았다. 1987년 여강출판사에서 규장각과 국립중앙도서관 소장의 정·속편을 합한 『해동역사』를 간행하여 필사본을 쉽게 볼 수 있게 하였다.[35] 그리고 국립중앙도서관에서 원전 자료를 전자 자료로 공개하면서 원편과 속편, 그리고 김정희 소장 속편 등 다양한 필사본을 통해 내용을 비교해 볼 수 있게 되었다. 『해동역사』 연구사에서 가장 큰 업적이 국역인데 민족문화추진회에서 1996년부터 연차적으로 간행하여 2004년 완간하였다.[36] 이를 2008년에는 한국학술정보에서 재판하였다.[37] 다만 연구자들이 쉽게 접근할 수 있는 국역이 이루어졌음에도 불구하고 이후 『해동역사』에 대한 연구결과가 연속하여 발표되지 않은 것은 아쉬운 점이다.

이상의 연구성과를 일별해 볼 때 상고사 계승 인식을 다루고자 한다

33 박인호, 1996, 「문헌비고의 편찬」, 『조선후기 역사지리학 연구』, 이회문화사. 정조 연간이 되면 『동국문헌비고』에 대한 비판적인 학문 분위기가 고조되고 있으며, 『해동역사』의 안설이나 한진서의 「지리고」 인용문에서 국내 자료로는 예외적으로 『문헌비고』를 여러 차례 이용하고 있다.

34 리성근, 2002, 「《해동역사》의 사료적 가치에 대하여」, 『력사과학』 2002-1, 과학백과사전출판사; 박승국, 2004, 「《해동역사》의 편찬체제상 몇 가지 특징」, 『력사과학』 2004-4, 과학백과사전출판사.

35 『해동역사』 2책; 『한국사서총간』 4(여강출판사, 1987).

36 민족문화추진회 편, 1998, 『(국역) 해동역사』, 민족문화추진회. 국립중앙도서관 소장 원편과 속편 합집본을 번역 대본으로 삼고, 별도로 원전을 뒤에 수록하였다.

37 한국학술정보 편, 2008, 『(신편 국역) 옥유당 해동역사』, 한국학술정보.

면 원편에 대한 내용 소개에 집중하던 것에서 원·속편의 내용에 모두 주목하여 두 편에 수록된 내용의 차이와 이것이 드러내는 의미를 파악할 필요가 있다. 또한 체재적인 면에서는 각 이본 간의 차이를 구명하고 한치윤과 한진서가 『해동역사』의 서술에 개입한 정도의 차이를 파악하는 것도 중요함을 알 수 있다. 또한 상고기 역사지리 비정 단계에서 벗어나 한국의 고대사가 진행되어온 양상과 역사적 행방에 대한 한치윤과 한진서의 인식을 비교하여 살펴볼 필요가 있다.

Ⅲ. 『해동역사』에 나타난 한치윤의 상고사 계승 인식

『해동역사』의 원편에 대해 현재 서울대 규장각과 국립중앙도서관에 각기 다른 이본이 있다.[38] 그런데 두 책 모두 한진서가 일정 부분 교열하고 있어 현재로서는 한치윤이 원래 편집하였던 『해동역사』 원편을 확인하기는 어렵다. 게다가 국립중앙도서관본에서는 규장각본의 동일 부분에 '진서근안', '근안' 혹은 별다른 표시가 없이 쌍행의 주기로 추기한 곳이 다수 포함되어 있다. 그런데 규장각본 『해동역사』 원편은 뒤에 수정된 국립중앙도서관본 원·속편보다 한치윤의 생각이 상대적으로 그대로 남아 있는 것으로 보인다. 그러므로 이 절에서는 규장각본을 기준으로 하면서 국립중앙도서관본에서 추기된 내용을 살펴 『해동역사』 원편에 반영된 한치윤의 상고사 계승 인식을 정리하고자 한다.[39]

38 원편의 경우 규장각본에서 수정 표시한 것에 따라 국립중앙도서관본이 수정한 것으로 보아 국립중앙도서관본이 뒤에 편집된 것으로 보인다. 현존하는 필사본 『해동역사』의 선후 관계에 대해서는 박인호, 「해동역사속 지리고에 나타난 한진서의 역사지리인식」, 299쪽 주17) 참조.

한치윤은 『해동역사』 「세기」의 첫머리에 '동이총기東夷總記'를 두었다. 한치윤은 구이는 오랑캐 종족의 총칭으로 우리나라 강역 안에 있는 것만을 가리키는 것은 아니라고 보았다.[40] 그리고 요순 임금 때 교화가 퍼지면서 귀화하는 동이가 많아져 기주 동쪽의 요하 이서 지역인 의무려 지방을 유주幽州라 하고 요하 이동 지역인 청주 동북쪽 바다 너머 있는 곳을 영주營州라 하였는데 후세의 기미주羈縻州와 같은 것으로 이맥을 잡아 두기 위한 것이라고 하였다.[41] 중국 사서에 청구국靑邱國이라는 명칭이 나오는데 이에 대해 동방에 있는 나라를 의미한다고 보았다.[42]

이전의 대부분 사서들이 단군조선에서 우리 역사를 시작하였던 것과는 다른 것으로 한치윤은 단군조선보다 더 포괄적인 동이족과 동이문화를 상정하고 있다. 또한 이러한 입장은 한진서에게도 그대로 관철되었다.[43] 다만 동이가 기미주와 같이 중국에 메어 있다고 본 점은 우리나라 역사 전개에서 국가적 측면을 그리 중시하지 않았으며, 동이족의 분화와 중국과의 연관 관계 속에서 보고 있다. 그리고 이때의 동이는 중국과 구별되는 동이 종족을 의미하며, 영역적으로는 요동지역을 포괄하는 개념이었으며, 청구국으로 상정되는 동방 국가였다.

이어 단군조선, 기자조선, 위만조선을 하나의 항목으로 적고 있다. 이

39 『해동역사』 「세기」에 보이는 한치윤의 상고사 지리인식은 한영우, 「해동역사의 연구」, 404~413쪽 참조.

40 "按九夷 卽東北夷種之總稱 非專指我邦域內者也 然旣有先儒諸說故 今並錄焉 以備參攷." 『해동역사』 권1, 「세기」 1, 동이총기, 3-12쪽(여강출판사 영인, 『한국사서총간』 3권, 이하 동).

41 "按 (中略) 堯舜之際 聲敎漸被東夷 歸化者益多故 分冀東北醫巫閭之地爲幽州 今遼河以西也 分靑東北越海之地爲營州 今遼河以東也 蓋如後世羈縻州 要以繫屬夷貊而已." 『해동역사』 권1, 「세기」 1, 동이총기, 3-13쪽.

42 "按 (中略) 靑邱者 蓋東方之國也" 『해동역사』 권1, 「세기」 1, 동이총기, 3-16쪽.

43 국립중앙도서관본에는 규장각본 『해동역사』 권1, 「세기」 1, "按東方朔神異經曰 (中略) 且高麗時表詞稱本國 爲槿花鄕是爾"(3-12쪽) 끝에 "我邦自古有君子之稱, 而夫子欲居之意, 安知非爲此耶"이 추가되어 있으며, "按郭璞曰 (中略) 靑邱者 蓋東方之國也"(3-16쪽) 끝에 "天文類抄 靑邱七星 主東方三韓之國 此亦以地而名之者也"라는 구절이 추가되어 있다.

는 한치윤이 동이에서 삼조선으로 나아가는 것으로 본 셈이다. 삼조선의 명칭에 대해 기자 이전에 조선이 있었는지는 알 수 없으나 『고려사』에서 단군조선과 기자조선은 전조선, 후조선이라고 하여 이를 따른다고 적고 있다.[44] 다만 단군조선의 일부 황탄한 일에 대해서는 『조선세기』의 기록을 인용하면서 고기 기록의 황탄함을 믿을 수 없다는 태도를 보이고 있다. 그런데 이러한 해석에 따르게 되면 결과적으로는 단군조선은 민족 시조로서의 위상이 사라지고 보이지 않게 된다.

기자조선에 대해서는 중국에서 나오는 다양한 자료들을 활용하여 고증하고 있다. 한치윤은 기자가 신복을 하지 않았다는 인용문의 글에 대해 안설을 통해 오히려 기자의 신복설을 지지하고 나서고 있다. 이는 한치윤이 중국의 사서를 이용하여 조선의 역사를 보려는 관점에 서기 때문에 오히려 기자와 조선을 연결하려는 의도를 가진 것으로 해석된다. 비록 확보 자료의 차이로 인해 기자를 자세하게 다룬 점도 있지만 기본적으로 단군조선보다는 중국에서 온 기자에 의해 이루어진 유교적인 사회의 확립을 통해 조선적 사회가 이루어졌다는 논리를 한치윤이 수용하고 있기 때문으로 해석된다. 기자의 후예인 준왕이 남쪽으로 남하하여 마한을 정복하고 스스로 마한 왕이 된 것으로 정리하여 기자와 마한을 연결하고 있다.[45]

위만조선에 대해서는 중국 자료에 위만이 연나라 사람으로 기록되어 있으므로 한치윤은 위만의 경우 중국 위씨가 나라를 세웠다가 한 나라에 항복한 것으로 정리하고 있다.[46] 그러나 한진서는 한치윤의 중국에 치우친 삼조선에 대한 인식에 불만이 있었던 것으로 보인다. 특히 기자조선과 위만조선에 대해 중국 세력과 적극적으로 연계시켜 보려는 한

44 『해동역사』 권2, 「세기」 2, 단군조선, 3-17쪽.
45 『해동역사』 권2, 「세기」 2, 기자조선, 3-20쪽.
46 『해동역사』 권2, 「세기」 2, 위만조선, 3-22쪽.

치윤의 시각에 불만이 있었다. 한진서는 「지리고」에서 기자가 분봉을 받았으나 영평부의 수봉을 부정하거나[47] 위만조선에 대해 예, 옥저, 고구려를 연결함으로써[48] 지리적 측면에서 중국과는 구별되는 상대적으로 독립된 영역을 상정하고 있다. 이러한 한진서의 인식관은 영역을 다루면서 압록강 이북의 요동지방에 대해 계외지분으로 간주하고 있는 것과도 통한다.[49]

그 다음 등장하는 국가로 규장각본에서는 예, 맥, 옥저, 부여, 삼한, 사군 순으로 기술한 반면에 국립중앙도서관 합집본 「세기」에서는 삼한, 예, 맥, 부여, 옥저, 사군의 순으로 삼한을 앞세우고 있다. 규장각본에서는 기존 사서들의 서술과 마찬가지로 위만 이후 해당 지역에서의 전개에 중점을 두었다면, 합집본에서는 편집자인 한진서의 의도가 더욱 확연하게 반영되어 시간적 전개 과정에 따라 삼한을 앞세우고, 부여 역시 연원이 오래되었다고 보았기 때문에[50] 옥저 앞으로 보낸 것으로 추정된다. 물론 한치윤과 한진서 모두 이러한 순서로 국가를 서술한 것은 우리나라 상고사의 전개를 시간순으로 이해하려고 하였으며, 서술 역시 정통론적 인식보다 오래된 순서에 따라 적는다는 생각을 반영하였기 때문이다.

규장각본에 의하면 국가의 서술 순서를 예-맥-옥저-부여의 순으로 다루고 있다. 이러한 국가들이 삼조선을 잇는 것으로 보았기 때문이다. 다만 부여의 경우에는 지금 봉천부 개원으로 비정하면서 우리나라 구역 안에 있던 나라는 아니지만 구려와 백제가 일어난 곳이기 때문에 똑같이 기에 둔다고 한치윤은 적고 있다.[51] 그런데 부여왕 해부루는 단

47 『해동역사속』 권2, 「지리고」 2, 4-354쪽.

48 『해동역사속』 권2, 「지리고」 2, 4-356쪽.

49 『해동역사속』 권1, 「지리고」 1, 4-351쪽.

50 "鎭書謹按 (中略) 則夫餘之稱 其來尙矣." 『해동역사』 권3, 「세기」 3, 부여, 3-26~27쪽.

군과 관련이 없으며 부여의 남은 종족은 진나라와 통하였으며 이름을 의려 혹은 의라라 하였다는 것이다.[52] 예, 맥, 옥저는 대체로 우리의 경내에 걸쳐 있었던 것으로 비정하는 지리관을 바탕하여 「세기」에 편성해 넣은 반면에 부여는 봉천 개원에 비정함으로써 한치윤은 부여에 대해 지리적으로 거리감을 표시하고 있으며 영역적인 측면에서 우리의 질서 안에 넣는 것에 대해 주저하는 모습을 보이고 있다.

여기서 별도의 세계를 구성하는 것이 숙신肅愼이다. 한치윤은 숙신을 별도의 독립 항목으로 다루고 있다.[53] 한치윤은 숙신씨가 한나라 때 읍루挹婁, 원위元魏 때 물길勿吉, 당나라 때에는 말갈이며, 이들은 영고탑 일원을 거점으로 하였다고 보았다.[54] 한치윤은 숙신씨를 일본 항목과 연결하여 적고 있어 숙신, 읍루, 말갈, 여진으로 이어지는 계통을 아예 우리 민족사의 일원으로 넣지 않으려는 입장으로 보인다.

규장각본에서는 다음 순서로 삼한을 다루고 있다.[55] 삼조선 다음에 사군이부를 넣고 삼한을 다루었던 『동국통감』 이래의 전통적인 서술과는 달리 삼조선 다음에 예, 맥, 부여, 옥저 등 북방계 국가의 행방을 다룬 다음 삼한을 넣은 것은 한치윤이 삼한의 상한이 사군보다는 더 오래되었다고 인식한 결과이다. 한치윤은 마한이 가장 커서 지금의 전라도, 충청도, 경기도의 남쪽을 점유하고 이어 진나라 사람들이 망명하여 동쪽으로 오자 마한이 동쪽 땅을 떼어주어 진한으로 하고 진한 가운데 한 종족이 나뉘어 변진이 되었다고 보고 있다.[56] 즉 한치윤은 삼한을 사군

51 『해동역사』 권3, 「세기」 3, 부여, 3-26쪽.

52 『해동역사』 권3, 「세기」 3, 부여, 3-28~29쪽.

53 규장각본에는 「일본고」 뒤 권71에 배치하였으며, 국립중앙도서관본에는 「비어고」 앞 권60에 배치하였다.

54 『해동역사』 권60, 「숙신씨고」.

55 『해동역사』 권4, 「세기」 4, 삼한.

56 『해동역사』 권4, 「세기」 4, 삼한, 3-36~37쪽.

보다 앞선 것으로 보고 그 건국도 순차적으로 일어난 것으로 보고 있다.

다음 사군의 행방을 다룬 「사군사실」이 배치되어 있다. 한치윤은 사군의 행방에 대해 고구려가 낙랑을 획득하고 이어 현도를 함락시켰으며, 백제도 대방을 소유하자 중국이 다시 군과 태수를 두지 못하게 되었으며 이에 낙랑과 대방의 호를 고구려와 백제의 왕에게 주게 되었다고 보고 있다. 모용씨, 후위, 북제의 봉작된 이름도 교치로 봉작을 받은 것이지 한이나 위의 옛 땅을 차지한 것은 아니라고 보았다.[57] 따라서 사군이 고구려와 백제에 넘어오고서는 지리적으로나 계통적으로 중국과는 상관없는 곳이 되었으며, 이에 따라 결과적으로 우리의 국가 체계 내에 흡입된 것으로 보고 있다. 한치윤은 민족적 개념이나 종족적 개념이 아니라 정치와 지리의 개념으로 사군의 행방을 다루고 있다.

다음으로는 삼국을 다루었는데 삼국의 서술 순서는 고구려, 백제, 신라 순으로 정리하였다. 한치윤이 고구려를 앞세운 것은 『한서』와 『후한서』 기록 등에서 고구려의 성립에 대해 조선과 같은 시기로 적고 있기 때문이었다. 그런데 한진서는 아예 두 개의 고구려를 상정하고 있으며,[58] 주이존朱彝尊이 『경의고經義考』에서 한 원제 건소 2년에 비로소 나라를 세웠다는 말을 한 것은 두 개의 구려가 있는 줄을 알지 못했기 때문에 잘못 변증하였다고 적고 있다. 이에 따라 아예 부여의 동명왕과 고구려의 주몽을 구분하였다.[59] 그리고 고구려 초기 성립에 대해 한치윤

57 『해동역사』 권5, 「세기」 5, 사군사실, 3-40쪽.

58 "鎭書謹按 高句麗或作句麗 周隋以後 史作高麗 蓋句麗之稱 非始于高朱蒙也 秦漢之際 已有其國 漢武帝滅之 因降國爲縣 隷於玄菟郡 至元帝建昭二年甲申歲 朱蒙始建國於故句麗地 仍號爲高句麗 然則東方前後 知有兩句麗也." 합집본은 "高句驪 或作高驪 東史作高句麗 (下略)"로 표현에 차이가 있다. 『해동역사』 권6, 「세기」 6, 고구려, 3-41쪽.

59 "鎭書謹案 東明事 後漢書夫餘傳 已爲詳著 蓋東明 自櫜離國逃 至夫餘而王焉 其後裔朱蒙 自夫餘國逃 至紇升骨城而居焉 其逃難渡水 魚鼈成橋事相偶同 而東明自是夫餘之君也 朱蒙自是高句麗之君也 金富軾之撰句麗本紀 乃曰 始祖東明聖王 姓高氏 諱朱蒙 始合東明朱蒙爲一 東國之人 不復知有夫餘之東明也 梁書所云 東明始王於夫餘 而其後支別爲高句麗種者是也 (下略)." 『해동역

이 『해동역사』의 원편에서 빈약하게 언급하였다고 보았기 때문에 한진서는 이를 자세히 설명하는 근안을 원편의 사이에 추가하였다.

다음 순서로 한치윤이 백제를 내세운 것은 『양서』나 『수서』에서 보이는 마한과 부여 동명왕의 관계를 중시 여겼기 때문이다. 그러나 한진서는 「지리고」에서 신라보다 백제의 국가 성립이 늦은 것으로 보았다. 그래서 원편 「세기」의 백제에는 백제의 성립에 대해 기원전 18년이라는 안설을 추가하여 수록하고 있다.[60]

한치윤은 삼국에서 신라를 가장 늦게 배치하고 있다. 신라 혁거세는 진한 백성들의 추대를 받아 즉위하였다고 보고 있다. 그리고 진한과 신라를 구분하여 전후로 세대를 바꾼 것으로 알고 있으나 이는 잘못된 것으로 동진 이전의 사로는 바로 진한의 속국이며, 위진의 사서에 실린 진한도 모두 신라의 실적이라고 하였다.[61] 한치윤이 이러한 발전관을 가진 것은 작은 나라에서 순차적으로 발전되어 삼국으로 나갔다고 생각하였기 때문이며, 그 과정에서 국가의 성립 연대를 중시한 결과이다. 다만 한치윤이 고구려-백제-신라의 순으로 한 것은 백제의 성립 연대를 보는 시각에서 두 사람이 차이를 드러내었기 때문이다.

삼국 다음에는 발해를 하나의 별도 항목으로 다루었다. 한치윤은 발해를 흑수말갈의 속말부로 고구려에 신하로 소속된 나라로 보고 있는데, 옛 숙신 지역은 한나라 때는 읍루, 위나라 때는 물길, 당나라 때는 말갈이 되었으며, 말갈은 고구려가 멸망할 때 대부분이 당으로 들어가거나 일부는 흩어져 발해로 들어왔다고 보았다.[62] 그러나 한치윤은 중

사』 권6, 「세기」 6, 고구려, 3-42쪽.

60 "鎭書謹按 東史百濟始祖溫祚 自高句麗南奔 以漢成帝鴻嘉三年 立國於漢南 初號十濟 復改百濟 臣服於馬韓 後併馬韓諸國 遂爲海東盛國 (下略)." 『해동역사』 권9, 「세기」 9, 백제, 3-77쪽.

61 "又按 東晉以前 只有斯盧之稱 而斯盧卽辰韓屬國故 中國人之於斯盧事實 通稱辰韓者是矣 然則 魏晉史所載辰韓之說 (中略) 此皆新羅之實跡 其可徵可信 勝於東國所謂古記諸書 而東儒每以新羅辰韓 截然爲前後革世之兩國 不亦誤乎." 『해동역사』 권10, 「세기」 10, 신라, 3-84쪽.

국의 여러 사서 내용에 미진함을 보고서 동사를 인용해 고구려 옛 장군 대조영이 백성을 거두어 발해를 세운 것으로 적었다.[63] 그런데 『구당서』와 『신당서』 기술에서 차이를 보이자 『구당서』의 대조영을 『신당서』의 걸걸중상의 아들로 설정하여 양자를 같이 결합하였다.[64] 그리고 발해는 고구려의 옛 지역을 차지하고 서쪽으로 중국과 통하고 남쪽으로 신라와 교빙으로 북쪽으로 거란을 막고 동쪽으로 일본에 사신을 보내 동북의 오지를 압도하여 해동성국이 되었음을 말하고 있다.[65] 발해가 망한 후에도 여러 남은 부가 있어 요가 끝날 때까지 반란을 일으켰으며,[66] 금나라는 요양에 있는 발해 백성을 연으로 옮기거나 산동으로 옮기거나 혹은 거란으로 들어가도록 하여 이로 인해 발해의 종족이 완전히 끊어져 전해지지 않게 되었다고 보았다.[67]

한치윤은 정치적 행방과 해당 영역의 계승을 중시하는 입장을 가졌다. 발해의 경우 세기에 발해를 배치하고 있는 점, 고구려 멸망 후 대부분은 당으로 갔으나 일부는 발해가 되었다고 본 점, 대조영을 고구려의 옛 장수로 본 점, 발해가 망한 후에도 부가 있었으며 끊임없이 반란을

62 "按渤海 本黑水靺鞨之粟末部 臣屬於高麗者 居古肅愼氏地 在漢時爲挹婁 魏時爲勿吉 唐時爲靺鞨 西屬突厥 南隣高麗 北接室韋 凡數十部 卽今寧古塔黑龍江等地是也 及高麗滅 其人多入於唐 諸部皆分散 遺人迸入渤海"

63 "東史 大祚榮本高麗舊將 唐滅高麗 徙其人於隴右河南 祚榮收逋殘保太白山 後又附新羅 受五品大阿飡之秩 其後盡據句麗靺鞨之地." 『해동역사』 권11, 「세기」 11, 발해, 3-91쪽.

64 "按大祚榮 卽仲象之子 而舊書不著焉 此則舊書之疎略故 今竝錄新書 以備參考." 『해동역사』 권11, 「세기」 11, 발해, 3-91쪽.

65 "按 (中略) 地方五千里 置五京十五部 西通上國 南聘新羅 北捍契丹 東使日本 雄視東北之奧 殆至三百年 文獻之散見諸史者 猶有可徵 所以稱海東盛國也." 『해동역사』 권11, 「세기」 11, 발해, 3-91쪽.

66 "按 (中略) 以此觀之 渤海雖亡 而猶有餘部也 (中略) 終致延琳永昌相繼構亂 及春州饒州諸部渤海動輒乘釁 終遼之世 叛附無常 不能制焉." 『해동역사』 권11, 「세기」 11, 발해, 3-98쪽.

67 "按 (中略) 至金初 慮其難制 常招來懷柔 (中略) 九年八月 從宰臣之議 徙遼陽渤海之民於燕南 後又頻年轉戍山東 至辛酉歲 盡驅以行 其居故地者 或歸契丹 而渤海之種 遂絕無聞矣." 『해동역사』 권11, 「세기」 11, 발해, 3-98쪽.

일으켰다고 한 점 등에서 보이듯이 한치윤은 발해를 우리나라 상고기 국가의 하나로 보고 있다. 또한 발해는 지역적으로 고구려의 옛 지역을 차지하였으며 동북에서 해동성국이 되었으나 요와 금을 거치면서 마침내 끊어진 것으로 보고 있다.

이상과 같은 한치윤의 상고사 계승 인식은 외국 사서를 통해 우리나라 역사를 보려고 하였던 데서 나온 것으로 우리 민족의 특수성보다 동이문화의 포괄적인 관점에서 역사를 보려고 하였다. 그러나 이러한 입장은 자신이 의도하지는 않았다 하더라도 외국 자료에 나타나는 내용을 바탕으로 상고 시기 동이족이라는 민족집단을 상정함으로써 단군의 후예라는 우리 민족의 일체감을 희석시키는 결과를 가져왔다.[68] 한편 국가의 계통성에 있어서는 상대적으로 한반도에 기반을 둔 국가의 계통과 행방에 관심을 보이고 있으며 부여나 발해 등 만주 지역의 국가에 대해서는 정치적·지역적인 계승에 대한 관심으로 접근하고 있다. 그리고 숙신 읍루, 말갈, 여진으로 이어지는 계통은 아예 우리 상고기 국가 체계에서 제외하고 있다.

Ⅳ. 『해동역사속』에 나타난 한진서의 상고사 계승 인식

국립중앙도서관본 『해동역사』 속편에서는 교열자로 한진서를 단독으로 기록하고 있는 데서 볼 수 있듯이 「지리고」의 편찬과 교열은 한진서에

68 한영우는 사서 서술에서 단군조선부터 시작하는 관례를 깨고 동이총기를 설정한 것에 대해 한치윤이 우리 조상의 문화는 동이문화권에서 찾아야 한다고 믿고 역사의 첫머리에 다룬 것이라고 높이 평가하였다. 한영우, 「해동역사의 연구」, 405~406쪽.

의해 이루어졌다. 여기서는 『해동역사』 원편에 수록된 한진서의 교열 부분과 속편의 한진서에 의해 편찬된 「지리고」를 중심으로 한진서의 상고사 계승 인식을 살펴보고자 한다.[69]

중국 자료와 한국 자료의 신뢰성에 대해 한진서는 중국의 경우 근거할 바가 많으나 한국의 경우에는 한수 이북은 한군현이 들어오고 남쪽의 한은 바다 모퉁이에 있어 제대로 전하는 바가 없으며 신라와 고려 때는 불교도가 글을 적어 고기라는 이름으로 나왔으며 내용도 자의恣意로 적어 황탄하고 믿지 못하겠다고 생각하였다. 따라서 믿을 만한 것은 중국에서 구할 뿐이라고 적고 있다.[70]

한진서는 자료의 신뢰성이라는 측면에서는 중국 자료를 취해야 한다는 생각을 가지고 있었다. 또한 우리나라 지리에 대해 "삼국 이전에는 믿을 만한 역사서가 없고, 강역 안에는 전후에 걸쳐 수십 개의 나라가 있어서 그 영역이 나누어지고 합해진 것이 시대에 따라 다른데, 군현이 변천되어도 대부분 옛 호칭을 그대로 띠고 있다. 예로부터 지리에 대해서 말하는 사람들이 시비를 면치 못한 것은 바로 이 때문이다"라고 적고 있다.[71] 한진서는 시대에 따라 지명의 위치가 다르고, 또한 군현이 달라져도 옛 지명을 그대로 쓴다고 하는 문제의식을 보이고 있으며, 이러한 문제를 살펴보기 위해서 중국의 자료로 확인해 보려는 것이다.

한진서는 우리나라의 국가 전개에 대해 한백겸 이래의 이원적 발전관을 수용하여 한수를 경계로 북쪽에 조선, 남쪽에 한국이 있었으며, 북쪽의 조선은 단군에서 시작하여 주초에 기자가 들어서고 이어 위만이 이를 대신한 것으로 보았다. 한국을 조선과 병렬하여 보았던 것은 한치

69 『해동역사속』「지리고」에 보이는 한진서의 상고사 지리 인식은 박인호, 「해동역사속 지리고에 나타난 한진서의 역사지리인식」, 315~330쪽 참조.

70 『해동역사』, 「세기총서」, 3-11쪽.

71 『해동역사속』, 「해동역사 지리고지」, 4-341쪽.

윤과 마찬가지이나 한치윤이 동이를 조선 이전의 종족집단으로 상정한 것과는 달리 「지리고」에서는 바로 단군에서 시작하고 있다. 그러나 규장각본에 수록된 〈세기총서〉에서는 동방에 처음 구이가 있었으며, 이후 단군으로 이어진다고 적어[72] 숙부가 서술한 동이총기에서 시작하여 제국기에 이르는 편재를 한진서도 따르고 있음을 보여주고 있다.

한진서는 『산해경』에서 말한 조선이라는 것은 단군조선을 지칭한 것으로 보아서[73] 단군조선의 역사성이 오래되었음을 말하고 있다. 기자는 처음에는 평양 외성의 좁은 곳이었으나 땅을 개척하면서 서쪽으로 요하를 건너 접하였던 것으로 보았다. 그러므로 영평부永平府를 바로 기자의 수봉지로 보는 것에 대해서는 부정하고 있다.[74] 기자가 쇠퇴하면서 기자의 후예는 남쪽으로 내려가 금마군에 도읍하였으며,[75] 위만은 예, 옥저, 구려 등을 모두 복속시켰으나, 한 무제에 의해 위만이 멸망하면서 사군이 설치된 것으로 정리하였다.[76] 한진서는 한수 이북에서 동이와 단군을 거쳐 기자가 등장하고 기자가 남하한 다음 기자를 대신한 위만조선이 들어섰다고 보았다. 위만이 있었던 시기에 조선의 동쪽에는 예맥, 동북쪽에는 옥저, 북쪽에는 고구려가 있었으며, 이들은 모두 위만조선에 복속된 나라로 보고 있다.[77] 이는 한진서가 위만조선이 있었던 시기에 이미 예, 맥, 옥저, 고구려의 군소 국가들이 성장하고 있음을 상정한 결과이다.

72 『해동역사』, 「세기총서」, 3-11쪽.

73 『해동역사속』 권2, 「지리고」 2, 조선, 4-353쪽.

74 “鎭書謹按 爾雅九州圖 嵎夷卽朝鮮箕子封地 遼東志遼東本箕子國 大明一統志遼東名宦亦載箕子 盛京志以遼水東西之地 並屬箕子舊疆 則箕子西界遠過遼河 明矣 然以今永平府 直謂箕子受封地則未允 亭林辨說是也.” 『해동역사속』 권2, 「지리고」 2, 조선, 4-354쪽.

75 “鎭書謹按 此時 箕侯南走金馬郡 今益山郡 故衛滿據有舊疆也.” 『해동역사속』 권2, 「지리고」 2, 조선, 4-355쪽.

76 『해동역사속』 권2, 「지리고」 2, 조선, 4-353~356쪽.

77 『해동역사속』 권4, 「지리고」 4, 사군, 4-371쪽.

다음 한진서는 국가의 기술 순서를 「지리고」에서는 예, 맥, 옥저, 삼한, 사군, 부여, 읍루의 순으로 정리하고 있다. 예국은 부여의 옛 이름으로 간주하여 원래 하나이며, 중국 동북의 개원현 등지에 있었으나[78] 그 후 대관령 동쪽으로 남하하여 동예가 된 것으로 정리하였다.[79] 한나라 초기에 예는 위만에 복속되었다가 한 무제 때 창해군이 되었으며, 그 뒤 다시 임둔군을 두었다가 영동 7현이 되었으며, 한 광무제 때 토착의 우두머리를 봉하여 예후濊侯로 삼은 것으로 정리하였다.[80] 맥국도 예국과 마찬가지로 본래 중국 동북의 오랑캐였으나 후에 대관령 서쪽으로 옮겨 춘천에 도읍하였으며, 한나라에서 낙랑군을 두면서 맥은 낙랑군 소속이 되었다고 정리하였다. 그 외 압수의 서쪽에 또 다른 종의 맥종이 있었는데 이는 고구려의 별종으로 춘천에 있었던 맥과는 다르다고 보았다.[81] 한진서는 예를 부여 이전의 종족명으로 보고 이것이 옮겨가서 동예가 된 것으로 보는 것에서 보이듯이 상고사의 주요 지명에 대한 혼란을 이동설을 통해 해명하려는 모습을 보이고 있다.

부여와 옥저는 세기편에서도 다루어졌지만 읍루는 한치윤의 경우 「숙신씨고」에서 별도로 다루었는데 한진서는 「지리고」에서 읍루를 부여 다음에 별도 항목으로 기술하고 있다. 한치윤이 숙신씨와 읍루를 연결하였던 것과는 달리 한진서는 읍루를 고대의 숙신씨와는 분리함으로써 읍루를 상고시기 군소국가로 다룰 수 있다는 입장인 것이다.[82] 이 점

78 『해동역사속』 권2, 「지리고」 2, 예, 4-356~357쪽.

79 『해동역사속』 권2, 「지리고」 2, 예, 4-357쪽.

80 "鎭書謹按 濊國今江陵府 漢武帝初 置蒼海郡 數年乃罷 及滅朝鮮 濊地置臨屯郡 嶺東七縣卽其地也 後以七縣隷都尉 光武罷都尉 復封土酋爲濊侯 華麗不耐諸縣皆稱侯國." 국립중앙도서관 합집본, 『해동역사』 권3, 「세기」 3, 예. 규장각본에는 이 안설 대신 예를 기씨의 땅으로 본 한치윤의 '안설(3-24쪽)이 기록되어 있으나, 국립중앙도서관 합집본에서는 생략되었다.

81 "鎭書謹案 此貊人 或指句麗及小水貊也 非春川之貊 明矣." 『해동역사』 권3, 「세기」 3, 맥, 3-25쪽; "鴨水之西 又有一種貊 此卽句麗別種 非春川之貊也." 『해동역사속』 권2, 「지리고」 2, 맥, 4-359쪽.

82 국립중앙도서관본 권60, 「숙신씨고」의 한치윤 안설 사이에 규장각본에는 없는 "蓋挹婁勿吉 前史

은 한진서가 상고사의 대상을 좀 더 넓게 보고 있다고 할 수 있다.

한편 상고기 북방지역의 지명에 대한 해명 과정에서 가장 비판의 대상이 된 것은 『요사』와 이를 계승한 『대청일통지』이다. 중국 사료의 신뢰도를 높이 평가하면서도 『요사』에 대해서는 비판적인 언급을 계속하고 있다. 특히 지역적으로는 요동 일원에서의 상고기 국가와 주요 지명의 행방에 대해 『요사』의 위치 비정에 대해 비판적으로 접근하고 있다.

그리고 사군에 대해서는 조선은 낙랑, 예맥은 임둔, 옥저는 현도, 고구려는 진번이 되었다고 보고 있다. 진번의 위치를 옛 고구려로 비정함에 따라 흥경 남쪽의 파저강 좌우 강안 1,000리 지역을 진번으로 보고 있다.[83] 그런데 옥저, 고구려, 조선이 이미 구성되어 있고 옥저가 현도, 조선이 낙랑, 고구려가 진번이 되는 것으로 보고 있기 때문에[84] 한진서는 위만조선 후기에 이미 여러 군소국가가 있음을 상정하고 있다.

한수 이남은 한국 혹은 진국이라고 하며, 진국은 다시 마한, 진한, 변진으로 나뉘었던 것으로 정리하였다. 그리고 마한은 최대의 국가를 형성하여 진한과 변진은 마한에 속했다고 보았다.[85] 한나라 초기 기준이 남천하면서 기존의 마한을 멸망시키고 자립하였으나 바로 멸절하고, 토추가 다시 복립하여 진왕이 된 것으로 보았다. 따라서 마한에는 기준이 취한 마한, 기씨가 세운 마한, 기씨 이후의 토추에 의한 마한의 3마한이 있었다고 보았다.[86] 진한은 처음 진의 망인이 내려오고 다시 한 초에 조

不言所從 而稱以古肅愼氏國 則是居肅愼舊地 而非肅愼氏子孫也 靺鞨卽勿吉之音轉也"라는 문장이 추가로 들어가 있다. 합집본이 뒤에 나온 것으로 보이므로 이 부분은 한진서가 추기한 것으로 보인다. 한진서로서는 읍루와 물길(말갈)을 바로 숙신씨의 자손으로 보지 않기 때문에 이러한 내용을 추기하였으며, 「지리고」에는 별도로 읍루 항목을 추가하여 다룬 것으로 보인다.

83 『해동역사속』 권4, 「지리고」 4, 사군, 4-372쪽.

84 『해동역사속』 권4, 「지리고」 4, 사군, 4-372쪽.

85 『해동역사속』 권3, 「지리고」 3, 삼한, 4-362쪽.

86 "鎭書謹案 (中略) 又按 箕氏之滅絕 已在右渠之前 然則箕準所取之馬韓 箕氏以後之馬韓 與夫箕準之馬韓 凡三馬韓也." 『해동역사』 권4, 「세기」 4, 삼한, 3-32쪽.

선의 신민이 도망와서 6부의 구별이 있게 되었으며, 6부는 12국으로 분리되고 이를 진한이라고 통칭하였으며, 한 선제 오봉 원년에 혁거세가 진한의 사로국왕이 되었으며, 이를 통해 진한의 총왕이 되었다고 정리하였다.[87]

변진은 왜에 가까웠고, 12국은 진한에 속해 있었으며, 후한 초 김수로가 자립하여 가라국왕이 되었는데 이것이 바로 변진 구야국이라고 하였다. 가라 중에 임나가 있었으며 이 역시 변진에 속하였으며, 임나는 가라국의 여국으로 미마나국이며, 미마나는 변진 미오야마국의 음전이라고 보았다. 그 뒤 마한은 백제에 병탄되어 나갔으며, 진한과 변진은 신라에 병합된 것으로 정리하였다.[88]

이러한 한진서의 「지리고」에서의 기술 내용에서는 기호 남인계에게 일반적으로 나타났던 정통론적 인식은 거의 사라지고 있다. 위만조선 시기에 북쪽의 예맥 옥저와 남쪽의 삼한, 그리고 위만조선을 대체한 사군을 기술함으로써 한진서는 상고사에 대한 이원적 발전 논리를 지속시키려고 한다.

한편 삼국의 서술 순서를 고구려-신라-백제의 순으로 정리하였다. 무엇보다 고구려를 가장 앞세우고 있는 것은 고구려는 두 종류가 있었으며 성립 연대가 가장 앞선다는 인식에서 출발하였기 때문이다. 한진서는 고구려에 대해 주대에 이미 구려라는 족속이 있었으며, 한 무제가 조선을 멸할 때 고구려가 진번에 속하게 하였다고 보았다.[89] 그 뒤에 다시 고주몽이 옛 구려의 땅에 고구려를 세웠으므로 두 개의 고구려가 있었다고 보았다.[90] 또한 동명은 고리국으로부터 도망하여 부여의 왕이

87 『해동역사속』 권3, 「지리고」 3, 진한, 4-365~367쪽.

88 『해동역사속』 권3, 「지리고」 3, 변진, 4-367~370쪽.

89 『해동역사속』 권6, 「지리고」6, 고구려, 4-389쪽.

90 『해동역사』 권6, 「세기」 6, 고구려, 3-41쪽.

되었으며, 후손인 주몽은 부여국에서 도망하여 흘승골성에서 고구려를 세운 것으로 보아 동명과 주몽은 별개의 인물로 간주하였다.[91]

그런데 한치윤이 원편에서 국가 성립 시대에 따라 고구려-백제-신라의 순으로 백제를 신라보다 앞세우고 있으나 한진서는 「지리고」에서 오히려 신라를 앞세우고 있다. 한진서는 백제 시조 온조는 고구려에서 도망하여 남쪽으로 온 인물이며, 처음 십제라고 하였다가 다시 백제로 고쳤으며, 마한은 신하로 복종하였다고 정리하였다. 그 뒤 백제는 마한의 여러 나라를 병합하여 해동성국이 되었다고 보았다.[92] 한진서가 이렇게 기술한 것은 국가의 성립 시기를 중시한 결과이다. 전후 고구려를 상정하였으므로 고구려의 성립을 가장 앞세우기는 하였으나 다음 순서로 신라, 그리고 백제로 기술하고 있다.

한편 한진서는 「지리고」에서 발해에 대해 『요사』와 『성경통지』에서 발해를 주로 요동지역에 비정하고 있던 점을 비판하고 다양한 안설을 제시하면서 오히려 영고탑에서 한반도 함경도 일대까지로 비정하고 있다. 이러한 지리 비정은 유득공이 편찬한 수정본 『발해고』로부터 영향을 받고 있다.[93] 그런데 민족적 계통에 있어서는 한치윤과는 다른 방식으로 접근하여 발해를 말갈의 종족으로 보되[94] 읍루와 말갈은 숙신과는 다른 계통으로 보고 대조영은 읍루의 옛 지역인 영고탑에서 건국한 것으로 보고 있다.[95] 즉 한진서는 요동지역을 발해와 구분한 뒤 고구려

91 『해동역사』 권6, 「세기」 6, 고구려, 3-42쪽.

92 『해동역사』 권9, 「세기」 9, 백제, 3-77쪽.

93 박인호, 앞의 논문, 122~123쪽; 박인호, 2002, 「발해고에 나타난 유득공의 역사지리인식」, 『한국사학사학보』 6. 柳得恭은 한치윤과 긴밀한 교류관계를 가지고 있었다. 유득공은 『해동역사』의 서문을 적고 있을 뿐만 아니라, 한치윤이 쓴 안설에서 유득공의 『四郡志』를 직접 인용하고 있어 이들 간의 긴밀하였던 관계를 보여주고 있다.

94 "渤海者 靺鞨之種也 唐武后聖曆中 建國於故挹婁之地 今寧古塔地方 是也." 『해동역사속』 권9, 「지리고」 9, 발해, 4-424쪽.

95 "鎭書謹案 渤海以新舊書本傳參考 句麗之亡 靺鞨種大氏 率家屬徒居營州矣 有乞乞仲象者 東奔

에 부속된 말갈 종족의 대씨가 읍루의 옛 지역을 차지해 발해가 된 것으로 보고 있다. 따라서 한치윤이 발해를 고구려의 신하가 세운 나라로 파악하여 연결성을 확보하려고 했다면 한진서는 읍루와 발해를 숙신이나 금을 세운 여진과는 구별되는 별도의 존재로 보고 지역적으로도 요동 지역과 분리시켜 우리 상고기 국가 체계 속에 넣는 방식으로 정리하고 있다.

이러한 한진서의 상고사 계승 인식에서는 각 국가의 연결성과 시간성을 중시한 특징이 있다. 조선·한국으로의 분립, 예=부여의 동예로의 이동, 진한 시기의 고구려와 주몽 고구려의 구별, 부여 동명왕과 고구려 주몽왕의 구별, 진국과 마한·변한·진한으로의 분립, 기자 남하 전의 마한과 기자 마한과 기자 멸망 후 토추 마한의 3마한 구별 등 역대 국가들의 상호 구별과 관련성에 대하여 주의를 기울이고 있다. 이는 한진서가 한치윤에 비해 역사의 전개와 흐름을 중시하고 있음을 의미한다. 한치윤과는 달리 읍루와 읍루의 옛 지역을 차지한 발해를 별도의 항목으로 내세워 우리 국가체계 내에 수렴한 것도 국가의 연결과 차지하였던 지역적 위치를 중시한 결과다. 이와 같이 한진서는 파편화된 역사 인식이 아니라 상고사의 연결성을 중시하고 있음을 의미한다. 그리고 이러한 상고사 인식은 조선 중기 이후 여러 역사지리학자들의 연구 성과를 종합한 것이기도 하다. 한진서는 이를 증명해 보이기 위해 별도의 「지리고」를 편찬하여 자신의 생각을 중국 측 기록을 통해 입증해 보이려 하였다.

渡遼水 保太白山之東北 據挹婁故地 其子祚榮 因以立國 太白山卽白頭山也 且本傳云 保挹婁之東牟山 直營州東二千里 考唐志 營州在今遼陽州西六百餘里之地 自此東距二千里 正爲寧古塔城祚榮開國之挹婁故地 卽其地也." 『해동역사속』 권9, 「지리고」 9, 발해, 4-424쪽.

V. 맺음말

『해동역사』와 『해동역사속』의 상고사 인식 체계는 시간적인 선후에 따른 국가의 서술이 중요시되며 정통론이나 도덕명분론과 같은 관점은 적다. 국립중앙도서관본과 규장각본에서 삼국이나 예맥 그리고 삼한의 서술 순서에서 혼선을 보인 것도 정통론적 시각이 그만큼 약화되었기 때문으로 보인다.

『해동역사』를 기술하면서 민족적 관점의 표출보다 존립하였던 순서에 따라 역사를 보아야 한다는 태도와 여러 자료에 나타나는 나라들의 상호 관련성을 해명하려는 기술 방향을 견지하고 있다. 이러한 태도와 방향은 한치윤이나 한진서의 입장에서 신뢰성이 있던 것으로 생각하였던 중국 자료로 조선의 역사를 정리하려는 데서 나온 것이기도 하다. 또한 이는 연행을 다녀온 한치윤이 가졌던 중국을 포함한 당시 동아시아의 보편적인 문화의식의 산물이며 이를 계승한 한진서의 생각이기도 하다.

내용면에서 본다면 『해동역사』의 원·속편은 대체로 우리 민족의 활동무대에 대해 압록강과 두만강 선을 넘지 않으려는 모습을 보이고 있다. 한수 이북과 이남의 이원적 발전을 상정하면서 다양한 상고기 국가의 변천을 정리하였다. 그 가운데 요동이나 영고탑 일원에 있었던 부여와 읍루, 그리고 발해를 민족적 혹은 혈연적 측면에서 수렴하기보다 지리적 측면에서 우리나라 상고기 여러 국가와 연결하는 수준으로 축소시키고 있다. 이에 따라 원·속편에서 중국 측 자료를 다양하게 활용하여 상고기 북방지역의 국가 행방을 정리하고 있으면서도 요동지역에 상고기 국가의 행방을 나열하고 있던 『요사』와 이에 바탕한 『대청일통지』를 가장 크게 비판하고 있다.

『해동역사』 원편을 수정하고 내용 중에 안설을 추가한 한진서는 실제적으로 현재의 『해동역사』의 모습을 완성한 사람이라고 할 수 있다. 한진서는 『해동역사』에 자신의 생각을 넣은 안설을 배치하여 내용의 적부에 대해 다시 판단하였다. 한치윤이 외국 자료의 배치에 중점을 두었다면, 한진서는 그 해석과 의미 부여에 중점을 두었다. 다만 한진서의 경우 외국 자료만 모은다는 편집 원칙을 지키면서도 「지리고」에서는 외국 자료의 문제점을 보정하기 위해 일부 국내 자료도 인용하고 다양한 안설을 추가함으로써 중국 자료만으로 조선의 상고사를 구성하려는 시도 자체가 가지는 한계에서 벗어나려고 하였다.

이상과 같은 한치윤과 한진서의 상고사 계승 인식은 17~18세기 학자들이 요동에까지 영역을 확대하여 상고기 국가의 행방을 찾으려 하면서 차츰 이들 국가의 계승과 연관 관계를 어떻게 보아야 할 것인가에 대한 고민이 나타날 즈음에 이에 대한 일종의 응답이라고 할 수 있다. 그리고 한치윤과 한진서는 아직까지 종족과 혈연보다 영역과 지리적 계승이라는 측면에서 접근하여 상고기 국가들을 우리 역사 체계 속에 수용하려는 모습이 강하였다. 이 문제에 대한 고민은 이후 정약용에 의해 본격적으로 종족적·민족적 계승 문제에 대한 연구로 이어진다.

참고문헌

1. 저서

박인호, 2003, 『조선시기 역사가와 역사지리인식』, 이회문화사.

진단학회편, 1991, 『한국고전심포지움』 3, 일조각.

한영우, 1985, 『조선후기사학사연구』, 일지사.

한치윤, 1998, 『(국역) 해동역사』, 민족문화추진회.

_____, 2008, 『(신편 국역) 옥유당 해동역사』, 한국학술정보.

2. 논문

김봉희·최보람, 2004, 「조선조 역사서의 평가를 위한 비교 연구」, 『사회과학연구논총』 12.

김용달, 1992, 「해동역사에 나타난 한치윤의 역사인식과 그 영향」, 『북악논총』 10-1.

김종천,1980, 「해동역사 예문지 연구 – 특히 경적을 중심으로 –」, 중앙대학교 대학원 도서관학과 서지학전공.

_____, 1985, 「해동역사 예문지 경적의 체계」, 『논문집』 15, 상명여자대학교.

김태영, 2015, 「한치윤의 해동역사 연구」, 『실학시대의 역사학 연구』, 사람의무늬.

리성근, 2002, 「《해동역사》의 사료적 가치에 대하여」, 『력사과학』 2002-1, 과학백과사전출판사.

박승국, 2004, 「《해동역사》의 편찬체제상 몇 가지 특징」, 『력사과학』 2004-4, 과학백과사전출판사.

박인호, 1996, 「문헌비고의 편찬」, 『조선후기 역사지리학 연구』, 이회문화사.

_____, 2002, 「발해고에 나타난 유득공의 역사지리인식」, 『한국사학사학보』 6.

_____, 2002, 「해동역사속 지리고에 나타난 한진서의 역사지리인식」, 『조선사연구』 11.

이태진, 1982, 「해동역사의 학술사적 검토」, 『진단학보』 53·54.

지두환, 1997, 「동사강목과 해동역사에 나타난 역사인식의 차이」, 『한국사학사연구』, 우송조동걸선생정년기념논총간행위원회.

최보람, 2003, 「조선조 역사서의 평가를 위한 비교 연구」, 이화여자대학교 대학원.

한영우, 1989, 「해동역사의 연구」, 『한국학보』 38.

_____, 1990, 「한치윤」, 『한국사시민강좌』 7, 일조각.

_____, 1994, 「한치윤」, 『한국의 역사가와 역사학』 상, 창작과비평사.

황원구, 1969, 「해동역사 해제」, 『해동역사』, 경인문화사.

______, 1969, 「해동역사」, 『한국의 명저』, 현암사.

______, 1975, 「한치윤 –해동역사를 중심으로–」, 『실학논총 – 이을호박사정년기념 –』, 전남대학교 호남문화연구소.

______, 1976, 「실학파의 사학이론」, 『동아세아사연구』, 일조각.

______, 1976, 「한치윤의 사학사상 –해동역사를 중심으로–」, 『동아세아사연구』, 일조각.

______, 1982, 「해동역사의 문화사적 이해」, 『진단학보』 53·54.

다산 정약용의 조선 강역疆域과 고대사 인식

이진형

Ⅰ. 머리말

한 인간의 체계화된 사상은 그가 습득한 지식과 경험이 축적되어 상호 작용을 일으키며 일정하게 전환·종합된 인식의 산물에 기초한다. 다산은 중앙관료로 재직하며 국가 경영에 참여했고, 어사로 파견되어 지방사회의 현장을 경험했으며, 목민관으로 곡산 지역에 부임하여 지방행정을 책임지고 다스렸다. 그리고 평민의 신분으로 유배객이 된 시절에는 학자로서 경서 연구에 천착하여 인간 존재와 주변 세계에 대한 독자적인 학문 체계를 정립하였다.

다산은 관료로 활동하기 이전 목민관으로 활동하던 부친의 임지에 동행하며 조선 사회 내부에서 벌어지는 여러 갈등 관계와 문제점들을 간접적인 위치에서 경험할 수 있었다. 이후 경기암행어사 활동을 거쳐 금정찰방으로 재직하기까지 중앙관료로 조선이 처한 내외의 현실 문제에 대한 경험과 인식을 축적하였다. 다산의 조선사회 내외에 대한 인식은 곡산의 수령으로 부임하여 직접 향촌사회를 운영하면서 더욱 구체화되었다.[1] 이후 유배기에 경학 연구에 천착하면서 조선의 현실을 개혁하기 위한 실험이자 실현 가능성을 염두에 두고 '일표이서一表二書'를 저술하였고, 조선의 역사와 강역에 대한 천착의 결과물로 「아방강역고我邦疆域考」와 「대동수경大東水經」을 편찬하였다.

이 글은 다산의 조선 현실에 대한 독자적 세계관 형성 과정을 하나의 지형도로 그려 놓은 위에서 첫째, 18세기 조선 강역에 대한 인식을 어

1 다산은 감시와 처벌의 대책을 포함하여 보다 근본적인 차원의 개혁 필요성을 절감하여 부세제 개혁 방안과 함께 농민의 恒産을 보장하기 위한 農政 대책 및 閭田論을 제시하였다.

떻게 체계화하였는지를 살피며 둘째, 다산의 현실 인식 속에서 찾아볼 수 있는 한반도 고대사의 내용과 의미를 추적하고자 한다. 이를 통해 다산의 조선 한반도 강역 설정의 이중성 혹은 한계점으로 지적되어 온 기존 연구에 대한 재성찰을 시도하고, 20대 시절부터 만년의 때까지 다산의 경험과 지식의 축적 및 변화 과정을 염두에 두면서 「지리책地理策」, 「문헌비고간오文獻備考刊誤」, 「아방강역고」, 「대동수경」 및 한반도 고대의 역사 및 북방사 인식과 관련한 다산의 저작을 검토해보고자 한다.[2]

관료로서 제시할 수 있는 현실정책 차원에서의 의견과 고민, 그리고 학자이자 사상가로서 역사 인식의 차원에서 피력할 수 있는 내용은 그 입장과 결이 다를 수 있기 때문에 사료 검토 과정에서 확인할 수 있는 간극은 오히려 다산 정약용의 한반도 고대사와 현실 인식을 더욱 면밀히 드러낼 수 있는 단초가 될 것으로 생각된다.

2 다산의 한반도 고대사 및 북방사 인식에 대한 사료 조사 범주는 定本『여유당전서』 데이터베이스를 기본으로 하며 전체 내용을 대상으로 진행하되, 50세부터 만년에 이르기까지 저술한 「我邦疆域考」를 주요 대상 사료로 살피고자 한다. 다산의 저서 『我邦疆域考』 및 실학자의 고대사 인식과 관련한 논문은 다음과 같다. 송호정, 2016, 「정약용의 『我邦疆域考』에 나타난 古朝鮮 인식」, 『청람사학』; 趙珖, 1985, 「朝鮮後期의 歷史認識」, 『韓國史學史의 硏究』, 乙酉文化社; 박인호, 2002, 「『발해고』에 나타난 유득공의 역사지리인식」, 『韓國史學史學報』 6; 한영우, 1994, 「조선시대의 역사편찬과 역사인식」, 『한국의 역사가와 역사학』 상, 창작과비평사; 조성을, 1992, 「『아방강역고』에 나타난 정약용의 역사의식」, 『규장각』 15.

Ⅱ. 다산의 조선 강역 인식과 「아방강역고」 저술

1. 다산의 삶과 강역 인식의 배경

18세기 후반 정쟁이 가열되는 한편 새로운 학문과 사상으로 서학의 흐름이 활발히 일어나던 시기, 다산은 1762년(영조 38) 6월 16일 오전 한강에 인접한 경기도 광주 마현馬峴[3]의 유학자 집안에서 태어났다. 당시 상당수의 남인 세력은 서울에서 일정한 거리를 둔 채 경기도 일대에서 자리를 잡고 살았는데,[4] 나주정씨 가문도 1694년과 1701년의 정치적 환란 이후 정계를 떠나 있는 상황이었다.

다산은 6세 때 연천현감으로 부임한 아버지를 따라가 함께 지냈고, 이후 1789년 3월 희릉직장에 제수되기 전까지 고향과 서울 남촌, 전라도 화순, 청주, 전주, 광주 서석산, 경상도 예천, 진주 등지를 오가며 과거시험을 준비했다.

유년 시절의 다산을 보여줄 수 있는 10세경의 습작 시집 『삼미자집三眉子集』은 현재 전해지지 않고 있다. 하지만 양반가의 자손으로 태어나 비교적 유복한 여건 속에서 자연을 감상하고 느낀 서정적인 내용이나 옛 명승지를 답사한 감상 또는 일상생활 속에서 사물이나 친구, 가족 등을 대상 주제로 한 소회가 담긴 시구를 상당수 지었을 것으로 생각된다.[5]

3 현재 경기도 남양주시 조안면 능내리.

4 "京城 則四色合聚 … 江原京畿臨江亭屋 多南人故家." 이중환, 『擇里誌』, 숙종 26년 庚辰.

5 『與猶堂全書』 文集 권16, 墓誌銘 「自撰墓誌銘」. 본 논고에서는 定本 『與猶堂全書』를 기본 사료로 활용하되, 다만 定本 『與猶堂全書』에 수록된 「經世遺表」와 「牧民心書」 인용 시에는 다산의 經世書로서의 성격을 고려하여 『經世遺表』와 『牧民心書』로 기호 표기를 하고자 한다.

한편 1776년 2월 16일, 15세의 다산은 고향 두릉을 떠나 서울로 옮겨 살게 되는데, 그해 2월 22일 홍화보(1726~1791)의 딸인 홍혜완(1761~1838)과 결혼한다. 그리고 처가의 사촌처남인 홍인호洪仁浩(1753~1799), 홍의호(1758~1826) 형제, 작은형 정약전의 친구들, 매형 이승훈(1756~1801), 큰형수의 동생인 리벽(1754~1785)과 인간적·학문적 교유 관계를 만들어갔다. 그 가운데 이가환(1741~1801)과 정약전의 스승 권철신(1736~1801)을 통해 성호 이익이 남긴 글들을 접하면서 당대의 학문에 대한 깊은 성찰을 하게 된다.

이듬해 다산은 화순현감으로 부임한 부친과 함께 그곳에서 2년간 지내며 조익현(1737~1800) 진사와 두터운 교류를 가졌다. 1780년에는 경상도 예천현감으로 재직 중이던 부친의 근무지를 찾아가 인근 지역을 유람하였다. 그는 예천 인근의 반학정伴鶴亭을 공부하기 좋은 곳으로 꾸미면서 「반학정기伴鶴亭記」를 지었다. 그 첫머리에 언급되는 내용은 어린 시절부터 부친의 임지를 따라다니며 생활했던 자기 스스로에 대한 경계이자 당시 목민관의 처세에서 종종 문제시된 사안이기도 했다.

> 부형의 고을살이에 따라가 자제들은 술·고기·음악·여자 등 유흥에 빠져들지 않으면 부서簿書와 약속約束 등에 반드시 간여하며, 심한 경우에는 차꼬를 채우고 채찍과 몽둥이질하는 것으로 이목을 즐기면서 세월을 보낸다. 그러므로 세상에서 말하기를 지방관이 된 사람은 세 가지를 버린다고 하는데, 첫째는 집을 버리고, 둘째는 동복을 버리고, 자제도 그중의 하나라고 하니, 매우 탄식할 일이다.[6]

6 "子弟之從父兄之官者 不沈酣於酒肉聲色之場 必干預於簿書約束之間 甚者以鞭荅桁楊 爲耳目之玩 而消遣日月 故世稱作宰有三棄 棄屋盧棄僮僕 而子弟居其一焉 可勝歎哉." 『與猶堂全書』 文集 권13, 「伴鶴亭記」.

목민관으로 부임한 부친이나 형제의 권세에 기대어 쉽사리 자행할 수 있었던 부조리를 19세 청년의 시선으로 바라보는 대목이다. 집과 노비와 자식까지 버린다는 부분은 목민의 책무를 이행하는 과정에서 발생할 수 있는 공적 권한의 사유화를 끊어버리는 방법으로 이해된다. 다산은 문제가 될 수 있는 사적 관계를 지나치게 엄격하게 청산하는 경우를 안타깝게 여기고 있다. 그러나 수령의 권한과 영향력이 향촌사회를 이끌어나가는 제반 권력관계 속에서 공고하게 존재했다는 사실, 그리고 목민관이 공적 권력의 사유화를 통해 향촌사회의 정치·경제적 제 관계에서 여러 갈등과 병폐를 일으키는 주체가 되기도 했음을 헤아려볼 수 있다. 이와 같은 내용은 『목민심서牧民心書』의 율기律己 '제가齊家'에서 고을을 다스리기에 앞서 가정을 먼저 다스리라거나, 수령으로서 지켜야 할 청렴함을 강조하는 대목에서도 재차 확인된다.[7]

1782년 서울 창동으로 돌아온 다산은 이듬해 회시에서 생원으로 합격한 다음 회현방으로 거처를 옮겼다. 당시 22세였던 다산은 1789년 3월 초계문신에 임명되기 전까지 6년 동안 성균관에서 공부하며 정조와 학적 교유 관계를 쌓았다.

다산은 경서와 사서를 수학하기 시작했던 10~21세까지 12년간을 대부분 부친이 목민관으로 재직하던 임지에서 생활했다. 부친에게 교육받으며 과거시험 준비를 하였고, 산천을 유람하고 자연을 벗하면서 젊은 청년의 시선으로 자신과 조선의 현실을 회의하기도 했다.

> 나의 선친께서 성조聖祖의 지우知遇를 받아 두 현의 현감, 한 군의 군수, 한 부의 도호부사, 한 주의 목사를 지냈는데, 모두 치적이 있었다. 비록 나의 불초로도 따라다니면서 배워서 다소간 들은 바가 있었

7 "修身而後齊家 齊家而後治國 天下之通義也. 欲治其邑者 先齊其家. … 淸士赴官 不以家累自隨 妻子之謂也." 『牧民心書』 권2, 律己6條, 「齊家」.

> 고, 따라다니면서 보고는 다소간 깨달은 바도 있었으며, 뒤에 수령이 되어 이를 시험해볼 때에도 다소간 증험이 있었지만, 이미 유락流落된 몸이 되어 이를 쓸 곳조차 없어졌다.[8]

『목민심서』를 저술할 당시 지난 시절을 회고하며 부친의 활동에서 듣고, 보고, 배워 깨달은 경험을 되살리는 대목이다. 다산은 목민관으로 재직하던 부친의 생활과 활동을 오랜 기간 지켜보았다. 그 과정에서 목민관이 향촌사회에 미칠 수 있는 영향이나 향촌사회 내에서 이루어지는 동적인 권력관계의 양상과 갈등 구조, 민의 실정을 관조적 위치에서나마 바라볼 수 있었을 것으로 생각된다.

다산은 성균관에서 수학하며 혼인으로 맺어진 인적 관계와 더불어 학적 교류 관계를 더욱 넓게 확대할 수 있었다. 특히 경서 연구를 더욱 심화시킬 수 있게 되는데, 그 하나의 성과가 1784년 여름에 저술하여 정조에게 바친 『중용강의中庸講義』라 할 수 있다. 여기에서 다산은 주희의 『중용장구中庸章句』와는 다른 독창적인 해석을 내놓았다. 그는 음양오행이 만물을 화육化育할 수 없음을 주장하며 성性을 매개로 인물의 같고 다름을 규정하는 주희의 논리를 반박하거나, '중中'과 '용庸'에 대한 해석[9], '치중화致中和'의 의미[10], '인심도심人心道心'을 인간의 마음으로

8 "吾先子受知聖朝 監二縣 守一郡 護一府 牧一州 咸有成績 雖以鏞之不肖 從以學之 竊有聞焉 從而見之 竊有悟焉 退而試之 竊有驗焉 旣而流落無所用焉." 『牧民心書』 권1, 「自序」.

9 다산은 '中'을 '表德'으로, '庸'은 '항상 오래도록 지속하여 중단하지 않는 덕'으로 규정하였고, 주희는 '치우치지 않고 기울지도 않음'으로 '中'을 해석하고, '평상의 이치'로 '庸'을 해석하였다. 『與猶堂全書』 권6, 「中庸講義補」.

10 다산은 1814년 유배지에서 『중용강의』를 저본으로 수정·보완하여 『中庸講義補』를 저술하였다. 정조가 내려준 『중용』의 70조목에 대한 경학적 입장은 '御問曰'과 '臣對曰'로 확인되며, 이후 보완된 내용은 '今按'의 형식으로 첨가되었다. 『중용강의보』 서문에서는 이벽과 함께 토론한 경위가 확인된다. 『中庸自箴』과 함께 『중용강의보』는 내용상 『周禮』와 『儀禮』의 용례를 많이 사용했는데, 육경사서에 대한 경전 인식을 바탕으로 治國平天下의 기초를 확립하려는 한편 주희의 해석에 대해 비판적 입장을 견지하고 있는 것으로 평가되고 있다. 황병기, 2012, 『與猶堂全書』 6권, 다산학술문화

보고 '유정유일惟情惟一'을 학문의 방법으로 연결시켜 설명하는 논리를 비판하며 기존의 견해와 다른 자신의 경학 이해를 시도하고자 했다.[11]

다산은 관료로 활동하기 이전 시기까지 목민관으로 활동하던 부친의 임지에서 조선의 향촌사회 내부에서 벌어지는 여러 갈등 관계와 문제점들을 간접적인 위치에서 체험할 수 있었다. 그것은 이후 다산이 중앙 관료가 되어 암행어사로 파견되거나 목민관으로 재직할 당시 향촌사회 운영 방침과 실무에 대한 경험적 근거가 되었다. 요컨대 다산의 청년기는 인간 이해에 대한 학문적 성장이 이루어지고 지적 영역이 확대되었으며 19세기 조선의 향촌사회가 처한 현실에 대한 문제의식과 고민이 체험적 차원에서 형성된 시기였다.

다산은 경기암행어사로 향촌사회의 실상을 직접 목격하였고, 이후 중앙으로 복귀하여 금정찰방으로 재직하기까지 향촌 현장이 피폐해진 원인에 대해 고심하였다. 부패한 목민관과 향리층의 중간착취 행태가 향촌사회에 끼친 영향을 지켜보았고, 군역과 환곡을 비롯한 각종 부담을 향촌사회가 감당해내지 못하는 상황을 파악하였다. 다만 이때까지는 다산의 향촌사회 인식이 조선 후기의 사회경제적 제반 상황을 구조적으로 이해하거나 향촌민의 일상 생계를 포함한 항산이 제대로 보장되지 못하는 원인을 파악하는 데까지는 미치지 못하고 있다고 생각된다. 한편 다산의 문제의식은 이후 곡산의 수령으로 부임하여 직접 향촌사회를 운영하면서 더욱 구체화되었으며, 나아가 정책적 대안을 구상하여 제시할 만큼 심화되어 갔다.

다산은 금정찰방으로 일한 지 5개월 만에 복귀하여 병조참의, 우부승

재단, 43~54쪽.

11 주희는 중화를 性과 情을 통론하는 보통 사람의 본성으로 보았지만 다산은 '致'를 힘써 미루어 극진히 하는 것이고, '中和'란 이미 힘을 써서 미루어 나가 극진히 하는 것으로 보통 사람이 가진 것이 아니라고 보았다. 『與猶堂全書』 권6, 「中庸講義補」.

지를 거쳐 이내 좌부승지가 되었다. 그러나 그는 천주교에 연루되어 노론 벽파에게 탄핵을 받게 되었고, 자명소를 올리는 등 정치적으로 위축된 상황에 놓였다. 정조는 관직을 사퇴하려는 다산을 배려하는 방편으로 그를 황해도 곡산도호부사로 파견하였다.

1797년 윤6월부터 1799년 4월까지 곡산[12]에서 재직하는 동안 다산은 일선의 목민관으로서 실질적인 경험을 쌓을 수 있었다. 중앙관료의 입장에서 짧은 기간 동안 바라보며 인식했던 향촌사회의 현실이란 그곳에 거주하며 실제 향촌민의 생활을 일상적으로 대하는 차원과 다를 수밖에 없었다. 다산이 향촌사회 현장에서 직접 겪고 고민하며 대처한 각종 사안과 실무는 후일 그의 경세서 '일표이서'를 집필하는 데 기본 바탕이 되었다. 특히 다산은 당시 과중한 부역과 관리들의 구조적인 수탈이 극심해지면서 향촌민들의 삶과 경제적 근간이 극도로 위축되는 상황을 주시하였다. 그리고 이러한 상황이 지속된다면 향촌민의 누적된 분노와 위기의식이 결국 민란으로 귀결될 수 있으리라는 판단을 내리고 있었다.

> 요즘에 와서 부역이 번거롭고 관리들의 악행이 스스럼없이 행해지니 백성들이 편히 살 수 없는 지경이라 모두가 난리가 일어나기를 바라기 때문에 요망스러운 말들이 사방에서 일어난다. 이를 법대로 죽이게 되면 백성들은 하나도 살 사람이 없을 것이다. 속담에 '유언비어를 거두어 보리 뿌리에 묻는다'고 하였는데, 이 말은 보리가 익고 농사일이 바빠지면 백성들이 서로 오고가지 않으므로 유언비어가 저절로 없어진다는 뜻이다. … 옹정 무신년(1728)에 역적 리린좌 등이 반란을 음모하였는데, 앞서 병오·정미년(1726~1727) 무렵에 유언비어가 크게 일

12 "곡산부는 원래 백제 十谷城인데 신라에서는 鎭瑞縣이라 하였고 고려는 谷州라고 하였으며 우리나라에서는 谷山으로 고쳤다." 『與猶堂全書』「大東水經」 其四, 浿水 三.

> 어났으며, 가경 1812년 토적 홍경래 등이 반란을 음모하였는데, 앞서 경오·신미년(1810~1811) 무렵에 유언비어가 크게 일어났다. 이것은 모두 이미 겪어본 명백한 징험이다. 이러한 일을 목민관이 귀머거리처럼 생각지 않고 있다면 청주에서 병사를 죽이고 가산에서 군수를 죽인 것 같은 일들이 일어나지 않을 수 없을 것이다.[13]

곡산은 군역문제를 둘러싸고 농민들이 크게 봉기한 곳이었다. 곡산의 민 1,000여 명은 군포 1필의 가격을 9량씩 고가로 남징하는 데 분노하여 관가로 몰려가 일제히 호소하여 난을 일으켜 관장을 쫓아내겠다고 성토하였다. 그 후 십여 년 만에 도호都護가 쫓겨났고, 안핵어사가 파견된 결과 40여 명이 죽고 수백 명이 귀양살이를 하게 되었다.

> 신계·곡산·수안 등지는 지방 풍속이 사납고 포학하여 관리의 다스림이 훌륭하지 못하면 모의하여 난을 일으키곤 하였다. 건륭 연간에 토족들이 수안 언진산에 웅거하고 있는 것을 힘겹게 쳐서 사로잡았으며, 수십 년 전에는 곡산 백성들이 군포를 많이 거둔다 하여 천여 명이 일제히 관가에 몰려와 호소하며 난을 일으켜 관장을 쫓아내겠다고 선언하였는데, 그런 지 십여 년 뒤에 과연 난민이 도호를 쫓아냈다. 이에 안핵어사 홍희신이 리대성·한경일 등 40여 명을 죽이고 수백 명을 여러 곳에 나누어 귀양 보냈으니, 이는 모두 관장이 기미에 밝지 못하여 일어난 일이다. 이러한 일을 다스리는 법은 그 두목만을 잡아 죽이고,

13 "近年以來 賦役煩重 官吏肆虐 民不聊生 擧皆思亂 妖言妄說 東唱西和 照法誅之 民無一生 然諺曰 "收訛言入麥根" 謂麥熟而農事日急 則民不相往來 訛言自息也 若是者 聽而不聞 靜以鎭之可也 其或兇種逆孼 失志怨國 陰謀作亂者 必先動訛言 以亂民志 雍正戊申 逆賊李麟佐等 陰謀作亂 而丙午·丁未之際 訛言大起 嘉慶壬申 土賊洪景來等 陰謀作亂 而庚午·辛未之際 訛言大起 此皆已試之明驗也 若是者 牧褎如充耳 不以爲意 其不爲淸州之殺兵使 嘉山之殺郡守鮮矣." 『牧民心書』 권8, 兵典6條 「應變」.

위협에 못 이겨 따른 자들은 벌주지 말아서 민심을 안정시킬 뿐이요, 잡아 죽이는 것을 최선으로 삼아서는 안 될 것이다.[14]

곡산부는 황해도 동북쪽의 수안, 신계, 토산 등의 읍과 함께 자리한 작은 읍으로 사방이 산으로 둘러싸여 지세가 험한 지역이다. 민심이 사납고 도적의 출몰이 잦으며, 전통적으로 사족의 기반이 취약한 곳이었다. 원호는 3,733호, 인구는 2만 6,837명(남 1만 4,318, 여 1만 2,519)이며, 12개면 72리의 땅으로 삼남지방과는 달리 서북지방은 사족의 전통적인 지배력이 공고하게 자리 잡거나 실질적으로 발휘되기 어려운 여건이었다.[15] 곡산에 살았던 일반 농민들은 향임층으로 성장한 신흥세력과 함께 병부와 인신을 탈취하여 탐학한 수령을 축출하는 데 앞장섰다.[16]

1797년 9월경 다산은 황해도 수안군 태수에게 홀곡 가는 길에 대한 시를 지어 보냈다. 홀곡은 곡산에서 40리 거리에 있는 언진산 자락의 계곡으로 광물이 나오는 채광지였다.[17] 하나의 마을을 이룰 만큼 많은 사람들이 붐비고 활기찼던 홀곡은 지맥이 끊어지고 다 파헤쳐졌다. 그리고 관서지방의 다른 향촌에는 밭갈이하고 품팔이 갈 사람이 없을 정도로 마을공동체가 깨어졌고, 전답은 오래 묵어 황폐한 지경이 되었다.

14 "新溪·谷山·遂安之間 土俗獷悍 官政未善 輒謀作亂 乾隆中年 土族據遂安彦眞山 僅僅勦捕 數十年前 谷山之民 以軍布重斂 千人齊訴 聲言作亂 以逐官長 其後十餘年 果有亂民 逐其都護 按覈御史洪羲臣 誅李大成·韓極一等四十餘人 散配者數百人 皆由官長炳幾不明 以至是耳 治此之法 殲厥渠魁 脅從罔治 以鎭安民心而已 不可以誅殺爲主也." 『牧民心書』 권8, 兵典6條 「應變」.

15 『擇里志』 팔도총론 황해도; 『호구총수』(1789); 『象山誌』(해서읍지 奎 12171) 제5책.

16 『備邊司謄錄』 201책, 순조 11년 2월 29일.

17 『新增東國輿地勝覽』 42권, 黃海道 遂安郡.

홀곡행, 수안 태수에게 올리다[笏谷行 呈遂安守][18]

언진산 산이 높고 홀곡은 골이 깊어
산이고 골짝이고 속은 다 황금이라네
모래와 물 거르면 별들이 빛나듯이
무수한 사금들이 반짝반짝 나타나지
돈 구멍만 파고 보면 하늘 땅도 야위어지고
잘 든 도끼질 자주 하면 산신령도 쪼개지는 법
아래로 황천까지 위로는 하늘까지
구멍이 펑펑 뚫려 지맥이 끊어지네
살과 힘줄 다 찢기듯 골짝은 텅텅 비고
해골 등뼈 앙상하듯 나뭇가지 비뚤어지며
산의 정령 울어대며 나무 끝으로 오르고
낮도깨비 날뛰고 까마귀 떼 까옥대네
사람백정 들고 일어나 구름처럼 모여들어
못된 것들 끌어들여 남몰래 숨겨 두고는
팔천 개 구천 개나 구덩이를 파고서
개미와 벌레처럼 한 고을을 이루었지
밤이면 떠들면서 노래하고 피리 불고
꽃피는 아침이면 술 고기로 잔치하며

18 "彦眞山高笏谷深 山根谷隧皆黃金 淘沙盎水星采現 瓜子麩粒紛昭森 利竇一鑿混沌瘠 快斧爭飛巨靈劈 下達黃泉上徹霄 洞穴睒睒絕地脈 筋膚齧蝕交谽谺 髑髏脊 森杈枒 山精啾唧著樹杪 鬼魅晝騁多啼鴉 椎埋竊發蔚雲集 藏命匿姦潛引汲 穿窖鑿窨八九千 蜂屯蟻聚成邃邑 歌管嘲轟弄淸宵 酒肉芬芳宴花朝 名娼妙妓日走萃 西關郡縣色蕭條 農家募雇無人應 日傭百錢猶不肯 村閭破柝田疇蕪 蒿萊犖确成荒磴 山澤之利本宜榷 豈令狡獪恣所專 太守新來民拭目 煩公夷坎塞礦催畊田."『與猶堂全書』詩集 권3,「笏谷行, 呈遂安守」(1797년 9월경). 다산이 곡산부로 재직할 당시 지은 시 가운데 사회성 시로 분류할 만한 것은 1798년 8월경에 지은「和崔斯文游獵篇」 및 이듬해 겨울에 지은「縱鷹篇」을 들 수 있다.

날마다 명기명창 그리로 모여드니
관서지방 고을들 몰골이 쓸쓸하다
농가에는 품팔이 갈 사람이 없어서
돈 백 냥을 준다 해도 오지 않을 것이므로
마을은 다 깨지고 전답은 모두 묵어
쑥대밭 자갈밭이 되고야 말 것이네
산택의 생산물은 나라에서 관리해야지
교활한 자 손아귀에 맡겨서야 될 것인가
새로 온 태수에게 백성들 기대 크니
공이여 금구덩이 다 메우고 밭갈이나 독촉하구려

산택의 생산물, 특히 금·은·동과 같은 광물은 관에서 전적으로 책임지고 채굴하여 관리해야 할 대상이었다.[19] 그러나 간리의 작폐로 광산 관리가 제대로 이루어지지 못했고, 더 이상 채광이 불가능한 시점이 되자 그 영향이 인근 마을의 경제에까지 미치게 되었다. 다산은 이러한 상황을 새로 부임한 태수에게 알리고자 했다.

다산은 당시 서북지방의 고유한 풍습에 대해 잘 파악하고 있었고, 향촌사회 민심이 크게 흔들리고 있는 상황을 예리하게 인지하고 있었다. 만일 민심을 안정시키지 못한다면 이후 1811년 2월 23일 황해도 곡산에서 일어난 농민항쟁과 같은 상황이 발생하리라는 예견을 하고 있었다. 이는 곡산의 목민관으로 다산의 이해와 안목이 향촌사회의 실정과

19 "우리나라는 산악이 웅장하여 금·은·동·철이 곳곳에서 산출된다. 강계의 銀坡洞과 수안의 笏谷店은 우연히 노출된 것이다. 관가에서 禁侖을 베풀어서 저절로 방지되게 하는 것과 간사한 백성이 도굴하여 범법하는 것은 모두 마땅하지 않다. 무릇 금·은·동이 나는 礦穴은 모두 관에서 재물을 내어 채굴하고, 혹 사사로이 채굴하는 사람은 私錢을 주조하는 것과 같은 律로 다스리되 오직 철광만은 백성이 사사로 채굴하도록 허가하는 것이 마땅하다고 생각한다." 『經世遺表』 권1, 地官戶曹, 第二 「司礦署」.

합치될 수 있기에 가능한 것이었다. 그는 지방행정과 향촌사회의 안정적인 운영 방안을 고심하는 한편, 농촌 현실에 대한 이해가 깊어지면서 보다 근본적인 개혁을 모색하게 된다. 이 시기 정조의 책문에 대한 대책으로 「응지논농정소應旨論農政疏」를 올리고, 「전론田論」을 저술하게 된 것이 그 결실이라 할 수 있다.

> 농사의 이치는 지극히 정밀한 것인데 추솔하게 하니, 추솔한 때문에 수고는 많아도 이익이 적으며, 수고는 많아도 이익이 적으므로 농업을 하는 자가 날로 신분이 낮아지고, 날로 신분이 낮아지므로 더욱 추솔하게 하니, 반복하면서 서로 인연하여 농정이 소홀해진 것입니다. … 신이 현재 지방관이 되어서 두렵고 감격하여 삼가 세 조항의 억설臆說을 가지고 우러러 을현乙覽을 요청할까 합니다. 첫째는 편농便農이니 장차 편하게 하려는 것이고, 둘째는 후농厚農이니 이익이 있게 하려는 것이고, 셋째는 상농上農이니 지위를 높이려는 것입니다.[20]

「응지논농정소」에서 다산은 편농, 후농, 상농의 방안으로 농사의 이치를 정밀하게 하지 않으면 농민을 아무리 권면하고 심지어 매질을 해도 농업이 안정될 수 없다고 주장하였다. 다산이 제안한 방편에서 첫째 편농은 사람은 많은데 땅이 적은 것이 아니라 농지는 넓은데 경작할 힘이 부족한 상황에 대한 의견이다. 여기에서 그는 농사가 힘든 이유를 종자를 구별하지 않고, 농기구가 좋지 않으며, 수리를 일으키지 않았기 때문이라고 분석하였다. 둘째 후농은 농업 침삭의 이유를 ① 환자의 법을 올바로 쓰지 않고 변화가 많기 때문, ② 아문衙門의 명색名色이 번쇄하고

20 "大抵農理至精 爲之以鹵莽 爲之以鹵莽 故勞多而利寡 勞多而利寡 故業者日卑 業者日卑 故爲之益鹵莽 徇環相因 農政疏矣 … 臣方守土 怵惕感激 謹將三條臆說 仰塵乙覽. 一曰便農 將以佚之也 二曰厚農 將以利之也 三曰上農 將以尊之也."『與猶堂全書』文集 권9, 「應旨論農政疏」.

현란하여 단서를 잡을 수 없고, 곡부穀簿의 변환하는 형태를 쉽게 알 수 없기 때문[21], ③ 종축種畜의 정사가 소홀하기 때문, ④ 두곡斗斛이 공평하지 않기 때문, ⑤ 담배[煙茶]가 성하기 때문으로 보고, 이를 개선하는 방안을 강구하였다. 셋째 상농은 과거 제도를 바꾸며, 말업을 억제하고, 양역법을 점진적으로 개혁함으로써 농업에 대한 사회경제적 인식을 바꾸는 방안이라 할 수 있다.[22]

다산은 암행어사로 비리를 적발하고 처벌하는 임무를 수행할 당시 민생을 도탄에 빠뜨리는 원인을 관리들의 탐학과 무능으로 인식하였다. 그것은 짧은 기간 동안 부여된 직책에 따른 현실 인식의 수준이었다. 그러나 곡산부사로 재직하며 향촌사회와 농촌 현실을 상당 기간 직접 관찰하고 깊게 이해하게 되면서 그는 부세제도의 개혁만으로 민생을 안정시킬 수 없다는 사실을 깨닫게 된다. 즉 목민관이 부세 업무를 청렴하

21 이에 대한 해결책은 다음과 같이 제시된다. "신의 생각에는 列邑의 文簿에는 아문의 명색을 삭거하고, 오직 監營의 문부에만 道內의 곡식 총수를 통계하고서 그 末尾에다 本道의 아무 곡식 몇 석 중에 常平穀은 몇 석이고 賑恤穀은 몇 석이라고 써서 京司의 區劃에 응하게 하면, 어찌 장애되는 바가 있겠습니까. 다만 耗穀을 기록하여 돈을 내는 법은 곡식이 일정하지 않고 풍흉이 각기 다르니, 끝내 아전의 부정을 막고 백성의 의혹을 풀어줄 수 없습니다. … 모곡은 아무 아문 아무 곡식을 논할 것 없이 全穀과 모곡의 수를 모두 기록하여 10분의 1이라는 숫자를 분명히 할 것이요, 作錢은 어느 해를 막론하고 대체로 모곡의 총수를 돈으로 환산하여, 放糧과 收糧의 수를 해마다 차등이 없게 하고, 매양 10년마다 열읍의 호구 증감을 관찰하여 점점 裒益하게 하는 정사를 행하면, 民役이 고르고 국용이 절도가 있을 것입니다." 『與猶堂全書』 文集 권9, 「應旨論農政疏」.

22 양역의 개혁 방안은 다음과 같이 제시되었다. "양역을 변경하지 않으면 백성은 끝내 보전하기 어렵습니다. 戶布를 말하는 자도 있고, 口錢을 말하는 자도 있으나, 지금 갑자기 행하면 백성이 장차 소란해질 것이니 지난해 關西의 일에서 증험할 수 있습니다. … 지금 호포를 행하기 어려운 것이 정전법과 다를 것이 없습니다. 그러나 방법이 있게 조치하고 점차적으로 시행하면, 백성이 놀라지 않고 일을 성사시킬 수 있습니다. … 신은 생각하건대, 지금부터 양역은 該邑에 일임하고 京營에 예속시키지 말아서 이른바 砲保·禁保 등의 명색은 다만 本邑으로 하여금 편의대로 개혁하도록 하고, 都案을 고치고 査正하는 법을 고치는 것은 일체 혁파하고, 다만 양역의 원 총수에 따라 해읍으로 하여금 준례를 살펴 숫자를 상고해서, 도감에는 몇 필, 금영에는 몇 필을 歲納하고, 첨정 充伍의 일은 경사와 병영이 모두 句管하지 말도록 하면, 10년을 지나지 않아서 身布가 모두 里布가 될 것입니다. 이미 이포가 되면 그것으로 호포를 만드는 것은 한 번 굴리는 것이니 국용에 조금도 손해가 없고, 민생의 질고가 없어질 것입니다." 『與猶堂全書』 文集 권9, 「應旨論農政疏」.

게 하여 향촌민의 생활을 보살피는 행정을 펼친다 해도 여전히 빈곤한 현실에서 벗어나기 어려운 상황이었고, 이에 다산은 보다 근본적인 차원에서의 개혁을 구상하여 「전론」에 담아내고자 했다.

> 하늘이 이 백성을 내어 그들을 위해 먼저 전지를 두어서 그들로 하여금 먹고살게 하고, 또 그들을 위해 군주를 세우고 목민관을 세워서 군주와 목민관으로 하여금 백성의 부모가 되게 하여 그 산업을 골고루 마련해서 다 함께 살도록 하였다. 그런데도 군주와 목민관이 된 사람은 그 여러 자식들이 서로 치고 빼앗아 남의 것을 강탈해서 제 것으로 만들곤 하는 것을 팔짱을 낀 채 눈여겨보고서도 이를 금지시키지 못하여 강한 자는 더 차지하고 약한 자는 떠밀려서 땅에 넘어져 죽도록 한다면, 그 군주와 목민관이 된 사람은 과연 군주와 목민관 노릇을 잘한 것일까? 그러므로 그 산업을 골고루 마련하여 다 함께 잘 살도록 한 사람은 참다운 군주와 목민관이고, 그 산업을 골고루 마련하여 다 함께 잘 살도록 하지 못하는 사람은 군주와 목민관의 책임을 저버린 사람이다.[23]

농민이 곤궁한 것은 관리가 부정한 데에만 원인이 있는 것이 아니라 근본적으로는 권력자의 강탈로 전지를 빼앗긴 데 있었다. 때문에 토지겸병을 개혁하지 않고는 부세제도를 청렴하게 운영한다 해도 결코 백성들은 가난에서 벗어날 수 없는 것이었다. 이에 다산은 「전론」을 통해 토지겸병의 개혁과 부세제도의 개혁을 결합한 여전론閭田論을 제안

23 "天生斯民 先爲之置田地 令生而就哺焉 旣又爲之立君立牧 令爲民父母 得均制其産而竝活之 而爲君牧者 拱手孰視其諸子之相 攻奪竝呑而莫之禁也 使强壯者益獲 而弱者受擠批 顚于地以死 則其爲君牧者 將善爲人君牧者乎 故能均制其産而竝活之者 君牧者也 不能均制其産而竝活之者 負君牧者也." 『與猶堂全書』 文集 권11, 「田論」 1.

한다.

다산이 토지겸병을 개혁해야 한다는 생각을 갖게 된 것은 그보다 훨씬 이전이었다. 과거 급제 후 1790년 정조의 책문에 응하여 균전론을 주장하는 「농책農策」을 지어 올렸으나 당시의 견해는 경전에 근거한 당위적 주장이었을 뿐 조선의 농촌 현실에 기반을 둔 실현 가능성 있는 개혁론은 아니었다.[24] 그러나 토지겸병에 대한 다산의 문제의식은 곡산부사로서의 현실 체험과 결합하면서 마침내 향촌사회의 실정에 기반을 둔 개혁론인 여전론으로 구체화되었다고 할 수 있다.

다산은 「전론」에서 하늘의 이치에 부합하는 왕도정치의 핵심은 백성들이 골고루 먹고살게 하는 것이라 보았다. 또 그 왕도정치를 현실에서 실현해야 할 임무는 군주와 관리의 몫이라 보았다. 그는 군주나 관리가 산업을 골고루 마련하여 백성들이 다 함께 잘 살도록 만들지 못하면 그 임무를 다하지 못하는 것, 곧 임무를 저버리는 것이라 비판하였다.

황해도 곡산에서 척박한 삶을 살고 있던 농민들은 자율적인 군포계를 조직하고 역근전을 마련해서 군역에 대한 부담을 공동의 노력으로 해소하고자 했다. 이를 위해 농민들은 마을 구성원 전체의 협의 아래 명목상의 이름을 군적에 등록했다. 당시 곡산부사로 재직하고 있던 다산은 군적에 기록된 허명에 대해 병마사와 만나 논의했다.[25]

병마사는 군적의 명목을 단호하게 금지할 것을 요구했지만 다산은 첫째, 부세 체제의 유지 둘째, 징수의 효율성 셋째, 민심의 안정을 충족하는 이상 전혀 문제될 사안이 아니라 대변하였다. 오히려 국가에서 균등하지 못한 법을 시행하는 데서 초래된 군포의 심각한 폐단을 지적하

24 『與猶堂全書』 文集 권9, 「策文」 農策. 藏書本에는 「農策」이 6권(『與猶堂集』 雜文 8)의 세 번째 권에 편차되어 있고, 奎章本에는 『與猶堂集』 제16책(雜文 8)의 세 번째 권에 편차되어 있다. 이윤갑, 2015, 「정약용의 현실인식과 다산학의 체계」, 『한국학논집』 59, 209쪽.

25 『與猶堂全書』 文集 권9, 議 「身布議」.

였다. 그리고 일반 농민이 군역을 면제받는 양반이 되기 위해 족보를 위조하는 등 발생하는 각종 상황을 정리하기 위한 방안으로 신포 징수의 일률성을 강조했다.

> 신포는 관직이 있는 자, 진사가 된 자, 서인으로서 관청에 있는 자, 전쟁터에 나간 군인에게도 징수하지 말 것입니다. 그러나 백도白徒가 된 자는 공경대부의 아들에게도 징수하고 원훈·귀척의 아들과 손자에게도 징수하여 15세 이상으로부터 60세까지의 사람들에게 징수하되, 혹은 베가 몇 자가 되는가, 혹은 돈이 몇 전이 되는가 하는 것을 경비의 원수를 헤아리고 민정의 실제 인원수를 계산해서 서로 수치가 맞게 하여야 합니다. 이와 같이 하면 관에서는 군정을 조사하는 수고로움이 없어지고 백성들은 불공평하게 괴롭힌다는 원망이 없어질 것이며 국가의 경비도 넉넉하게 될 것입니다.[26]

곡산부사로 재직하면서 다산은 향촌사회의 현실과 향촌민이 처한 상황을 비판적 인식의 견지에서 한 걸음 나아간 차원에서 파악할 수 있었다. 감시와 처벌의 대책을 포함하여 보다 근본적인 개혁의 필요성을 절감한 그는 부세제 개혁 방안과 함께 농민의 항산을 보장하기 위한 농정 대책 및 여전론을 제시하였다. 이제 조선의 향촌사회에 대한 다산의 인식은 현상 비판적 문제의식이 곡산부사로서의 경험과 결합하면서 마침내 현실에 기반을 둔 개혁론으로 구체화되기 시작하였다.

26 "苟爲徵布 凡有一命之職者勿徵也 爲進士者勿徵也 庶人在官者勿徵也 隷征戰之軍者勿徵也 其爲白徒者 自公卿大夫之子徵之 元勳貴戚之子若孫徵之 年十五歲以上至于六十者徵之 其爲布幾尺也 或爲錢幾文也 量經費之本數 計民丁之實額 以之相値焉可也 如是則官無括丁之勞 民無偏苦之怨 而國用可紓矣."『與猶堂全書』文集 권9, 議「身布議」.

2. 「아방강역고」 저술

1811년 다산은 강진 다산초당에서 「아방강역고」 저술을 시작했다. 당시 「강역고」는 10권으로 일단락되었고, 이후 1818년 해배되어 고향으로 돌아온 뒤 「속강역고續疆域考」 3권을 추가하여 1833년 총 12권으로 전체를 마무리 지었다. 「강역고」는 당시 조선에서 확인할 수 있는 사서史書와 지지地志를 기본 바탕으로 중국의 사료를 참조하여 조선의 강역에 대한 기록을 강목체 구성에 담아낸 책자다.

『여유당전서與猶堂全書』의 제6집 지리집 1~4권까지 수록되어 있는 「강역고」에서 「속강역고」는 '발해속고渤海續考', '북로연혁北路沿革', '서북로연혁西北路沿革' 3권으로 구성되어 있다. 이 글에서 주요한 분석 사료로 삼고자 하는 텍스트 「강역고」는 다산의 나이 50세 때 시작하여 만년의 시기인 72세에 완결되었다. 그런데 22년이 걸린 이 저술에는 서문이 없다. 중앙관료로 재직하며 국가 경영에 참여했고, 어사로 파견되어 당시 지방 향촌사회의 현장을 경험했으며, 목민관으로 부임하여 지방행정을 책임지고 다스렸던 시절, 그리고 평민의 신분으로 유배객이 된 때에는 학자로서 경서 연구에 천착하여 인간 존재에 대한 독자적인 학문체계를 정립한 다산의 생애를 하나의 체계나 흐름으로 아우를 수 없듯이 「강역고」 저술의 출발과 마무리 과정에는 그의 생각과 고민, 자료와 새로운 의미의 축적이 더해졌을 것으로 생각된다. 다만 강진에서 다산은 둘째 형 정약전에게 1811년 저술 「강역고」 10권에 대해 다음과 같이 말한다.

> … 삼한을 중국 역사책에서는 모두 변진弁辰이라 했고, 변한이라고는 말하지 않았습니다. 조선의 선비들은 혹 평안도를 변한이라고도 하고 경기를 그곳에 포함시키기도 했으며, 전라도가 그곳에 해당된다고

도 했습니다. 최근 조사를 해보니 변진은 가야였습니다. 김해의 수로왕은 변진의 총왕總王이었고, 포상팔국(함안과 고성, 칠원 등) 및 함창, 고령, 성주 등은 변진의 12국이었습니다. 변진의 자취가 이처럼 분명한데도 우리 학자들은 어둡기만 할 따름입니다. … 현토는 셋이 있는데, 한 무제 때는 함흥을 현도로 했고, 소제昭帝 때는 지금의 흥경興京 지역을 현도로 옮겼고, 이후 또 지금의 요동 지역으로 옮겼습니다. … 만일 십수 년 전에 이런 고민을 했더라도 정조께 아뢰어 대대적으로 서국書局을 열고 역사와 지지를 편찬해서 천고의 비루함을 씻어내고 모범이 될 책을 길이 남기는 일을 했을 겁니다. … 오직 이 10권의 책만은 우리나라에서 결코 소홀히 할 수 없는데, 그 옳고 그름을 분별할 수 있는 사람도 찾을 수가 없으니 끝내 이대로 티끌처럼 사라지고 말게 되었습니다. … [27]

다산은 유배기에 조선의 강역에 대한 역사적 고증의 필요성을 절감하였고, 역사와 지지에 대한 자료와 정보를 수집하여 저술을 시작하면서 특히 문헌이 제대로 갖추어지지 않은 한반도 고대사 해명에 주안점을 두었다. 그리고 3년 뒤 『대동수경』을 집필하면서 압록강, 두만강, 청천강, 대동강, 예성강, 임진강의 북부 조선 6대 강의 원류와 지류 및 경유 지역의 연혁과 고적, 전설 등을 서술하며 역사지리적 고증을 담아내고자 했다.[28]

1789년 다산은 정조와 문답을 나누는 과정에서 김부식의 「지리지」, 정인지의 『고려사』 「지리지」, 『여지승람』, 『문헌비고』에 대해 비판적 견

27 『다산문학선집』, 336~337쪽.

28 『大東水經』 집필의 계기는 1789년 중앙관료로 재직 시 正祖에게 올린 「地理策」에서 확인된다. 그는 지리학을 한 나라의 경영에서 반드시 필요한 구비 사항임을 강조하며 당시 조선의 지리서가 가지고 있는 결함과 극복 대책에 대하여 논하였다.

해를 피력하면서 강역의 구분을 세밀하게 표시하고 고금의 연혁을 자세히 기록할 필요성을 제기하였고, 『동국수경東國水經』 편찬을 주장하였다. 지리, 역사, 인물, 문물과 제도를 종합한 저술 계획은 25년 후 유배지에서 『대동수경』으로 정리되는데, 「강역고」와 달리 대상 지역이 북부 조선의 강들에 국한되어 있는 이유는 명확히 표명되어 있지 않다. 일단은 조선의 남쪽에 비하여 강역 변천이 매우 복잡한 곳이자 역사지리학의 입장에서 다양한 문제가 매 시기에 걸쳐 제기되었던 곳임을 어렵지 않게 추측할 수 있다. 한편 당시 조선의 강역에 대한 다산의 인식이 한반도 고대사의 역사적 고증에서 출발하여 조선의 독자적 세계관을 확립하는 역사·지리적 차원으로 종합되는 과정에 있었다고 생각된다.[29]

Ⅲ. 다산의 고대사 인식체계

1. 조선의 독자적 세계관 인식

다산은 중국이 어떻게 세상의 중심이 되는지 알 수 없고, 어느 곳이든 중국이 아닌 곳은 없다고 언급하며[30] 상대적 관점에서 조선을 인식하고

29 『대동수경』을 미완성 저작으로 보는 견해가 있고, 다산의 제자 이청(李晴)의 견해가 다산의 글과 크게 다르지 않은 형식으로 첨부되어 있기에 이청의 편찬물로 보기도 한다.

30 "國於長城之南五嶺之北 謂之中國 而國於遼河之東謂之東國 東國之人而游乎中國者 人莫不歎詑歆豔 以余觀之 其所謂中國者 吾不知其爲中 而所謂東國者 吾不知其爲東也 夫以日在頂上爲午 而午之距日出入 其時刻同焉 則知吾所立得東西之中矣 北極出地高若干度 而南極入地低若干度 唯得全之半焉 則知吾所立 得南北之中矣 夫旣得東西南北之中 則無所往而非中國 烏覩所謂東國哉 夫旣無所往而非中國 烏覩所謂中國哉 卽所謂中國者 何以稱焉 有堯舜禹湯之治之謂中國 有孔顔思孟之學之謂中國 今所以謂中國者何存焉 若聖人之治 聖人之學 東國旣得而移之矣 復何必求諸遠哉 唯田疇種植之有便利之法 而使五穀茁茂焉 則是古良吏之遺惠也 文詞藝術之有博雅之能 而不爲鄙俚焉 則是古名士之餘韻也 今所宜取益於中國也者 斯而已 外是則强勍鷙悍之風 淫巧奇

있었다. 전통적인 중국 중심의 천하사상을 그대로 따르기를 거부하며 조선의 독자적 정통론을 세우고자 했다.[31] 그는 조선의 소중화 의식을 당연시했지만 '성인의 법에서는 중국이면서 이적의 행동을 하면 이적으로 생각하고, 이적이면서도 중국의 행동을 하면 중국으로 여긴다. 중국과 이적의 구분은 그 도道와 정政에 있지 강역에 있지 않다'[32]고 주장하면서 유교적인 도와 정치를 문화의 인식과 평가의 중요한 기준으로 설정하면서 조선 문화의 독자성을 강화시키고자 했다.

> 수십 년 이래 일종의 괴이한 이야기가 횡행하여 조선의 학문을 한창 배척하고 있다. … 사대부의 자제가 국조國朝의 고사를 모르고 선학의 논의를 보지 않는다.[33]
>
> 우리나라 사람들은 자주 중국의 사실을 인용하는데 비루한 품위이다. 모름지기 『삼국사기』, 『고려사』, 『국조보감』, 『여지승람』, 『징비록』, 『연려실기술』 기타 우리나라의 저술에서 사실을 채택하고, 그 지방의 현실을 참고하여 시詩에 인용해야 한다.[34]

다산은 유교적인 도道와 정치만이 아닌 예와 예악에 대해서도 화華의 개념을 인용하며 조선의 가치를 내세우고자 했다. 한편 청나라의 식수植樹 기술을 비롯한 선진성을 언급하며 박제가의 『북학의北學議』와 박지

詭之技 夷禮俗蕩人心 而非先王之所務也 何觀焉 吾友徯甫將銜命赴燕 頗以游乎中國 自多于色 余故爲中東之說以折之 因而勉之如此." 『與猶堂全書』 第1集 第13卷 序「送韓校理 致應 使燕序」.

31 종래의 정통론에서는 중국 중심의 '천하'가 하나의 '역사적 세계'로서 유일한 세계였기 때문에 중국에만 정통이 있었다. 그러나 실학에서는 유일한 '천하가 깨어지고, 하나의 유기체로서의 개별 국가와 그 개별 국가의 '역사적 세계'가 중심이 되었다. 정창렬, 1990, 「실학의 역사관」, 『다산의 정치경제 사상』, 창작과비평사, 18쪽.

32 『與猶堂全書』 第1集, 詩文集 第8卷 對策「地理策」.

33 『與猶堂全書』 第1集, 詩文集「寄二兒」.

34 『與猶堂全書』 第1集 ,詩文集「寄淵兒」.

원의 『열하일기熱河日記』에 소개되어 있는 청의 기용器用제도를 제시하면서 다원적 인식을 확대하기도 했다.

2. 한반도 고대사 인식

다산은 1789년 28세 때 정조와의 문답시험에서 「지리책」[35]을 정리하였다. 여기에서 고조선과 부여, 예맥, 삼한, 사군, 삼국, 신라, 발해, 고려, 조선의 역사와 지리에 대한 연혁과 역사적 평가를 부여하고자 했다. 그중 '발해의 옛 땅이 반은 거란에 들어갔으니, 고려왕조의 통일은 여한이 없는가?'라는 정조의 물음에 대한 답변을 비롯하여 당시 활용되던 지리서의 문제를 면밀히 검토하게 되었다.

이후 1800년(정조 24) 그는 『문헌비고』의 오류를 조목별로 지적한 「문헌비고간오」를 저술했는데 지리서에 대한 그의 안목이 더욱 명료하고 구체화되고 있음을 확인할 수 있다. 유배기 다산은 한반도 고대국가의 역사에 대한 풍부한 해석과 역사적 고찰을 「아방강역고」[36]에서 다루고자 하였다.

> 鏞案 我邦之地 西北荒寒 東道險窄 嶺南僻遠 京畿北邑 亦土瘠民貧 唯洌水以南 馬韓故地 風氣溫和 土壤肥沃 此東國之中國也 故馬韓當時 得主霸於三國也[37]

다산은 마한과 백제사를 적극적으로 평가하면서 서북방을 황폐하고 추우며, 관동은 험하고 좁으며, 영남은 궁벽하고 멀며, 경기 북쪽은 척

35 『與猶堂全書』 第1集, 詩文集 第8卷 對策 「地理策」.

36 『與猶堂全書』 第1集, 雜纂集 第23卷 「文獻備考刊誤」 - 「輿地考」.

37 『與猶堂全書』 第6集, 地理集 第1卷 「疆域考」.

박한 토지에 가난한 환경으로 묘사하였다. 열수 이남은 마한의 옛 땅으로 기후가 따뜻하고 토양이 비옥한 곳으로 마한과 같은 지방에서 성립된 백제는 삼국 중 가장 국력이 강하고 문화가 앞섰다고 평가하고 있다.[38]

「강역고」의 내용은 첫째, 고조선에서 발해에 이르는 고대국가 강역과 역사에 대한 고증, 사군에 총론과 각론을 더하여 그 위치와 역사에 대한 고증, 삼한을 총론과 각론으로 구별하여 마한과 진한, 변한의 위치와 역사 고증, 옥저와 예맥, 말갈, 발해의 차례로 북방의 여러 나라의 위치와 역사에 대한 고증으로 이루어져 있다. 그리고 고구려와 백제의 수도 위치로 졸본과 국내성, 환도성 및 백제의 위례와 한성의 옛 위치를 세밀히 고증하고자 했다. 끝으로 조선 8도와 서북로의 연혁을 고증하였다.

이하 사료 분석 결과를 토대로 다산의 고대국가와 강역 설정에 대한 역사 고증의 내용을 정리하고자 한다.

Ⅳ. 맺음말

다산은 국가를 경영하는 중앙관료로서 정책 실무를 담당했고, 지방을 다스리는 목민관으로서 경험을 쌓았으며, 유배지에서 경서를 비롯한 독자적 학문체계를 폭넓게 확장했던 학자로 18세기 조선이 처한 대내외 상황에 대한 철저한 현실 인식을 견지하고 있었다.

그는 삼정의 문란상을 해결하기 위해 근본적인 토지 운용 정책의 개

38 『我邦疆域考』의 목차는 다음과 같다. 권1 조선고–기자, 사군총고, 낙랑고, 현도고. 권2 임둔고, 진번고, 낙랑별고, 대방고. 권3 삼한총고, 마한고, 진한고, 변진고. 권4 변진별고–가라고, 옥저고. 권5 예맥고, 예맥별고, 말갈고. 권6 발해고. 권7 졸본고, 국내고, 환도고, 위례고. 권8 한성고, 팔도연혁총서 상. 권9 팔도연혁총서 하, 패수변, 백산보. 권10 발해속고, 홍석주의 발해세가. 권11 북로연혁. 권12 서북로연혁, 구련성고.

혁부터 시작하여 가장 작은 지방 단위이자 개혁 대상으로서 향촌사회의 질서와 체계를 바로잡기 위한 방안을 구상하였고, 『경세유표經世遺表』와 『목민심서』, 『흠흠신서欽欽新書』를 통해 구현하고자 했다. 한편 정치적 갈등 구조 속에서 부닥친 각종 사안과 연관 인물들의 관계, 오랜 기간 유배를 당하는 등 한 인물의 생애가 크게 전환되는 지점에서 다산의 경험과 생각, 학적 고민과 세계관에는 후대의 연구자가 일관적 관점에서 체계적으로 헤아리기 어려운 양상이 녹아 있었다.

그래서 일정한 시기와 상황, 일부 저술에 국한해서 다산의 생각과 구상을 살펴본다면 국가 경영을 위해 큰 골격을 세운 『경세유표』와 지방 통치를 위해 세밀한 역사적 고증을 바탕으로 저술한 『목민심서』에서 전제 운영을 비롯한 여러 부면에서 일맥상통하지 않는 내용이 확인되는 경우가 있다.

조선 한반도 강역과 고대사에 대한 다산의 인식 또한 이러한 견지에서 세밀한 상황 파악과 구분이 필요하다고 생각된다. 다산의 사상체계에서 조선 한반도 역사에 대한 주체적이고 독자적인 중화中華 인식은 분명히 드러나며, 고대국가에 대한 판단과 강역 설정 또한 확인된다. 이러한 내용은 『경세유표』 천관수제天官修制 12성제 및 군현분예郡縣分隷분등조分等條와 「아방강역고」 저술에서 진행한 역사 고증 과정에서 찾아볼 수 있으며, 특히 「강역고」는 유배기에 저술을 시작해서 만년에 매듭지은 사료인 만큼 후속으로 추가된 발해의 역사를 포함하여 시기적으로 분별해서 볼 필요성이 제기된다. 그런데 북부 6대 강을 중심으로 자연환경적 지리 경계 설정을 정리한 「대동수경」에서는 조선의 강역 전체를 다루지 않았고, 독자성보다는 당시의 현 상황을 정확히 기록해두는 데 저술의 주요한 목적이 있었기에 일정한 한계점이 있는 내용으로 파악해왔다고 생각된다.

이 글은 다산 정약용의 국가개혁 구상과 실현의 관점에서 정책적으로 논의된 내용을 시기와 상황에 따라 구분하는 가운데 그 안에서 조선 강역과 고대사에 대한 역사적 고증의 목표와 방법을 살펴보고자 하였고, 다산의 역사 인식과 고대사 이해의 실제 내용을 보다 명확히 드러내보고자 하였다. 다산은 한반도 고대사의 흐름을 지리적 차원에서 조명하면서 고대 강역에 대한 확고하고 주체적인 역사 계승 의식을 표명하였다. 다만 조선 후기 사회가 당면한 시대적 과제 앞에서 한반도 고대 강역의 의미와 중요성이 국가개혁의 구조적인 차원에서 다루어진 것으로 생각된다.

한편 다산의 저술을 검토하는 과정에서 조선의 지리와 강역의 역사성이 조선 후기 상황에서 다산이 고심하여 구현하고자 했던 개혁의 전체 구상에서 차지하는 의미를 종합적인 견지에서 명료히 밝혀내지는 못했다. 이는 추후 지리서 등의 자료를 포함하여 다산의 강역 인식 전모를 드러낼 수 있는 사료 전체에 대한 분석과 종합적인 의미 부여를 통하여 진행할 과제로 설정하고자 한다.

참고문헌

1. 논문

송호정, 2016, 「정약용의 『我邦疆域考』에 나타난 古朝鮮 인식」, 『청람사학』.

趙珖, 1985, 「朝鮮後期의 歷史認識」 『韓國史學史의 硏究』, 乙酉文化社.

박인호, 2002, 「『발해고』에 나타난 유득공의 역사지리인식」, 『韓國史學史學報』 6.

한영우, 1994, 「조선시대의 역사편찬과 역사인식」, 『한국의 역사가와 역사학』 상, 창작과비평사.

조성을, 1992, 「『아방강역고』에 나타난 정약용의 역사의식」, 『규장각』 15.

이윤갑, 2015, 「정약용의 현실인식과 다산학의 체계」, 『한국학논집』 59.

정창렬, 1990, 「다산의 정치경제 사상」, 『실학의 역사관』, 창작과비평사.

에도시대 일본의 한국고대사 인식에 대한 고찰

- 고조선-고구려-발해 계승의식을 중심으로

김태훈

Ⅰ. 머리말

우리가 한국사를 학습할 때 독서하고 학습하여 인식하는 한국사의 체계는 한국사상 최초의 국가 고조선에서 출발하여 매우 일목요연하고 단선적으로 연결되어 조선을 거쳐 최종적으로 지금의 대한민국에 이르는 줄거리다. 사실 고대사의 경우 국가들의 영역 변동이 심하였던 데다, 존재했던 시간들이 뒤엉켜 있기 때문에 일직선상의 배열은 역사적 사실을 제대로 반영한다고 보기는 어렵다. 그럼에도 그러한 단선적인 줄거리는 체계적 인식과 이해의 편리를 가져다준다는 점에서 분명한 효용성을 지닌다. 현재 통용되는 일반적인 한국사 줄거리는 다음과 같이 정리할 수 있다.

고조선 → 부여를 비롯한 북방 국가들 • 삼한 → 고구려 • 백제 • 신라 → 통일신라 • 발해 → 고려 → 조선 → 대한민국

그런데 위 표는 어디까지나 현재 한국 사회의 일반적 인식을 대변하는 것이고, 표의 몇몇 지점은 특히 중국의 역사 인식과 차이를 보인다. 대체로 1980년대부터 가열되기 시작한 한·중 간 역사 인식을 둘러싼 갈등은 먼저 발해사의 귀속 문제에서 발화되었다. 중국 학계는 발해를 당나라의 지방정권으로 위치시킴으로써 발해의 역사를 중국 역사의 일부로 귀속시키려는 움직임을 보였던 것이다. 이른바 '동북공정東北工程'

이다. 발해사를 대상으로 시작된 중국 학계의 동북공정은 시간을 거슬러 올라가며 고구려, 부여, 고조선 연구로까지 확장되어 왔다.[1]

발해사 귀속 문제의 핵심에는 이전에 요동 지역에 존재했던 부여·고구려 등 국가와의 계승 관계가 자리하고 있다. 상호 관련성이나 계승의 문제는 양자 사이의 문화적 동질성, 지역적 기반의 일치 여부 등 다양한 측면에서 접근 가능한 문제다. '인식'의 문제 역시 빼놓을 수 없는 요소다. 그리고 발해인 스스로의 자기 인식도 중요하지만, 타자他者의 인식 역시 객관성이나 설득력의 측면에서 일정한 의미를 지닌다.

이 연구는 근대 이전, 특히 에도시대 일본의 한국고대사 인식을 '고조선-고구려-발해'로 이어지는 인식 체계에 초점을 맞추어 고찰하려는 목적으로 기획되었다. 한국고대사 관련 기사를 수록한 전근대 일본의 자료들은 다수 존재한다. 그 자료들은 현재 한일 양국 학계에서 한국고대사의 상像을 재구성하는 데 매우 유용하게 활용되고 있다. 특히, '남북국시대' 혹은 '통일신라와 발해'로 일컫는 7세기 말에서 10세기 초의 한국사 연구와 관련해서는 그 활용도가 상당히 높다. 그것은 발해(698~926)가 동아시아 역학구도 하에서 한반도 내의 국가(=신라)보다 대당·대일본 외교를 통해서 생존과 번영을 모색해야 했던 판도와 연관지어 생각해볼 수 있는 문제다.

위에서 언급한 것처럼 이 글의 당초 목표는 '고조선-고구려-발해'로 이어지는 전근대 일본의 한국사 인식 체계에 대한 고찰이다. 그 목표가 달성될 경우 현재 한·중·일 간 학술적 논쟁이 되고 있는 한반도 북부 및 요동 지역에서 존재한 고대국가들의 역사적 귀속 문제 등에 대한 해

1 동북공정에 관해 분석하고 진단한 한국 학계의 논문은 수백 편에 이르는 것으로 파악된다. 2000년대부터는 관련 연구들이 연구총서로 기획·집성되어 성과로 제출되기도 했다. 이개석 외, 2005, 『중국의 동북공정과 중화주의』, 고구려연구재단(연구총서 12); 문은순·박순발·여호규·최종택, 2010, 『중국 동북공정 고구려사 연구논저 분석』, 동북아역사재단; 김현숙 외, 2017, 『동북공정 이후 중국의 고구려사 연구 동향 분석과 비판 2007~2015』, 역사공간(기획연구 70).

답을 제시하는 데에도 자그마한 단서가 될 것으로 판단된다. 그러나 한국 고대의 역사가 단선적으로(한 가닥으로) 전개되지도 않았을 뿐더러 그에 대한 인식 주체가 되는 일본의 역사 역시 현대적 감각의 단일화된 국가 단위로 파악되지는 않는다. 그러한 상황은 현재 우리가 기대하는 현재적 관점에서 일목요연하고 체계적인 한국고대사 인식을 탐색하기에는 무리가 따른다.

이 글에서는 한국고대사의 결말에 해당하는 후발 국가 '발해'에 초점을 맞추어 전근대 일본의 발해사 인식 전반의 특징을 파악하고, 그 연장선에서 '고구려-발해'의 상호연관성에 대한 인식을 추출해보고자 한다. 나아가 '고조선-고구려'의 계승에 관한 인식 역시 검토를 시도할 것이다. 이는 고대국가의 역사적 귀속 문제만이 아닌 발해사 이해의 지평을 확대하는 데에도 기여할 것이며, 고대 동아시아의 판도와 역사적 전개를 조망하는 데에도 일조하리라 기대한다.

한편, 17~19세기(일본 에도시대) 한·일 간의 교류는 국제정치적·외교적 측면뿐만 아니라 학술·지식사의 면에서도 매우 활발하게 이루어졌다. 에도시대 일본의 한국고대사 인식에 대한 접근은 17~19세기 한국과 일본 사이 지식 교류의 일환으로서 역사 지식의 양국 간 유통에 대한 이해를 요구한다. 따라서 이 연구에서는 국제적으로 유통된 역사 지식이 한국과 일본에서 각각 어떻게 역사 서술에 반영되는지에 대해서도 최소한의 검토를 할 것이다. 그래서 우선 한·일 간 지식 교류, 유통의 통로·기반으로서 인적 교류와 서적의 유통 일반을 검토할 것이다. 다음으로 조선과 일본에서 조선으로 유통된 역사 지식들을 각각 나누어 검토하고, 아울러 그렇게 유통된 역사 지식들이 역사 서술과 역사 인식에 어떻게 반영되었는지도 검토한다.

Ⅱ. 17~19세기 조선-일본 간 지식 교류

1. 문사文士들의 만남

조선 후기(17~19세기)의 출발점인 17세기 초반은 16세기 말의 동아시아 국제전이었던 임진왜란을 겪은 직후였다. 16세기 말부터 17세기 전반의 시기에 임진왜란과 명·청 교체 등 격변을 거친 후 동아시아의 판도는 재편되었다. 그리고 17~19세기 동아시아 사회, 좀 더 범위를 좁히자면 한국과 일본 사이의 교류는 과거 어느 때보다 활발해졌다.

전근대 동아시아에서 개인이 자국의 공간을 넘어 타국의 인물과 교류하는 일은 흔치 않았다. 지식인들이 일국을 넘어 지적 교류를 하는 경우는 더욱 제한적이었다.[2] 그런데 조선 후기 연행사燕行使나 통신사通信使와 같은 사행은 그러한 제약을 뛰어넘는 지식인들의 국제적 만남과 교류가 대규모로 이루어지는 장場이었다. 사절단 파견을 통한 직접적 교류 외에 서적의 유통이 또 하나의 통로가 되었다. 서적을 매개로 지식과 정보를 섭취하고, 섭취한 지식·정보를 가공하여 재생산하고 유통시켰다.

이야기를 한·일 관계로 국한해 보면, 17~19세기 기간에 12차례의 통신사 파견이 이루어졌다.[3] 통신사행은 500명에 달하는 대규모의 사절단으로 서울을 출발해서 돌아오기까지 대개 8개월에서 1년까지 걸렸고, 일본의 통신사 요청부터 따지면 2~3년이 걸리는 거대한 외교행사

2 진재교, 2008, 「동아시아에서의 서적 유통과 지식의 생성-임진왜란 이후의 인적 교류와 서적의 유통 사례를 중심으로-」, 『한국한문학연구』 41, 74쪽.

3 조선 후기 통신사를 시기별로 보면 17세기 7회(1607·1617·1624·1636·1643·1655·1682년), 18세기 4회(1711·1719·1748·1764년), 19세기 초 1회(1811년)와 같은 세기별 분포를 보인다. 각각의 사행에 대해서는 三宅英利 저, 손승철 역, 1991, 『근세 한일관계사 연구』, 이론과 실천 참조.

였다. 표면적인 사명使命은 일본 쇼군[將軍]의 습직襲職 축하였지만, 실질적으로는 피로인 쇄환·국정 탐색·대중국 대책 및 대마도 문제 협의 등 정치적 문제를 타결하는 것이었다. 그런데 17세기 후반 동아시아의 국제 정세가 안정되고 첨예한 외교 현안이 줄어들면서 사행의 부수적 기능이었던 문화교류가 성행하게 되었다.[4]

500여 명의 통신사 구성원 가운데 일본 지식인들과 교류하게 되는 인물들은 7~8명 정도였던 것으로 보인다. 정사正使·부사副使·종사관從事官 등의 삼사三使, 그리고 사행 중 문한을 담당하는 1명의 제술관과 3명의 서기 등 이른바 사문사四文士가 그들이다.[5] 1682년 통신사행 때부터 제술관과 서기 등 사문사의 임명은 국왕의 재가를 받도록 하였는데, 이는 통신사의 역할 가운데 문화교류의 비중이 확대되었음을 방증하는 대목이다. 1763년(영조 39) 통신사 파견 당시 국왕 영조는 삼사와 제술관·서기들을 인견한 자리에서 제술관과 서기들에게 시제試題를 주어 시험해 본 후 "너희들은 오로지 문자로써 나라에 욕되지 않도록 하고 돌아오라"고 하며, 일본에 가서 문명文名을 떨치고 올 것을 당부하였다.[6] 한·일 간 문화교류에 대한 국가적 관심을 대변하는 장면이다.

통신사를 맞이하는 일본 측의 문화교류에 대한 사회적 기대 역시 매우 높았다. 통신사와 일본 지식인들의 지적 교류는 에도[江戶]에서 뿐만 아니라 사절단이 지나는 각지에서 이루어졌다. 통신사 일행이 일본에 도착하면 각 번藩의 문인들이 몰려들어 만나기를 원했다. 통신사가 통과하는 지역은 물론이고 그 외의 번에서도 문인들을 파견하는 등 교류

4 하우봉, 2015, 「원중거의 한일관계사 인식 –『화국지』를 중심으로–」, 『한일관계사연구』 50, 44~45쪽.

5 어디까지나 역사 지식 유통에 초점을 맞추어 지식 교류의 범위를 엄밀하게 좁혀 볼 경우에 한해서이다. 실제로 醫員·畫員·譯官 등등 많은 통신사 수행원들이 각자 자신의 영역에서 전문지식을 교류했던 만큼, 지식 교류의 범위를 한층 넓혀서 파악하는 것도 충분히 가능하다.

6 원중거, 『乘槎錄』 권1, 계미년(1763) 7월 24일.

가 촉진되고 성행하였다.[7] 통신사가 일본 문사들과 지적·문화적으로 교류하는 방법은 필담筆談과 창화唱和였다. 삼사와 사문사 등 실제 일본 지식인들과 필담·창화한 이들이 접촉했던 일본 지식인·문사의 숫자는 놀라운 수준이었다. 1763년 통신사행의 제술관 남옥과 서기 원중거는 각자의 기록에서 천여 명에 달하는 일본 지식인·문사들을 만났다고 적어 놓았다. 남옥은 『일관기日觀記』에 필담·창화를 나눈 사람들의 명단을 기록하였는데, 기재된 인물들만 500명이 넘는다.[8] 요컨대 조선 후기 일본으로 파견된 통신사는 한·일 양국 지식인들의 직접적 교류의 가장 큰 장이었다고 하겠다.

통신사와 일본 문사들의 교류에서 지식의 흐름은 당연히 일방적인 것이 아니었다. 조선 후기 지식인들이 일본에 대해 가지고 있던 지적·문화적 우월감은 많은 부분에서 드러났고, 통신사행을 문화의 전수자로 자임했던 일면은 분명 존재한다. 그러나, 특히 18세기에 접어들면 일본 문물의 발전상을 목도한 경험이 축적되면서 일본에서 접하는 정보와 지식을 객관적 시각에서 바라보게 된다. 한·일 지식인 사이의 교류 역시 지식과 정보를 상호 교환하고 토론하는 장으로 자리 잡는다. 곧 통신사행은 조선의 지식이 일본에 전해지고, 동시에 일본의 지식이 조선에 전해지는 경로였던 것이다. 그러한 국제적인 지적 교류의 결과물로서 남아 있는 것이 필담창화집인데, 거기에는 역사의식, 풍습과 제도, 시문과 문장론, 의학, 관상, 외교, 산업 등 문화사적·사회사적 관련 지식들이 망라되어 있다.[9]

7 하우봉, 2017, 「17~19세기 한일 문화교류의 흐름과 의미」, 『대동문화연구』 98, 277~278쪽.

8 진재교, 앞의 글, 86쪽.

9 구지현, 2011, 『통신사 필담창화집의 세계』, 보고사 참조.

2. 서적의 국제적 유통

한·일 간 지식 유통은 사행을 통한 한·일 양국 문사들의 직접 교류 외에 서적의 국제적 유통을 통해서 이루어지기도 했다. 서적 유통은 통신사행 중에 이루어지기도 하였지만, 더 큰 비중을 차지하는 것은 동래왜관을 통한 서적의 유입·유출이었다. 왜관을 통한 서적의 유통은 특히 조선 서적의 일본 유입 비중이 컸다고 하겠다.

먼저 통신사행을 통한 일본 서적의 조선 유입을 간략하게 살펴보면 통신사의 경우 대對중국 사절인 연행사처럼 서적 구입을 담당한 원역은 없었고, 대부분 사행 중 일본 문사로부터 기증받았다. 그것을 귀국 후 조정에 제출하지 않고, 지인들 사이에 돌려보는 정도였던 것으로 보인다.[10] 일본이 조선 서적을 갖가지 수단을 동원하여 확보하고 출판을 통해 유통한 것과는 달리, 조선의 일본 서적 수입은 다소 소극적인 면이 보인다. 그러나 18세기 이후로는 일본 사회 자체에 대한 관심과 더불어 일본의 학술이나 문물에 관한 관심·호기심도 점차 고조되었다. 특히 조선 후기 실학자들은 그들 스스로가 일본 사행에 참여한 경험은 없지만, 자신들의 저술에 다수의 일본 서적들을 적극적으로 활용하고 있다. 한치윤의 『해동역사海東繹史』나 이덕무의 『청령국지蜻蛉國志』에서는 일본 서적의 국내 유입·유통 정황이 파악된다. 통신사 일행이 일본에서 구입해 온 일본 문사들의 시집이 국내에서 유통되는 상황도 기록에 보인다. 이덕무는 『청장관전서靑莊館全書』에서 일본 학자 다카노 란테이[高野蘭亭]의 문집 『난정집蘭亭集』을 평양 유람 중에 보았던 기억을 적어놓았다.[11] 한치윤과 이덕무의 경우 통신사행을 통한 일본 서적의 유입을 위주로

10 하우봉, 2017, 앞의 글, 281쪽.

11 『靑莊館全書』 권32, 「청비록」, 日本蘭亭集.

기록하였지만, 조선·중국 서적의 일본 유출 통로였던 왜관 역시 일본 서적 유입의 한 경로였다.

조선→일본 방향의 서적 유통은 합법적인 무역에 의해 이루어지기도 했지만, 국가에서 유출을 엄금하고 있는 문헌들까지 불법적으로 유출되는 경우가 많았다. 또 그렇게 불법적으로 유출된 서적들 중에는 『징비록懲毖錄』이나 『간양록看羊錄』처럼 일본의 출판 시장에서 널리 유통된 것들이 상당수 있었던 만큼 결코 작은 비중이라 치부할 수 있는 수준이 아니었다. 다음 기사는 국가 기밀상 유출을 엄금하고 있는 서적이 '조선 역관譯官-일본인'의 커넥션에 의해 공공연히 밀수출되어 일본에서 상업적 출판까지 이루어진 것에 대한 조선 조정의 대응책 논의 장면이다.

> 영의정 서종태가 계를 올려 아뢰기를,
>
> "근자에 교리 오명항이 주달한 바에 의하면 이번 통신사가 우리나라 서적이 왜국으로 많이 들어간 것을 보았다고 합니다. 서적의 매매를 금하는 것은 본래 정해진 법은 없으나 만일 상역商譯이 몰래 팔지 않았다면 왜인이 어디서 그것을 얻었겠습니까. 『징비록』도 또한 들어갔다고 하니 이런 책을 어찌 왜인들이 보게 한단 말입니까. 모두 마땅히 한결같이 금해야 할 것입니다. 그러나 한만閑漫한 문집, 복서卜筮 등의 서적 및 중국의 서적과 같은 것은 반드시 한결같이 금할 것은 아닙니다. 지금부터는 법으로 정해서 역사서와 문집은 일체 엄금하되 이를 어기고 파는 자는 밀거래[潛商] 관련 법률로 다스려야 합니다. 한만한 문집이나 긴요하지 않은 책을 판 자에게는 그 다음 법으로 헤아려 적용하는 것이 어떻겠습니까?"라고 하였다.
>
> 임금이 말하기를,
>
> "당초에는 원래 서적의 매매를 금하지 않았기 때문에 이렇게 흘러

들어가는 폐단이 있었다. 중국 서책을 제외한 우리나라 역사에 대한 문적은 모두 엄하게 금할 것이요, 또 변방 신하들로 하여금 일일이 조사하게 해서 만일 발각되는 일이 있으면 계문한 뒤에 그 경중에 따라 임금의 명령을 받아 죄를 정하도록 하라"고 하였다.[12]

1711년 파견된 통신사의 보고로, 유출을 엄금하고 있는 조선 서적들이 일본으로 유출되어 상업적 출판이 이루어진 상황에 대한 심각성을 인지하고 대책을 논의하는 모습이다. 일본인들이 요청하는 서적들이 사실상 무제한적으로 불법 유출되고 있었던 것이 18세기 초 당시 상황임을 알 수 있다. 그처럼 일본으로 불법 유출된 조선 서적은 일본 학계와 출판계에 일정한 영향을 끼쳤다. 에도시대 일본의 임진왜란 인식이나 출판 시장의 활성화, 그리고 이 글에서 검토하고자 하는 에도시대 일본의 한국사 인식에도 큰 영향을 끼친 것을 확인할 수 있다.

위에서 살펴본 것처럼 통신사 일행은 당시 일본의 서적 출판과 유통 상황을 직접 목격하게 되는데, 이는 일본의 출판문화를 새롭게 인식하는 계기가 되기도 하였다. 주목할 만한 대목은 오사카[大阪] 등지의 출판업계에 활황을 선사한 요인 가운데 하나가 바로 조선에서 유입된 조선의 책들이었다는 점이다. 오사카에서 출판된 조선 책들은 우선 임진왜란 시기에 일본군이 조선에서 약탈해 간 것들이 하나의 유형이다. 그리고 17세기 이후 동래 왜관을 통해 일본인들이 수집해간 조선 책들도 큰 비중을 차지하였다. 후자의 경우 외교·통상 현장에서 일본인들과 밀착되어 있던 조선 역관들을 통해 왜관으로 유입된 것이었다. 그런데 17세기 이후 역관들을 통해 유출된 책들은 국가의 기밀을 담고 있다는 이유

12 『增正交隣志』 권4, 「志」, 禁條, 肅宗三十八年壬辰(1712)定書籍潛賣之禁. 동일한 내용에 관한 『邊例集要』의 기사를 보면 서적 밀수출에 대해 사형에 처하는 방안을 강구할 정도로 심각하게 받아들이고 있는 모습을 볼 수 있다. 『邊例集要』 권5, 「約條」, 禁條, 壬辰(1712).

로 조정에서는 반출을 엄금한 책들이었다. 가장 대표적인 사례로 임진왜란의 기록을 담고 있는 유성룡의 저술 『징비록』을 들 수 있다.[13] 이러한 책들이 공공연하게 일본에서 출판되는 상황에 대해 조선 조정에서는 그 대책 마련에 부심하였던 것이다.

Ⅲ. 조선-일본 간 역사 지식 유통

1. 조선에서 일본으로

17~19세기 활발했던 한·일 간 지적 교류는 역사 지식의 유통도 포괄하고 있다. 역사 지식의 유통 역시 다른 부문의 지식 유통과 마찬가지로 한·일 양국 문사들의 교류와 서적의 유통을 통해 이루어졌다. 다만, 현재 당시의 역사 서술을 볼 수 있는 것은 어디까지나 역사 서적이며, 그 역사서의 전거典據·인용 문헌을 분석하여 당시 역사 지식의 유통을 가늠할 수 있다. 그러므로 여기서는 주로 유통된 서적들에 초점을 맞추어 논지를 전개하고자 한다.

조선 후기·에도시대의 조선 서적의 일본 유입을 논할 때, 최근 학계에서 가장 큰 주목을 받은 문헌 가운데 하나는 『징비록』이다.[14] 17세기 후반 『징비록』 등 조선 문헌과 『양조평양록兩朝平攘錄』·『무비지武備志』

13 『징비록』이 일본으로 유출된 것은 17세기 후반의 일이다. 그 이전까지 일본의 임진왜란에 대한 서술은 이순신에 대한 언급조차 없을 정도로 좁은 시야의 기억만을 내용으로 하고 있었다. 『징비록』이 일본 사회에 유입되면서 일본 사회의 임진왜란에 대한 기억·서술은 그 내용이 한층 풍부해졌으며, 시각의 편중성·협소함을 극복해 나갔다. 김시덕, 2012, 『그들이 본 임진왜란』, 학고재 참조.

14 최관·김시덕, 2010, 『임진왜란 관련 일본 문헌 해제』, 도서출판 문; 김시덕, 2012, 『그들이 본 임진왜란』, 학고재 참조.

등 중국 측 문헌들이 일본으로 유입되기 이전까지 일본 사회에서는 임진왜란 당시의 조선군에 대한 정보가 전무하다시피 하였고, 이로 인해 에도시대 초기 임진왜란 관련 문헌들은 매우 불균형적인 서술을 담고 있었다.[15]

『징비록』이 유입되면서 일본인들은 비로소 이순신 장군의 존재를 인지할 수 있었고, 일본판 징비록인 『조선징비록朝鮮懲毖錄』이 1695년 교토에서 간행되어 일본 사회에 널리 유통되기에 이른다. 2장에서 언급한 것처럼 『징비록』은 국가 기밀을 담고 있는 문헌으로서 유출을 금하고 있었는데, 조선 조정에서 『징비록』의 일본 유출을 인지하고 대책을 논의하게 된 것은 1712년의 일이었다.[16] 여하튼 『징비록』의 일본 유입은 임진왜란에 대한 일본인들의 인식 전반을 변화시켰고, 전쟁의 원흉인 도요토미 히데요시[豊臣秀吉]에 대한 비판 의식도 일면 제고되었던 것으로 여겨진다.

위에서 예시한 『징비록』과 같이 에도시대 일본인들의 한국사 인식에 큰 영향을 미친 문헌은 『동국통감東國通鑑』이다. 『동국통감』은 특히 이 글에서 초점을 맞추고 있는 일본의 한국고대사 인식에도 크게 영향을 주게 된다. 『동국통감』은 1485년(성종 16) 서거정 등이 왕명을 받아 편찬한 편년체 사서로, 단군조선부터 고려 말까지의 역사를 담고 있다. 『동국통감』이 일본에 전해진 것은 임진왜란 중으로 추정되는데, 1667년 11월 교토의 송백당松柏堂에서 출판되어 중간重刊을 거듭하며 에도시대

15 김시덕, 2012, 『그들이 본 임진왜란』, 학고재, 103~108쪽; 노영구, 2015, 「19세기 임진왜란 해전과 이순신 이해」, 『한국인물사연구』 24, 115~116쪽. 외국 문헌 유입 전 에도시대 일본의 임진왜란 인식과 관련하여서는 김태훈, 2016, 「에도시대 초기 일본의 임진왜란 인식 -林羅山의 『豊臣秀吉譜』를 중심으로-」, 『한국사학사학보』 34 참조.

16 II장에서 전거로 제시한 『증정교린지』나 『변례집요』 뿐 아니라, 실록을 통해 보더라도 1712년에 이르러 조선 조정에서 『징비록』의 유출을 인지한 것으로 보인다. 『숙종실록』 권51, 숙종 38년 4월 22일.

조선 역사서로 이용되었다.[17]

조선 조정에서 『동국통감』의 유출 및 일본 출판을 인지한 것은 『징비록』의 경우와 마찬가지로 통신사의 보고를 통해서다. 1682년(숙종 8) 통신사 일행이 대마도對馬島에 도착하였을 때 대마도주가 수년 전 축전주筑前州에서 발생한 밀무역 사건에 대하여 다음과 같은 정보를 제공한 것이다.

> 무신년(1668) · 기유년(1669, 현종 10) 무렵에 우리나라(=일본) 축전주筑前州의 호민豪民이 배를 위장하여 귀국(=조선)과 몰래 통상하면서 금지한 물건들을 무역하였는데, 그 무리가 수십 인이었습니다. 일이 발각되자 모두 책형磔刑을 당하였고, 많은 수량의 가산은 몰수하여 관아의 창고로 운반하였는데, 그 가운데 귀국의 서적이 또한 많았다고 합니다. 일찍이 『동국통감』을 세상에 간행하였었고, 또 듣건대 『여지지輿地誌』 및 『대전大典』 등의 책을 관아의 창고에 보관하였다 하니, 이번 동도東都에 머물러 계실 때 간혹 시강관侍講官으로 하여금 가서 여러 가지 의문을 증명하게 하도록 해줄 것입니다. 그렇다면 반드시 사실대로 대답해 주시기를 바라며, 만약 그것이 성조盛朝의 국금國禁에 관계되는 것이라면 부탁하는 바는 아닙니다.[18]

조선은 자국 역사서와 기밀이 담긴 문헌의 유출을 금하고 있었는데, 『동국통감』 역시 그중 하나였다. 위 기사는 '일본판 『동국통감』'의 간행을 전해주고 있는데, 이는 몇 가지 점에서 의미를 지닌다.

첫째, 『동국통감』의 본문은 내용의 수정 없이 그대로 일본판으로 간

17 김영주·이시준, 2016, 「에도시대 출판물 속 단군신화」, 『외국문학연구』 63, 20쪽.

18 『肅宗實錄』 권13, 숙종 8년 7월 11일(병진).

행되었다. 조선의 시각에서 편찬된 조선의 정사正史를 일본인들이 독서하게 된 것이다. 이전 시기 조선 역사에 대한 이해는 대체로 『일본서기』에서 비롯된 자국중심주의적 사관에 토대하고 있었다.

둘째, 그 자체로 영향력 있는 읽을거리로 유통되었을 뿐 아니라 에도시대 일본 지식인들의 조선 역사에 대한 인식과 서술에도 큰 영향을 끼쳤다. 『삼한기략三韓紀畧』, 『화한삼재도회和漢三才圖會』, 『회본조선정벌기繪本朝鮮征伐記』 등 에도시대 편찬된 조선 역사 관련 문헌들의 전거로 활용되면서 서술 내용에 상당한 영향을 끼쳤다.[19]

셋째, 『동국통감』의 유입과 유통으로 일본인들이 조선 역사의 시작을 단군조선·단군신화로 새로이 인식하게 되었다. 이는 두 가지 측면에서 이해할 수 있는데, 우선 『동국통감』 자체가 조선 역사를 이해하는 주요 문헌으로 자리 잡았다는 점이다. 다음으로는 에도시대 일본 지식인들이 편찬한 조선 역사 관련 문헌들이 『동국통감』에 제시된 단군조선을 조선 역사의 시작으로 채택하고 있다는 점이다.

에도시대 일본인들이 단군신화를 새로이 인식하고, 지식인들이 『동국통감』의 서술을 수용하여 조선 역사를 서술한 것은 에도시대 당시 한국사 인식 체계와 직결되는 만큼 이에 대해 좀 더 살펴보기로 한다. 『삼한기략』과 『화한삼재도회』에서는 조선 역사의 시작을 다음과 같이 적고 있다.

> 삼한 땅에는 처음에 군장君長이 없었는데, 요堯 임금 때 이르러 신인神人이 단목檀木 아래에 내려오자 나라 사람들이 세워 임금으로 삼으니, 이가 단군檀君이다. 국호를 조선이라 하고 평양에 거하며 그 자손이 대대로 계승하였으나 자세히 알 수 없다. 무왕武王이 상商나라

19 박대재, 2018, 「伊藤東涯의 『삼한기략』 편찬과 조선 연구」, 『사학연구』 129; 김영주·이시준, 앞의 글 참조.

를 치고 기자箕子를 조선에 봉하여 평양에 도읍하고 예의禮儀·전잠田蠶·직작織作으로 백성을 교화하고 금禁 8조를 세웠다. 그 40여 대 손인 부否가 진秦나라를 두려워하여 마침내 그에 복속하였다. 그 아들 준準이 연燕나라 사람 위만에 의해 습격을 받아 바다를 건너 남쪽으로 도망하였다.[20]

『동국통감』에 이르기를 최초에 이곳에는 군장이 없었다. 신인이 단목 아래로 내려온 것을 나라 사람들이 추대해 왕으로 삼았다. 이를 단군이라 부르고 나라 이름을 조선이라 하였다. 당요唐堯 때의 일이다. 처음 평양을 수도로 정했고 뒤에 수도를 백악白岳으로 옮겼다. 상나라 무정武丁 8년에 아사달산에 들어가 신이 되었다.

주 무왕은 기자를 조선에 봉하였다. 평양에 도읍을 정하고 백성들에게 예의·전잠·직작을 가르쳤다.[21]

두 기록 모두 단군조선을 조선 역사의 시작으로 보고 있는 것을 확인할 수 있다. 고대 이래 전래되어 온 일본 자체의 문헌들(『고사기古事記』 이후의 역사서, 문집 등)에는 고조선에 대한 인식이 사실상 없다. 에도시대 일본인들, 특히 지식인들이 조선 역사의 첫머리를 서술하면서 『동국통감』 외에 전거로 활용할 수 있었던 한국과 중국의 대표적인 문헌들로는 『삼국사기』나 『양조평양록』 정도를 들 수 있다. 널리 알려진 것처럼, 『삼국사기』는 그 시작이 「신라본기新羅本紀」다. 중국 문헌인 『양조평양록』은 조선 역사의 시작을 다음과 같이 기자조선으로 기록하였다.

20 『三韓紀畧』, 君長畧. 위 번역문은 박대재, 앞의 글, 43~44쪽 인용문의 일부를 차용한 것이다.
21 『和漢三才圖會』 권64, 「地理」, 朝鮮國.

조선은 옛날 기자를 봉한 나라이다. 무왕이 처음으로 기자를 봉하였다. 8조의 약조[八條禁法]를 실시하여 나라에 음란함과 도둑이 없었다.[22]

당연히 단군신화에 대한 소개는 없다. 『삼한기략』과 『화한삼재도회』의 단군조선에 관한 서술은 찬자들 스스로가 밝히고 있거니와 『동국통감』의 서술·인식을 수용한 결과로 이루어졌다. 일본 전래의 문헌이나 여타의 한국·중국 문헌에서는 볼 수 없었던 조선 역사의 첫머리를, 임진왜란 이후 『동국통감』의 유입과 출판을 통해 새로이 인식하였던 것이다.

『동국통감』이나 『징비록』 외에도 임진왜란 이후 일본에 유입되어 에도시대 일본인들이 조선의 역사와 문화, 정치를 이해하는 데 일조한 조선의 문헌으로는 『삼국사기』, 『경국대전』을 들 수 있다. 다만, 한국고대사 인식에 초점을 맞추자면 『동국통감』의 일본 유입이 가장 두드러지는 대목이라 하겠다.

2. 일본에서 조선으로

17세기 이전 조선이 확보하고 있던 일본에 대한 지식·정보는 1471년 신숙주가 편찬한 『해동제국기海東諸國記』로 대변된다. 중세 일본 관련 자료로서 『해동제국기』에 대한 신뢰는 조선에 국한된 것만은 아니었던 듯하다. 1763년 통신사 서기로 일본에 다녀온 성대중의 『일본록日本錄』에 "왜국의 『삼재도회』는 그들의 풍속을 스스로 서술한 책으로 신숙주의 『해동제국기』를 취하면서 가장 자세하다고 하였다"는 데에서[23] 알 수 있

22 『兩朝平攘錄』(諸葛元聲 撰). 김영주·이시준, 앞의 글, 16쪽에서 재인용.

23 성대중 저, 홍학희 역, 2006, 『부사산 비파호를 날듯이 건너』, 소명출판, 147쪽.

듯이 에도시대 일본인의 관점에서도 『해동제국기』의 자료적 가치는 충분히 인정할만한 것이었다고 하겠다. 그런데 17세기 이전 일본 자료로서 한국고대사 서술의 전범典範 격인 『일본서기日本書紀』가 서술 내용의 신빙성과는 별개로 정통 사서로서 한국고대사 관련 기사를 수록하였던 데 반해, 『해동제국기』는 역사서가 아니며 일본 역사에 대한 서술도 없다. 굳이 역사서로서의 일면을 보려 한다면 기전체 사서의 '지志'에 해당하는 문화적·지리적 정보를 담고 있다는 점을 부각할 수는 있을 것이다. 편찬 목적 자체가 15세기 당시 일본 사회에 대한 이해와 그것을 토대로 한 외교적 관계·전략의 수립이었고, 일본 역사에 대한 탐구의 산물이 아니었기 때문이다. 일본사 관련으로는 「일본국기日本國紀」의 천황대서天皇代序와 국왕대서國王代序가 각각 천황과 막부장군幕府將軍의 세계世系를 수록하고 있다는 정도다.[24]

에도시대 이전 내분 상태의 일본은 여행하기 위험한 곳으로 조선인들에게 인식되었으며, 국제정치적 측면의 외교관계나 쓰시마와의 통상관계 외에 일본→조선 방향의 문화·지식의 유입은 거의 없었다고 할 수 있다. 그에 비하면 임진왜란을 겪은 17세기 이후 일본은 통신사 일행의 견문을 통해서 문물이 발전한 나라로 인식되기에 이르렀고, 양국 지식인들 간의 교류나 일본 서적의 조선 유입도 이전 시기와는 비교할 수 없을 정도로 활성화되었다. 그러나 여전히 일본을 학술적 탐구의 대상이나 본받을만한 것이 있는 동등한 타자他者로 인식하지는 않은 듯하다. 일본에 대한 지식 역시 최소한 18세기 전반까지는 어디까지나 국제정치적·전략적 견지의 정보 수집 차원에서 이루어졌던 것으로 보인다. 그러한 만큼 일본 역사에 대한 관심 역시 일거에 큰 진전이 있었다고

24 『해동제국기』의 자료·역사적 가치에 대해서는 다음 연구를 참조. 손승철, 2007, 「『海東諸國紀』의 사료적 가치」, 『한일관계사연구』 27; 허지은, 2018, 「『海東諸國紀』의 유통과 조·중·일 관계」, 『서강인문논총』 52.

보기는 어렵다.

1711년 통신부사로서 도일했던 임수간은 다음과 같이 조선 지식인들의 일본 역사에 대한 무관심을 비판하기도 했다.

> "왜인으로서 부관에 상주하는 자가 대략 천 명인데 우리나라 서적 중 야사野史, 지도[輿圖], 문집 등을 죄다 구입해 가는데, 우리는 그 나라 사적을 전혀 모르고 있으니 개탄할만한 일이라 하겠다. 나는 일찍이 사신이 되어 그 나라에 갔을 때 비싼 값으로 그들의 역사책을 몰래 사보고 그 흥망의 사적을 대강 알 수 있었다."[25]

18세기 중반부터는 일본 사회에 대한 관심이 고조되면서 학술적 차원에서 일본에 대한 탐구가 진전되기도 하였고, 일본 문헌의 유입과 관련 지식의 유통이 증가한 것은 분명하다. 일본에 관한 관심의 증가와 진지한 접근은 대일사행록의 시기별 분포를 통해서도 그 추세를 짐작할 수 있다. 현재까지 학계에서 파악하고 있는 조선 후기 대일사행록은 총 43종이다. 그 현황을 세기별로 간략히 제시하면 다음과 같다.[26]

[표 1] 대일사행록의 시기별 분포

시기	통신사 파견 횟수	사행록 종수
17세기	7	18
18세기	4	22
19세기	1	3

위 표는 18세기 이후 확연히 증가한 대일본사행록의 편찬을 보여준

25 『東槎日記』, 坤, 「海外記聞」.

26 현존하는 조선 후기 통신사행의 일본사행록의 상세 현황은 하우봉, 2017, 앞의 글, 274~276쪽 참조.

다. 이러한 일본에 관한 관심의 제고는 일본 서적의 유입 증가와도 궤를 같이한다. 대체로 17세기 후반 이후 일본 서적의 유입이 증가하는 경향을 보이는데, 유입된 일본 서적 중에는 일본 역사서들도 상당수 포함되어 있었다. 일본 역사 지식이 지속적으로 유입·유통되기에 이른 것이다. 『일본서기』·『속일본기續日本記』·『일본일사日本逸史』·『화한삼재도회』 등의 일본 사서史書·유서類書가 유통되고 실학자를 비롯한 지식인들에게 수용되어 참고가 되기도 하였다. 특히 통신사 일행이 현지에서 일본 지식인들과의 필담창화를 통해 얻게 된 일본 역사 지식도 기록에 자주 등장한다. 대표적인 예가 바로 '신공황후神功皇后의 삼한정벌설三韓征伐說'이다. 8세기 초 편찬된 『일본서기』에 나오는 신공의 삼한정벌설이 확대 재생산되면서 에도시대 일본에서는 각 지역의 전승으로 남아 있었고, 조선 후기 통신사행록에도 그러한 전승들을 접한 사실이 기록되어 있다.[27] 그런데 문제는 그렇게 유입·유통된 일본사 관련 지식에 대해서 조선의 지식인들은 거의 무관심으로 일관했다는 점이다. 오히려 신공 전설의 허구성을 비판한 원중거와 같은 학자가 이례적으로 드러날 정도다.

전통적으로 유가 사회의 역사 서술 목적은 '귀감'으로서, '반면교사'의 거울이다. 과거의 치란을 조명하면서 교훈을 얻는 대상으로서 일본의 역사는 아직 의미를 지니지 못한 것이 아니었을까? 조선 전기와 마찬가지로 몇몇 단편적 일본사 지식이 18세기 당시의 일본에 대한 정보를 보충하는 자료로서 의미를 지닐 뿐이었다.

그런데 다소 아이러니컬하게도 일본 역사서의 유통이 조선 후기에 이루어진 한국고대사 서술에 일정한 영향을 미치게 된다. 주목할 만한 것은 두 가지 정도다. 하나는 '왕인王仁에 관한 전승'이며 또 하나는 '발

27 홍성화, 2012, 「통신사행록에 보이는 고대사 관련 기술 고찰」, 『한일관계사연구』 43, 251~261쪽.

해사 서술'이다. 일본에 한자와 학문을 전수하였다는 왕인에 관한 전승은 『삼국사기』나 『삼국유사』에서는 찾아볼 수 없는 사실이다. 조선 후기 왕인 전승은 당시 고증학적 학문 경향 하에서 일본 문헌의 신뢰성과 기사의 합리성이 인정되면서 일본에서 조선으로 수입된 역사 지식이 역사 서술로까지 이어진 사례라고 하겠다. 왕인의 도일과 문물 전수는 일본 고대 역사서에 등장한다. 왕인이 응신應神의 태자 토도치랑자菟道稚郎子의 스승이었다는 기록이나,[28] 『논어』와 『천자문』을 일본에 전해주었다는 기록이 그것이다.[29] 신공의 삼한정벌설의 경우와 마찬가지로 일본에 선진문물을 전파한 백제를 비롯한 삼국에 관한 전승은 17세기 이후 조선 지식인들에게 한층 뚜렷하게 각인된 듯하다. 이 점은 신숙주의 『해동제국기』와 1655년 통신사 종사관이었던 남용익의 『부상록扶桑錄』의 동일 항목 '응신천황應神天皇' 기사를 비교하면 분명해진다.

> 『해동제국기』 : 중애천황仲哀天皇의 넷째 아들이다. 어머니는 신공황후이다. 원년은 경인년이다. 1년 병신에 고구려가 처음으로 사신을 보내어 왔다. 14년 계묘에 비로소 의복을 제작하였다. 15년 갑진에 백제에서 서적을 보내었다. 16년 을사에 백제 왕태자가 왔다. 20년 기유에 한인漢人이 처음으로 왔다. 재위한 기간은 41년이고, 수壽는 1백 10세다.[30]

> 『부상록』 : 이름은 예전譽田이니, 중애황의 넷째 아들이며 어머니는 신공황후. 원년은 경인년이다. 병신년에 고구려가 처음으로 사신을 보냈고 계묘년에 백제가 재봉하는 여공女工을 보내니 의복이 이때부터

28 『일본서기』 권10, 應神紀, 16년 2월.

29 『古事記』, 應神記.

30 『해동제국기』, 「日本國紀」, 天皇代序.

있게 되었다. 갑진년에 백제가 또 경전과 여러 박사들을 보냈으며 을사년에 백제가 왕자 왕인을 보냈다. 재위한 기간은 41년이고, 수는 1백 10세다.[31]

남용익의 기록은 우리나라 문헌에 나타나는 왕인에 대한 최초의 기록이다.[32] 신숙주의 기록과 비교할 때 '왕인'이라는 인물과 함께 '백제 여공', '박사' 등 백제로부터 일본으로 문화의 전수와 관련된 내용이 더해진 것을 알 수 있다.

신유한의 『해유록海遊錄』(1719년 일본사행), 조엄의 『해사일기海槎日記』(1763년) 등 남용익 이후 통신사행록을 작성한 이들에 의해서도 왕인에 관한 전승은 기록되고 있다.[33] 그리고 한치윤의 『해동역사』에도 왕인 전승이 수록되었는데, 이는 왕인이라는 인물과 백제의 문화 전수가 정사 체제에 편입되었음을 의미한다.[34]

한편, 조선 후기 고대사 서술의 가장 큰 성과 및 특징 가운데 하나인 발해사 서술과 관련해서도 일본에서 유입된 역사 지식이 활용되었다는 점이 흥미롭다. 앞서 언급한 『속일본기』, 『일본일사』, 『화한삼재도회』에는 고대 동아시아에서 활발한 외교 관계를 유지했던 발해-일본 간의 교류에 관한 기사가 많이 수록되어 있다. 18세기 조선의 지식인들이 발해를 적극적으로 우리 역사의 범주로 수용하여 인식함으로써 발해사 서술이 활발해졌다. 거기에 매우 유용한 자료와 전거로 일본의 문헌들이 활용된 것이다.[35]

31 「扶桑錄」, 「聞見別錄」, 倭皇代序, 人皇.

32 홍성화, 앞의 글, 262쪽.

33 홍성화, 앞의 글, 263~264쪽.

34 『해동역사』에서 왕인 전승의 전거로 활용된 문헌은 『和漢三才圖會』, 『異稱日本傳』, 『徂徠集』 등의 일본 자료들이다.

35 조선 후기 실학자들의 일본 문헌 활용에 관해서는 하우봉, 2017, 앞의 글 참조

Ⅳ. 에도시대 일본의 한국고대사 인식의 특징

1. 근대 이전 일본의 한국고대사 관련 자료

에도시대 한국고대사에 대한 인식은 일본 고대로부터 계승된 기존 인식에 17세기 이후 한국과 중국 문헌의 유입으로 인한 새로운 지식이 더해진 결과물이다. 그렇기 때문에 에도시대 일본의 한국고대사 인식을 검토하기 위해서는 에도시대 이전에 생산된 문헌에 대한 이해가 전제되어야 한다. 다음에서 살펴볼 일본 전근대에 생산된 한국고대사 관련 기사를 수록한 자료들은 현재의 한국고대사(특히 발해사) 연구에 자주 활용되는 것들이다. 이들 자료를 몇 개 유형으로 분류해보기로 한다.

[표 2] 전근대 일본의 한국고대사 관련 자료

분류	번호	서명	분류	찬자	편찬/ 간행 시기	비고
①	1	日本書紀	역사서	舍人親王 등	720년	六国史 제1
	2	續日本記	역사서	菅野真道 등	797년	六国史 제2
	3	日本後紀	역사서	藤原緒嗣 등	840년	六国史 제3
	4	續日本後紀	역사서	藤原良房 등	869년	六国史 제4
	5	日本文德天皇實錄	역사서	藤原基經 등	879년	六国史 제5
	6	日本三代実録	역사서	藤原時平 등	901년	六国史 제6
	7	類聚國史	역사서/類書	菅原道眞	892년	六国史를 항목별로 분류 · 재편집
	8	日本紀略	역사서	편자 미상	平安時代 (11세기 후반 이후)	六国史 발췌+六国史 이후 서술
	9	扶桑略記		僧 皇円(추정)	平安時代 (1094년 이후)	六国史의 발췌본

②	10	文華秀麗集	漢詩集(勅撰)	藤原冬嗣 등	818년	
	11	經國集	漢詩集(勅撰)	良岑安世 등	827년	
	12	都氏文集	漢詩集	都良香	9세기 말	
	13	田氏家集	漢詩集	島田忠臣	891년 경	
	14	菅家文草	漢詩集	菅原道真	900년	
	15	本朝文粹	漢詩集	藤原明衡 등	康平 연간 (1058~1064년, 추정)	
③	16	入唐求法巡禮行記	여행기	僧 圓仁	9세기 중엽	
	17	延喜式	法令集(格式 : 律令의 시행세칙)	藤原時平 등	927년	
	18	類聚三代格	法令集	편자 미상	11세기(추정)	
	19	朝野群載	類書	三善為康	1116年	
	20	高野大師御広伝	傳記	편자 미상	1118년	僧 空海의 전기
④	21	新刊東國通鑑	역사서		1667년	일본판 東國通鑑
	22	本朝通鑑	역사서	林羅山·林鵞 등	1670년	
	23	異称日本伝	역사서	松下見林	1688년	
	24	日本逸史	역사서	鴨祐之	1692년 편찬, 1724년 간행	
	25	三韓紀畧	역사서	伊藤東海	1704년	
	26	和漢三才圖會	類書	寺島良安	1712년 경	
	27	繪本朝鮮征伐記	戰爭記(軍記物)	鶴峯戊申	1853년	

우선 시기적으로는 8세기 전반에서 헤이안시대[平安時代] 말기인 12세기 말의 자료들(①~③), 그리고 에도시대(17~19세기) 자료들(④)이다. 일본 중세에 해당하는 가마쿠라, 무로마치 막부 때의 것은 찾기 어렵다. 고대 자료들은 사실상 발해가 존속했던 당대의 자료라 할 수 있겠고, 그 이후로는 17세기 후반 이후 생산된 자료들이다.

한반도에 고대국가들이 존재했던 시기, 즉 고대 자료들의 특징은 일단 수량이 많고, 그 다양성도 눈에 띈다. 이를 하위 분류해보면, 『일본

서기』를 필두로 한 『육국사六國史』 시리즈 및 대개 『육국사』의 발췌본에 해당하는 유서類書나 역사서들로 다시 구분된다(①). 『문화수려집文華秀麗集』을 비롯한 헤이안시대의 한시집漢詩集들도 일군을 이룬다(②). 그리고 『입당구법순례행기入唐求法巡禮行記』와 같은 기행문, 법령집 등으로 분류되는 기타 그룹 등으로(③) 다양성을 보인다.

일본 근세(=에도시대)의 자료들은 그때까지 축적되어 있던 자료들을 수정·보완 내지는 근세적 재생산 과정을 거쳐 생산된 것들이다. 에도시대 자료들은 종수·다양성의 면에서 왜소하다. 그런데 여기서 짚고 넘어가야 하는 문제가 있다. 왜 조선의 고대사를 읽으려 했는가이다. 고대의 기록들이야 당대의 사건들을 그때그때 기록하거나, 여전히 당대의 현재성을 지닌 그리 오래 되지 않은 과거의 기록을 재정리한 것이다. 존재하는 대상에 대한 지식·관심·자국과의 이해관계 등에 의해 생산된, 자연스레 수긍할 수 있는 생산물이다.

그런데 에도시대의 것은 당시 현존하는 조선 사회에 대한 관심이 아닌 조선의 과거에 대한 관심의 반영물이다. 이때의 관심은 외교적·정치적 현안을 해결하기 위한 지식의 확보·체계화 차원이 아니라, 다분히 학술적이며, 또 한편으로는 이데올로기적인 지향의 발로로서의 관심이다. 과거를 자신의 지향에 부합하는 방식으로 이데올로기적으로 파악하는 것에 투영된 목적성이 무엇일까.

에도시대 사상·문화에 관한 기존의 연구를 참고하면, 에도시대 어용학자들을 중심으로 한 일본 유학의 발달과 17세기 후반 이후 자국중심주의적(→국수주의적) 경향성으로 인한 것으로 볼 수 있을 것이다. 다만, 한반도의 역사 가운데 북방의 역사에 대한 적극적 인식이 형성된 것은 메이지유신 이후의 일이다. 에도시대 조선 역사에 대한 관심은 임나일본부설任那日本府說에 그 초점이 두어졌다. 고조선·고구려·발해의 역사는 이런 인식의 부수적 산물이었다. 한 가지 특징적인 것은 발해를 조선

역사(한국사)의 범주에 포함시켜 인식했다는 점이다.

2. 고대국가들에 대한 서술의 특징

에도시대 일본의 한국고대사 서술 자료를 이전 시기 자료와 비교할 때 드러나는 가장 큰 특징은 고조선에서 남북국에 이르는 한국고대사 전반에 이르는 서술을 완성하였다는 점이다. 즉 이전 시기 미비했던 고조선에 대한 인식이 『동국통감』 등의 일본 유입에 따라 이루어진 것이다. 고조선에 대한 인식이 새로 형성된 것 자체가 곧 『동국통감』의 영향이라고 할 수 있는 만큼 『삼한기략』, 『화한삼재도회』, 『회본조선정벌기』 등 고조선에 대한 내용이 수록된 자료들의 고조선사 서술은 『동국통감』의 것을 그대로 차용하고 있다.[36] 그처럼 한국고대사 서술에 당시로서는 최신 자료라고 할 수 있는 조선에서 건너온 『동국통감』을 활용하고 본받은 것은 당연하다고도 할 수 있겠다. 그런데 삼국시대의 역사와 남북국시대의 역사까지 『동국통감』의 서술을 그대로 따르지는 않고 있다. 이에 대해서는 에도시대 당시 이미 삼국시대·남북국시대에 관한 서술은 일본 자체의 전래 문헌에 축적되어 있었다는 점을 고려해야 한다. 고조선, 삼국시대, 남북국시대로 삼분하여 각각에 대한 서술에 관하여 좀 더 살펴본다.

1) 고조선에 대한 서술

에도시대 문헌으로 고조선에 대해 최초로 서술한 것은 『동국통감』의 일본판인 『신간동국통감新刊東國通鑑』이다. 1667년 최초 간행된 『신간동국통감』은 초판본만 현재 총 15부가 일본 전국의 도서관에 전해지는 만

36 김영주·이시준, 앞의 글 ; 박대재, 앞의 글.

큼[37] 에도시대 당시 광범위하게 유포되었음을 알 수 있다. 『신간동국통감』은 한국고대사 가운데 고조선사를 새로이 인식시켰을 뿐만 아니라 이후 편찬되는 한국고대사 관련 문헌들의 기본 전거가 되었다는 점에서 의미를 지닌다. 『신간동국통감』 외에 고조선사를 수록한 대표적 문헌들은 『삼한기략』·『화한삼재도회』·『회본조선정벌기』 등이다.

『삼한기략』의 경우 단군조선-기자조선-위만조선 등 이른바 삼조선三朝鮮을 모두 내용에 포함하였고, 한사군漢四郡과 삼국으로 내용을 이어 나갔다. 3조선-삼한-삼국-신라로 이어지는 한국고대사 체계는 『동국통감』의 것을 수용하였다. 『화한삼재도회』, 『회본조선정벌기』는 단군신화를 수록하고 있다는 점이 무엇보다 큰 특징이다. 대체로 이들 자료는 『동국통감』의 서술을 차용하면서도 좀 더 살을 붙여 내용을 구성해 읽는 이의 흥미를 돋우고 있다.

2) 삼국에 대한 서술

삼국시대 서술에 관한 에도시대 문헌들의 특징은 우선 일본 전래의 문헌과 새로이 유입된 조선과 중국의 문헌 등 다양한 전거를 활용하였다는 점이다. 조선에서 유입된 문헌이란 역시 『동국통감』이라든가 『삼국사기』를 대표로 꼽을 수 있다. 중국 측 문헌은 『신당서』·『양조평양록』 등이다. 조선 측 자료들과 마찬가지로 대체로 17세기 후반 이후 일본에 전해진 것들이다. 이토 도가이[伊藤東海, 1670~1736]는 『삼한기략』을 저술하면서 한국 측 자료와 『일본서기』 등 일본 측 자료들을 서로 견주어 내용을 정리하고 연대를 비정하고 있다. 그리고 양측 사료의 충돌이 있는 경우 대체로 한국 측 기록에 좀 더 비중을 두는 태도를 취하였다.[38]

37 김영주·이시준, 앞의 글.

38 정순일, 2018, 「『삼한기략』의 고대사 서술과 한일관계사 인식」, 『사학연구』 129.

고조선사(단군신화) 서술보다는 훨씬 다양한 문헌이 전거로 활용되고 있는데, 이 점은 에도시대 일본 문헌들이 한국고대사 서술에서 『동국통감』과 같이 새로이 유입된 한국 측 자료들의 영향을 '제한적으로' 받고 있음을 시사한다. 즉 『동국통감』의 한국고대사 인식 전체를 에도시대 일본 문헌들이 수용한 것은 아니며, 후술하겠지만 시각이나 역사의식의 측면에서는 양자 간의 괴리가 더욱 크다는 사실을 알 수 있다.

3) 남북국시대사(발해사)

에도시대 한국고대사를 서술한 문헌들이 주로 편찬되던 18세기 당시 조선 지식인 입장에서 보면 가장 눈에 띄는 부분이 바로 발해사 관련 기사였을 것이다. 『삼한기략』 등의 문헌들에는 발해사가 한국사의 일부로서 자리매김하고 있다는 점에서 주목된다. 『삼한기략』뿐 아니라 『화한삼재도회』, 『일본일사』와 같은 문헌에서도 발해는 고구려의 후속 국가로서 한국사 체계 속에 편입되어 있다. 이는 발해-일본 간 외교관계가 전개되던 당시 생산되었던 문헌인 『속일본기』의 인식을 계승한 것이라고 하겠다.

한편 한국에서 발해의 역사를 국사 체계 내에 온전히 편입하여 서술한 최초 문헌이 유득공의 『발해고渤海考』라고 한다면, 이 점에서는 오히려 일본의 인식이 시기적으로 더 앞서 있었다고 하겠다. 『삼한기략』 등 일본 문헌의 경우 유득공과 같이 발해를 신라와 대등한 국가로까지 파악하여 '남북국'으로 서술하지는 않고 있다. 그들은 신라의 삼국통일에 주목하면서 삼국-신라-고려-조선으로 이어지는 선상에서 한국사의 흐름을 파악하였다. 이것은 『삼국사기』나 『동국통감』 등에 보이는 역사 체계를 존중했기 때문일 것이다.[39]

39 박대재, 앞의 글.

3. 일본 자료를 통해 본 발해, 고구려-발해 계승 관계

1) 고대 일본의 문헌들에 보이는 발해

8세기 무렵 일본은 '천황天皇'의 실체화가 진행되면서 역사·기억의 날조와 가공이 이루어졌다. 그 산물 가운데 대표적인 것이 『일본서기』다. 8세기 발해가 신라-당의 견제를 돌파하기 위해 고구려의 후속국가임을 자처하며 일본에 외교사절을 파견하면서, 이전 시기 별다른 가공이 이루어지지 않았던 과거 고구려와의 관계도 '천황국 일본-조공국 고구려'의 관계로 날조되었다. 적극성을 지니고 접근해오는 발해에 대한 외교적 우위·주도권을 잡을 수 있는 좋은 방법이었다. 일본 고대의 고구려-발해 계승 인식은 쉽게 자리 잡을 수 있었다.

> 천평天平 4년(732, 발해 무왕 14) 9월 경인에 발해군渤海郡의 사신인 수령首領 고재덕高齋德 등 8인이 데와노쿠니[出羽國]에 도착하였다. 이에 사신을 파견하여 안부를 묻고, 의복을 하사하였다. 12월 병신에 사신을 파견하여 고재덕 등에게 의복과 모자, 신발 등을 하사하였다.
>
> 발해군은 옛날의 고구려국이다. 염로淡路 조정朝廷 7년(668, 보장왕 27) 겨울 10월에 당나라의 장수 이적李勣이 고구려를 정벌하여 멸망시켰으므로, 그 뒤로는 조공을 바치는 것이 오랫동안 끊어졌었다. 그러다가 이때에 이르러서 발해군의 왕 대무예大武藝가 영원장군낭장寧遠將軍郎將 고인의高仁義, 유장군과의도위遊將軍果毅都尉 고덕주高德周, 별장別將 사나루舍那婁 등 24인을 파견하여 서장書狀과 아울러 초피貂皮 300장 및 토산물을 가지고 와 조빙朝聘하게 하여 하이蝦夷의 경계에 이르렀는데, 고인의 이하 16인은 도중에서 모두 죽고 수령 고재덕 등 8인은 겨우 죽음을 면하고 도착했다.[40]

8세기 초 강력한 천황제 중심의 정치를 지향하던 일본의 국가 권력은 그러한 지향을 강하게 반영한 역사서 『일본서기』를 편찬한다. 그러한 지향은 고대 한국의 국가들과 자국 일본의 관계를 왜곡하여 서술하는 방식으로 천황의 권위를 높이는 서술로 구현되었다. 거기에는 한반도 국가들이 전쟁을 거쳐 신라로 통일되고, 고구려 고토에 발해가 성립한 시점에 동아시아의 요동치는 정세 속에서 고립되다시피 한 일본의 불안감이 오히려 자국중심주의적 우월감을 강변하게 만들었다는 역설이 담겨 있다.[41]

2) 에도시대 일본 자료를 통해 본 발해, 고구려-발해

자국중심주의에서 국수주의로 배타성을 강화해 나가던 에도시대 일본의 학문 경향도 아직은 조선의 북방사에 대한 적극적 인식으로 확대되지는 않았다. 다만, 고대의 한국사 인식은 그대로 이 시기까지 전수되었다고 여겨진다. 따라서 고구려-발해 계승 의식 역시 비판의 필요성 없이 조선 역사에 관한 인식의 한 부분에 자리 잡았다.

> 성무천황聖武天皇 신구神龜 5년(728, 발해 무왕 10)에 발해국의 사신이 와서 조공하였는데, 이들은 고구려의 부족이다. 이보다 앞서 고구려가 신라에 의해 멸망당하자 잔당들이 나라를 세우고는 발해국이라 하였다.[42]
>
> 발해국은 고구려의 옛 땅에 세워진 나라다. 천명개별천황天命開別天皇 7년(668, 고구려 보장왕 27)에 고구려의 왕 고씨高氏가 당나라에 의해 멸망당하였다. 그 뒤에 천지진보풍조부천황天之眞寶豐祖父天皇 2년

40 『續日本記』 권10, 神龜 4년.

41 주보돈, 1999, 「《일본서기》의 편찬 배경과 임나일본부설의 성립」, 『한국고대사연구』 15 참조.

42 『화한삼재도회』 권13, 「異國人物」, 朝鮮來貢于日本之始.

(698)에 대사영大祚榮이 비로소 발해국을 건국하였으며, 화동和銅 6년(713, 대조영 15)에 당나라에서 그 나라를 책립하였다. 나라는 남북의 길이가 2,000리이고, 주현州縣이나 관역館驛이 없고 곳곳에 마을이 있는데 모두 말갈의 부락이며, 백성들은 말갈족이 많고 토착인이 적다. 모두 토착인으로 촌장을 삼았는데, 큰 마을의 촌장을 도독都督이라 하고, 작은 마을의 촌장을 판사判吏라고 하며, 그 아래 백성들은 모두 수령首領이라 한다. 지역이 몹시 추워서 수전水田 농사를 짓기에 마땅치가 않으며, 제법 글을 해독할 줄 안다.[43]

위 기사들에 나타나는 것처럼 발해가 고구려의 후속국가로서 한국사의 일부라는 인식을 서술에 반영하고 있다. 이는 일본 전래의 문헌들, 특히 『속일본기』의 인식을 계승한 것이다. 에도시대 당시 새로 유입된 한국과 중국 측 문헌들을 적극 활용하면서 동시에 일본 전래의 문헌들이 지닌 특색이 잘 활용되었다고 하겠다. 다만, 그 이면에는 헤이안시대 형성되었던 신공황후의 삼한정벌설에 입각한 신국관과 한국(조선)에 대한 우월의식도 함께 계승되었다고 보인다. 다음은 에도시대 일본의 고학파古學派 유학자로서 『삼한기략』을 저술함으로써 일본 사회의 조선 인식에 큰 영향을 미친 이토 도가이의 자서自序다.

삼한의 땅은 당唐의 동북쪽에 있으며 삼면이 바다에 닿아 있고 북쪽은 오랑캐[胡]와 경계를 이루고 그 동남쪽은 바다를 건너 우리와 떨어져 대치한 지역이다. 옛날에는 삼한이라 하였는데 동한東漢·남북조 시기에 고구려, 백제, 신라의 삼국이 정립하여 그 나라 사람들이 삼국이라 칭하였다. 신라는 동남쪽에 있고, 백제는 서남쪽에 있고, 고구

43 『日本逸史』 권5, 延曆 15년.

려는 그 북쪽에 있다. 당시 그 추장이 우리에게 교빙한 것이 역사에 끊임없이 기록되었는데, 간혹 입조하지 않으면 매번 천토天討를 당하였다. 때문에 그들이 우리에게 볼모를 보낸 것이 신라는 둘이고 백제는 넷이다. 하물며 백제국은 항상 우리에게 낳아주고 길러준 은혜를 입어 경전을 올리고 교기巧技를 바쳤으니 우리와 가장 친한 나라였다. 때문에 우리나라가 관계官階를 수여하고 원병을 보내 끊어진 것을 잇게 하고 폐한 것을 세워 속국의 예로 대하여 선왕先王의 위무가 지극하였다. 신라가 삼국을 통일하고 고려·조선이 서로 이어 나라를 보전함에 강역이 나뉘지 않고 세력이 점차 강대해져 점차 중국의 예악이 갖추어지고 문자가 통하게 되니 매번 함부로 스스로 존대하며 우리를 오랑캐와 같이 얕잡아보려 하였다. 권근이나 신숙주는 그 나라 학사 중에 뛰어난 자들인데 그 문사의 내용을 살펴보면 우리를 칭함에 제하諸夏가 외국을 대하듯 하니 또한 유독 어찌된 것인가. 그러나 금金·원元부터 명 가정·융경 연간까지 우리나라 국왕의 기강이 세워지지 않고 백성들이 편안하지 못해 변경의 백성 가운데 불령한 자들이 그 바닷가 군현을 쳐들어가 불태우고 약탈함에 거의 편안한 때가 없었다. 부윤, 목사가 아무도 감히 막지 못하고 허둥대며 어찌하지 못한 것이 거의 3백여 년이었다. 교만방자한 습속은 다시는 쓰지 말아야 할 것이다. 오호라! 병장기로 적을 물리치지 못하면서 말과 문자로 문장을 꾸미니, 병화가 미친 것도 마땅하다. 다행히 지금 나라가 오랫동안 평안하고 그 나라의 백성들이 또한 생명을 보전할 수 있으니, 어찌 나라의 내외 차별 없는 인仁에 의한 것이 아니겠는가. 지금도 통신사를 보내어 대대로 한결같이 왕을 섬기고 외이外夷의 재화가 들어오지 않는 해가 없다. 그 나라의 연대와 강역, 지리는 또한 역사가[太史氏]가 조사·채록해야 할 바이다. 그 역사 기록을 비교해 보면 쓸모없지는 않을 것이다.[44]

위 인용문에는 유학자로서 역사에 대한 성찰이 보이는 한편으로, '문약한 조선'을 바라보는 질시가 동시에 담겨 있다. 그리고 무엇보다 일본 고대 문헌의 가장 큰 특징 중 하나인 신국관에 기초한 한국에 대한 우월의식이 드러나 있다. 17세기 후반 이래의 한국, 중국 문헌의 유입이 인식의 범위를 확장하고 학문적 세련미를 더한 반면 역사의식과 민족주의적 우월감까지 변화시키지는 못하였던 것이다.

4. 에도시대 일본의 한국고대사 인식 체계

결론적으로 말하자면, 에도시대 일본의 한국고대사 인식 체계는 현재 우리 스스로의 인식 체계와 매우 유사하다. 특히 발해사를 한국사에 편입한 면에서는 조선 후기 실학자들의 인식보다 시기적으로 앞서며, 에도시대 유통되었던 일본 서적들의 조선으로의 유입이 발해사의 재인식이나 기타 고대사 서술에 일정한 영향을 끼친 사실을 확인할 수 있다.

에도시대 일본의 한국고대사 인식의 출발은 일본 고대에 생산된 전래의 문헌들이다. 그리고 거기에 17세기 후반 이후 한국과 중국의 문헌이 유입되면서 인식의 폭이 확장되고, 전래 문헌들과의 비교·분석이 이루어지면서 일정 정도의 학술적 진보가 보이기도 한다.

에도시대 한국고대사 서술의 특징은 첫째, 단군·고조선에 대한 인식이 새로이 추가되었다는 점이다. 그로 인해 종래 삼한, 삼국을 상한으로 하던 일본의 한국고대사 인식의 범위가 확장되었다. 그리고 그 중심에는 『동국통감』의 유입과 일본에서의 『신간동국통감』의 출판과 유통이 있었다고 하겠다.

둘째, 삼국 이후의 역사에 관해서는 『삼국사기』·『동국통감』 등 한국

44 『삼한기략』, 「序」. 이 번역문은 박대재, 앞의 글에 수록된 것을 차용하여 일부를 수정한 것이다.

측 문헌과 전래 일본 문헌들의 비교·분석이 이루어지면서 일본 전래 문헌상에서 불명확했던 연대 비정이 이루어지고 서술 내용이 합리적으로 수정되기도 하였다. 이는 학술적 진보의 일면이라고 하겠다.

셋째, 『삼국사기』, 『동국통감』 등 한국 측 문헌의 유입과 활용에도 불구하고 『일본서기』 이래의 신국관에 입각한 우월의식은 전래의 문헌에서 손상되지 않고 계승되었다. 그리고 전래 문헌상에 상대적으로 풍부했던 발해, 백제에 관한 서술은 역으로 조선 사회의 한국고대사 인식과 서술에 영향을 미치기도 했다.

넷째, 이상의 특징과 결과가 복합되어 에도시대 일본의 한국고대사 인식 체계는 '고조선-삼한-삼국-신라·발해'의 구조를 지니게 되었다. 이를 다른 말로 표현하자면, 에도시대 일본 지식인들은 고구려를 고조선의 후속 국가로, 발해는 고구려를 계승한 국가로 인식하고 있었던 것이다.

V. 맺음말

17~19세기 한·일 간 지식 유통은 과거 어느 때보다 활발해졌다. 양국 간에 유통되는 지식 가운데는 역사 지식도 한 축을 이루고 있었다. 그러나 그렇게 유통된 역사 지식이 곧 상대국 역사에 대한 학술적 탐구 내지는 이해의 진전으로 이어졌다고 보기는 힘들다. 조선→일본 방향의 한국고대사 지식 유통은 단군·고조선의 이야기를 보탰을 뿐, 고대 이래의 일본의 역사 인식에는 사실상 어떠한 변화도 추동하지 못했다. 일본→조선 방향의 역사 지식 전달 역시 일본 역사에 대한 관심의 진전이나 일본사 관련 저술로 연결되지 않았다. 양방향의 지식 유통 모두 기존 지

식의 장벽을 넘지도 못했고, (최소한 당대에는) 한국과 일본 각자가 보고자 열망하는 세계를 조금 더 확장하고 강화하는 정도의 역할만 했다고 비판할 여지가 없지 않다. 지식 유통의 개방적 구조가 인식의 개방성까지 담보하지는 못한다는 사실이 확인되는 사례다. 그 역시 지식의 속성 가운데 하나일 것이라 판단된다.

지식사知識史를 탐구하는 연구자로서 그처럼 특정한 시기에 노정되는 지식의 보수성·편향성·자의성을 단순히 지식의 한 속성으로만 치부해서는 안 될 듯하다. 현재 평행선을 걷다시피 하는 한·중·일 간의 고대사 인식에 대한 간극은 학술적 탐구를 통해 극복해야 할 대상이다. 현재의 국가적·이데올로기적 욕구에서 분출된 자의성·편향성·보수성을 지식의 속성으로만 치부해서는 곤란하다.

에도시대 역사 서술은 단순히 근대 이전 최후 시점의 인식으로서 근대 직전의 인식으로 위치하기 때문에 중요성이 부각되는 것은 아니다. 전국시대를 겪고 있던 일본의 통일, 임진왜란이라는 동아시아 국제전 이후 그 어느 때보다 활발해진 조·일 간 문화교류와 출판 시장의 활성화, 학술적 진보 등을 배경으로 일본에서는 한국학이라고 할만한, 또 조선에서는 일본학이라고 할만한 상대국에 대한 학술적 탐구가 이루어졌다는 점에서 주목되는 것이다.

에도시대 일본의 한국고대사 인식은 8세기 초반 편찬된 『일본서기』 이래의 전통적 인식의 기초 위에 17세기 이후 조선 문헌의 유입과 조선 지식인들과의 교류를 통해 습득된 새로운 역사 지식이 더해진 것이었다. 그러나 한국 측 문헌의 유입과 활용에도 불구하고 『일본서기』 이래의 신국관에 입각한 우월의식과 역사상歷史像의 왜곡은 수정되지 않았다.

한편, 에도시대 일본 지식인들은 고구려를 고조선의 후속 국가로, 발해는 고구려를 계승한 국가로 인식하고 있었음을 확인할 수 있었다. 현재 고구려-발해 계승에 관한 타자他者(여기서는 일본)의 인식에 관한 연구는, 주로 발해-일본의 교류사 연구에서 파생된 소재, 즉 '고구려 후속국가로서의 발해인들의 자의식'을 활용하는 경우가 많다. 그러나 이 경우 발해의 적극성 및 저자세에 관한 기사들은 매우 비판적으로 보거나 무시하면서 '강성한 발해+고구려 후예를 자처하는 발해'의 상을 도출해내려 하는 경향을 보여 왔다. 생명력 있는 역사상을 재구성하기 위해서는 연구 경향에 대한 비판적 검토도 필요하다고 여겨진다.

참고문헌

『東國通鑑』, 『燃藜室記述』, 『靑莊館全書』, 『海東繹史』, 『燃藜室記述』, 『乘槎錄』, 『和國志』, 『續日本記』, 『日本書紀』, 『三韓紀畧』, 『和漢三才圖會』, 『繪本朝鮮征伐記』

1. 저서

김시덕, 2017, 『전쟁의 문헌학』, 열린책들.

최재석, 1993, 『統一新羅 ·渤海와 日本의 關係』, 일지사.

2. 논문

구난희(中野高行 譯), 2007, 「8世紀後半日本の對外關係に關する考察 −渤海との關係を中心に−」, 『史學』 76(2/3).

김선희, 2011, 「전근대 왕인(王仁)전승의 형성과 수용」, 『일본문화연구』 39.

김영주·이시준, 2016, 「에도시대 출판물 속 단군신화: 『화한삼재도회』와 『에혼조선정벌기』를 중심으로」, 『외국문학연구』 63.

박대재, 2018, 「伊藤東涯의 『삼한기략』 편찬과 조선 연구」, 『사학연구』 129.

박희병, 2013, 「조선의 일본학 성립 : 원중거와 이덕무」, 『한국문화』 61.

이근우, 2015, 「속일본기의 역사서술과 특징」, 『일본역사연구』 12.

이병로, 1998, 「《속일본기》에 나타난 한국고대사상 신라·발해를 중심으로−」, 『한국고대사연구』 14.

이효원, 2017, 「일본 유학자의 조선 연구」, 『한국한문학연구』 66.

정순일, 2018, 「『삼한기략』의 고대사 서술과 한일관계사 인식」, 『사학연구』 129.

정태욱, 2014, 「왕인전승의 탄생과 고대의 왕인인식」, 『일본언어문화』 28.

조이옥, 2002, 「8세기 중엽 발해와 일본의 관계」, 『한국고대사연구』 25.

주보돈, 1999, 「《일본서기》의 편찬 배경과 임나일본부설의 성립」, 『한국고대사연구』 15.

진재교, 2008, 「동아시아에서의 서적 유통과 지식의 생성 임진왜란 이후의 인적 교류와 서적의 유통 사례를 중심으로−」, 『한국한문학연구』 41.

하우봉, 2015, 「원중거(元重擧)의 한일관계사 인식 −『화국지(和國志)』를 중심으로−」, 『한일

관계사연구』 50.
______, 2017, 「17~19세기 한일 문화교류의 흐름과 의미」, 『대동문화연구』 98.
홍성화, 2012, 「통신사행록에 보이는 고대사 관련 기술 고찰」, 『한일관계사연구』 43.
奧田尙, 1991, 「『續日本紀』の渤海國王からの國際文書の周辺記事」, 『追手門學院大學文學部紀要』.
直木孝次郎, 1993, 「百濟滅亡後の國際關係 ―とくに郭務悰の來日をめぐって―」, 『朝鮮學報』 147.
赤羽目匡由, 2017, 「『類聚國史』所載の所謂「渤海沿革記事」の史料的性格について」, 『東洋史研究』 76-2.

찾아보기

ㄷ

ㄹ

ㅇ

ㅊ

ㅌ

ㅍ

ㅎ

동북아역사재단 연구총서 89

한국고대사 계승 인식 Ⅰ-전근대 편

초판 1쇄 인쇄 2019년 7월 18일
초판 1쇄 발행 2019년 7월 25일

엮은이 임상선
펴낸이 김도형
펴낸곳 동북아역사재단

등 록 제312-2004-050호(2004년 10월 18일)
주 소 서울시 서대문구 통일로 81, NH농협생명빌딩
전 화 02-2012-6065
팩 스 02-2012-6189
이메일 book@nahf.or.kr
제작·인쇄 경인문화사

ISBN 978-89-6187-477-9 94910
978-89-6187-476-2 (세트)

• 이 도서의 국립중앙도서관 출판예정도서목록(CIP)은 서지정보유통지원시스템 홈페이지
(http://seoji.nl.go.kr)와 국가자료종합목록 구축시스템(http://kolis-net.nl.go.kr)에서 이용하실 수 있습니다.
(CIP제어번호 : CIP2019026965)